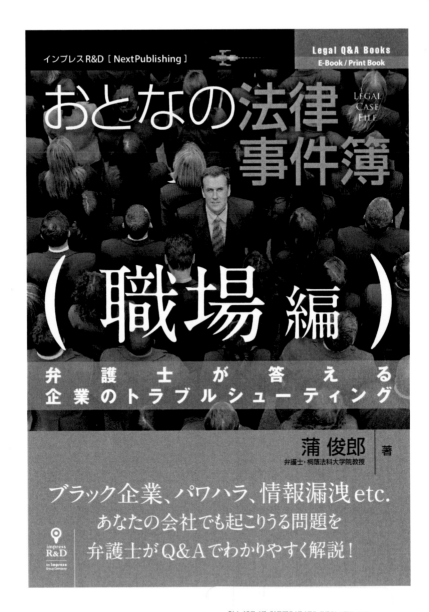

インプレス R&D ［NextPublishing］

Legal Q&A Books
E-Book / Print Book

# おとなの法律事件簿

LEGAL CASE FILE

## 〔 職場 編 〕

弁護士が答える
企業のトラブルシューティング

蒲 俊郎 ｜ 著
弁護士・桐蔭法科大学院教授

ブラック企業、パワハラ、情報漏洩 etc.
あなたの会社でも起こりうる問題を
弁護士がQ&Aでわかりやすく解説！

impress
R&D
An Impress
Group Company

JN194548

## はじめに

　本書は、2011年8月から2016年6月まで、毎月第2、第4水曜掲載で5年間120回にわたり、私がヨミウリ・オンライン上で連載した法律コラム「おとなの法律事件簿」の中から、企業で働く皆さんが職場で直面することが多い法律問題に係わる記事のみをセレクトして書籍化したものです。2013年3月には、同様にITとインターネットの分野に関連する記事だけをセレクトして『おとなのIT法律事件簿』を上梓しました。このたびは同書籍に次ぐ第2弾となります。もちろん、連載後に法律改正や行政庁の判断の変更、さらには、裁判所により新しい判断が示されたことなどもあり、今回の書籍化にあたって、すべての原稿を全面的に加筆修正しています。たとえば、マタハラ問題については、2014年10月23日に出た最高裁判所判決以降、安倍総理の主導により、国がさまざまな施策を積極的に打ち出しており、この数年の間に状況が大きく変わっていますので、大幅に加筆しました。その他の分野でも同様です。そういう意味では、連載当時の読者の皆さんであっても、新鮮な気持ちで、再び読んでいただくことができると思っています。

　連載時の「おとなの法律事件簿」では、その時々に話題となっている時事ネタを選び、それに関連する法律についての解説を行ってきました。一般の方を対象とするコラムとしては珍しく、判決内容の詳細な紹介を行うなど、極めて専門的な内容だったのですが（連載中、弁護士の知人らから同コラムを参考にしたなどとよく言われたりもしました）、「記事ランキング」では掲載のたびに1位になるなど、幸いにも多くの読者の皆さんに受け入れていただくことができました。

　2011年7月に、読売新聞社よりこのコーナーの執筆依頼を受けた際には、正直なところ非常に軽く考えており、せいぜい1年程度の連載と思い引き受けたのですが、その後、法律関連のコンテンツとしては破格のPV（ページビュー）を稼いでいるなどと担当者の方におだてられ、また

連載途中から「記事ランキング」が導入されたことが私の競争心に火を
つけて（笑）、俄然やる気になり、気がつくと5年間にもわたり連載を続
けることになりました。すべて読者の皆さんのご支援のおかげと思って
います。連載が終了して数か月が経過しましたが、今なお、私がさまざ
まな企業で講演を実施する際には、会場で「いつも読んでいました」と
言ってきてくださる聴衆の方もいて、5年間に及ぶ連載の重みを今更な
がらに感じています。

　私は、ITおよびインターネット、労働問題、企業法務、コンプライア
ンス等を専門とする弁護士として職務にあたると同時に、桐蔭法科大学
院（ロースクール）の教授・大学院長も務めています。そして、法科大
学院設立の理念は、「法の支配」を社会の隅々にまで及ぼすことにありま
す。難解で近寄りがたいと思われがちな法律問題をテーマにした「おと
なの法律事件簿」のようなコラムが、有力メディアにおける一般読者向
けコンテンツの1つとして掲載され、情報発信されることによって、読
者の皆さんが日常の生活の中で出会う何気ない事象に、実はさまざまな
法律が密接に関わっていることを理解していただけたとすれば、法科大
学院の存在と同様、少しは「法の支配」の普及に役立つことができたの
ではないかと思っています。

　本書は、連載当時と同様に、架空の相談者を想定し、その方々からの
質問に対して回答するという形式で構成されています。いずれの質問も
単なる創作ではなく、さまざまな具体的事件をヒントとし、なるべくリ
アルな内容となるように工夫されています。企業で働く皆さんにとって
は、ご自身の現実の体験や、職場で実際に見聞きした事件などを思い浮
かべながら読んでいただけるのではないかと思います。そして、実際に
ご自分が本の中に出てくる相談者と同様の立場に置かれた際に、本書が
問題解決の一助となれるものと確信しています。ぜひ、本書を職場の中
で手元に置いていただき、何かのときには、すかさず開いて、慌てずに
適切な対応を取っていただきたいと願っております。

はじめに　3

最後になりますが、「おとなの法律事件簿」連載中の5年の間には、多くの読売新聞社の編集の方々にお世話になりました。この場を借りて御礼申し上げます。

2016年11月

蒲　俊郎

# 目次

はじめに ……………………………………………………………………… 2

## 第1章 情報漏洩に関する事件簿 ……………………………………… 11

### CASE1

**相次ぐ個人情報漏洩事件、企業における防止対策の決定打とは？** ……… 12

情報管理体制構築の基本 ……………………………………………… 13
求められる「悪意を持った内部者」への対策 ……………………… 13
「悪意を持った内部者」対策の難しさ ……………………………… 16
具体的にどのような対策を取れば良いか ………………………… 17
不正に対する経営陣の厳格な姿勢を明確に打ち出す …………… 18
情報漏洩が割に合わない実態 ……………………………………… 20
漏洩犯の悲惨な現実を多くの人は知らない ……………………… 22
近時のネットでの私的制裁の横行 ………………………………… 23
社員の日常の変化を見逃さず事前に対応する …………………… 25
悩み事相談窓口の設置 ……………………………………………… 27
事後対応の重要性 …………………………………………………… 28
記者会見などでの発言 ……………………………………………… 28
事件に対する補償のやり方 ………………………………………… 29
必ず金券を配らなければならないわけではない ………………… 31
最後に ………………………………………………………………… 32

### CASE2

**「産業スパイ」事件、うちの会社は大丈夫？** ……………………… 33

相次ぐ「産業スパイ」事件 ………………………………………… 34
情報窃盗は刑法で処罰されない …………………………………… 36
不正競争防止法による規制 ………………………………………… 37
営業秘密とは ………………………………………………………… 37
営業秘密保護の強化 ………………………………………………… 39
罰則の強化等による抑止力の向上 ………………………………… 39
刑事上・民事上の保護範囲の拡大 ………………………………… 40
民事救済の実効性の向上 …………………………………………… 42
なぜ情報が流出するのか …………………………………………… 43
企業の防衛策は ……………………………………………………… 44
「産業スパイ天国」の汚名返上に期待 …………………………… 46

目次 | 5

## 第2章 ハラスメントに関する事件簿 ……………………………………… 49

### CASE3

#### セクハラに対する企業の処分が、急速に厳罰化しているって本当？‥ 50
言葉のセクハラ、最高裁で、会社が逆転勝訴 ……………………… 52
働く女性の3割がセクハラ被害を経験 ……………………………… 53
セクハラがなくならない根本的な原因 ……………………………… 54
セクハラとは何か ……………………………………………………… 55
セクハラで企業が大きなダメージを受けた海外実例 ……………… 57
国内での著名事例 ……………………………………………………… 58
セクハラ対策の具体例（厚生労働省の指針）……………………… 59
セクハラ指針の改正 …………………………………………………… 62
セクハラ防止には認識の乖離の解消が不可欠 ……………………… 63
言葉のセクハラ、最高裁で会社が逆転勝訴 ………………………… 64
問題となったセクハラ発言 …………………………………………… 64
第1審判決（大阪地方裁判所・2013年9月6日）………………… 67
控訴審判決（大阪高等裁判所・2014年3月28日）……………… 69
上告審（最高裁判所・2015年2月26日判決）…………………… 70
最高裁判所は原審の判断を明確に否定 ……………………………… 71
最高裁判所判決を受けて ……………………………………………… 73
時代の変化に適合した行動を ………………………………………… 74

### CASE4

#### 社員から「パワハラ」の訴え、防止策は？ ………………………… 76
注目を集めるパワハラ ………………………………………………… 77
国による取り組み ……………………………………………………… 77
パワハラとは何か ……………………………………………………… 78
パワハラの具体例 ……………………………………………………… 79
部下への叱責－そこに愛があるか？ ………………………………… 82
パワーハラスメントの問題に取り組む意義 ………………………… 83
裁判に発展した事例 …………………………………………………… 84
地方自治体の責任が認められた事例も ……………………………… 86
告発者と誠意を持って話し合いを …………………………………… 87
パワハラを予防するための対策 ……………………………………… 87
パワハラへの取り組みを進める上での課題 ………………………… 89
心にしみる言葉 ………………………………………………………… 90

### CASE5

#### 出産後にマタハラ、無事に職場復帰できる？　パタニティーハラスメ
#### ントの解説と共に ……………………………………………………… 91
ガラスの天井 …………………………………………………………… 92
女性活躍推進法 ………………………………………………………… 93
注目を集めた最高裁判決 ……………………………………………… 94

マタニティーハラスメントの具体例 ……………………………………… 94
妊娠・出産に関連して女性を保護する法令 ……………………………… 96
厚生労働省による実態調査から見えてくるもの ……………………… 100
マタハラの認知に大きく貢献した最高裁判決 ………………………… 101
第1審判決（広島地裁・2012年2月23日） ……………………………… 101
控訴審判決（広島高裁・2012年7月19日） …………………………… 102
最高裁・2014年10月23日の判決 ………………………………………… 103
差戻審の判断 …………………………………………………………… 107
最高裁判所判決を受けた国の動き ……………………………………… 107
法改正と新たな指針〜マタハラ防止措置義務 ………………………… 110
マタハラ被害に遭った場合の対処法 …………………………………… 113
「妊娠したら退職」という古き慣例にとらわれずに …………………… 114
パタニティーハラスメント ……………………………………………… 115

# 第3章 時間外労働に関する事件簿 …………………………………… 119

## CASE6

### 話題のブラック企業、自分の会社がそう言われないためには？ ……120
ブラック企業とは ……………………………………………………… 121
政府がブラック企業対策を宣言 ………………………………………… 122
調査対象の8割が法令違反 ……………………………………………… 123
違法な時間外労働 ………………………………………………………… 124
「名ばかり管理職」で残業代支払いを免れる …………………………… 126
「年俸制度」や「みなし残業代」を悪用する例も ……………………… 127
職場のパワーハラスメント ……………………………………………… 128
コンプライアンス違反、育休・産休などの制度の不備など ………… 128
ネットにあふれるブラック企業という言葉 …………………………… 129
厚生労働省によるブラック企業対策 …………………………………… 131
新基準の概要および具体的内容 ………………………………………… 133
新基準に期待 …………………………………………………………… 134
「かとく」の活躍に期待 ………………………………………………… 135
大阪でも「かとく」による書類送検 …………………………………… 136
「かとく」の活躍が今後も続く？ ……………………………………… 137

## CASE7

### 実態が伴わない "名ばかり管理職"、残業代を請求できる？ …………139
「名ばかり管理職」とは ………………………………………………… 140
労働時間に関する原則 …………………………………………………… 141
管理監督者とは ………………………………………………………… 142
支社長代理であっても管理監督者ではないとされた判例も！ ……… 142
マクドナルド判決 ………………………………………………………… 143
厚労省の示した判断要素 ………………………………………………… 144

目次 ┃ 7

具体的判決における判断要素 ……………………………… 147

管理監督者ではないと判断された具体的肩書き ……………… 148

相談内容について ………………………………………… 149

厚生労働省によるチェックリスト ……………………………… 149

## CASE8

# 50時間もの残業代、年俸制だと請求できない？ ……………… 151

ブームになった年俸制 …………………………………… 152

年俸制に対する誤解 ……………………………………… 153

ありえない「残業代がはっきりしない年俸制」 ……………… 154

年俸制度における割増賃金の計算 ………………………… 156

外資系などの高額年俸で残業代込み認めた判例も ………… 157

# 第4章 人事異動や退職に関する事件簿 ……………………… 159

## CASE9

# 嫌がらせ同然の上司による退職勧奨、法的に問題は？ ……… 160

退職勧奨が行われる背景と原則論 ………………………… 163

裁判所が退職勧奨を違法と判断した事例 ………………… 164

冒頭の日本IBM判決について ……………………………… 166

近時のほかの判例 ………………………………………… 169

退職勧奨が違法になるかどうかは微妙な判断 …………… 170

相談者の場合 ……………………………………………… 172

## CASE10

# 関連会社への出向命令、無効になる場合とは ……………… 174

リコーによる出向命令が無効に ………………………… 175

事件が契機となり「ブラック企業大賞」にノミネート ……… 176

出向命令とは ……………………………………………… 177

社員の承諾その他これを法律上正当づける特段の根拠 …… 178

明確な形で規定されていることが必要 …………………… 179

規定があっても必ず出向が認められるわけではない ……… 179

出向命令が有効となる条件 ……………………………… 181

リコーの裁判でも、会社の出向命令権は肯定 …………… 182

出向命令は人事権の濫用と判断 ………………………… 183

出向者の利益に配慮して慎重に ………………………… 185

## CASE11

# 転勤辞令、「子どもの通学」理由に拒否できる？ ……………… 186

転勤＝企業戦士の宿命？ ………………………………… 187

配置転換とは ……………………………………………… 189

特段の事情がない限り、権利の濫用にならない ………… 189

勤務地が限定される場合‥‥‥‥‥‥‥‥‥‥‥‥‥‥‥‥‥‥‥191
権利濫用法理（労働契約法第3条5項）‥‥‥‥‥‥‥‥‥‥193
業務上の必要性があること‥‥‥‥‥‥‥‥‥‥‥‥‥‥‥‥‥194
不当な動機・目的がないこと‥‥‥‥‥‥‥‥‥‥‥‥‥‥‥‥194
通常甘受すべき程度を超える不利益が生じないこと‥‥‥‥‥195
家族の療養・看護の必要性がある場合‥‥‥‥‥‥‥‥‥‥‥195
「子供が私立学校に通っており転校は難しい」だけでは無理‥‥‥‥‥‥198

# 第5章 組織の不祥事に関する事件簿‥‥‥‥‥‥‥‥‥‥‥‥‥ 201

## CASE12

### ライバル企業の社員の引き抜き、どこまで許される？‥‥‥‥‥‥202
藤田社長の「激怒」が話題に‥‥‥‥‥‥‥‥‥‥‥‥‥‥‥203
社員の転職は原則自由‥‥‥‥‥‥‥‥‥‥‥‥‥‥‥‥‥‥205
わずか6か月間の制限であっても無効とされた判例も‥‥‥‥206
企業による社員引き抜きは原則自由‥‥‥‥‥‥‥‥‥‥‥‥207
極めて背信的な方法で引き抜いた場合には違法‥‥‥‥‥‥208
損害の範囲は限定的に認められる‥‥‥‥‥‥‥‥‥‥‥‥‥209
在籍中の従業員が、他社への引き抜きを行った場合‥‥‥‥210
退職した元従業員による引き抜き‥‥‥‥‥‥‥‥‥‥‥‥‥213
勧誘・引き抜き行為に対して会社側の対抗手段‥‥‥‥‥‥214

## CASE13

### 内部通報で報復人事、配転の取り消しは可能？‥‥‥‥‥‥‥‥216
公益通報者保護法　制定の背景‥‥‥‥‥‥‥‥‥‥‥‥‥218
公益通報者保護法の内容‥‥‥‥‥‥‥‥‥‥‥‥‥‥‥‥‥219
相談者のケースは保護の対象‥‥‥‥‥‥‥‥‥‥‥‥‥‥‥222
オリンパス内部通報事件‥‥‥‥‥‥‥‥‥‥‥‥‥‥‥‥‥223
秋田書店の景品水増し事件‥‥‥‥‥‥‥‥‥‥‥‥‥‥‥‥224
内部通報制度の形骸化‥‥‥‥‥‥‥‥‥‥‥‥‥‥‥‥‥‥225
公益通報者保護法、認知度は3割‥‥‥‥‥‥‥‥‥‥‥‥‥227
ヒアリングで目立つ懐疑的な意見‥‥‥‥‥‥‥‥‥‥‥‥‥228
弁護士からも疑問が呈せられる‥‥‥‥‥‥‥‥‥‥‥‥‥‥228
検討委員会は法改正を提言‥‥‥‥‥‥‥‥‥‥‥‥‥‥‥‥229
内部通報を有効にする制度を‥‥‥‥‥‥‥‥‥‥‥‥‥‥‥230
社員1人ひとりの意識改革が必要‥‥‥‥‥‥‥‥‥‥‥‥‥231

## CASE14

### 社内情報で妻や他人名義で株売買、インサイダー取引になる？‥‥‥233
身近になった株取引‥‥‥‥‥‥‥‥‥‥‥‥‥‥‥‥‥‥‥234
インサイダー取引とは‥‥‥‥‥‥‥‥‥‥‥‥‥‥‥‥‥‥235
会社関係者の範囲‥‥‥‥‥‥‥‥‥‥‥‥‥‥‥‥‥‥‥‥236

重要事実とその公表……………………………………………………237
刑事罰と課徴金…………………………………………………………238
本人名義の売買でなくても"レッドカード"…………………………239
情報提供者も規制の対象に……………………………………………241
損失や少額利益でも違法のケースも…………………………………243
インサイダー取引に問われないために………………………………244

## 第6章 経営に関する事件簿……………………………………… 247

### CASE15

## 当社も上場？　企業にとってのIPOの意味とは？………………… 248
日本郵政グループ上場に湧いた市場…………………………………249
IPOとは…………………………………………………………………250
IPO件数の増加…………………………………………………………250
企業にとってのメリット（1）資金調達………………………………251
企業にとってのメリット（2）社会的信用性…………………………252
企業にとってのメリット（3）人材確保………………………………252
企業にとってのメリット（4）コンプライアンス意識の向上………253
株主や従業員にとってのメリット……………………………………253
IPOのデメリット………………………………………………………253
IPOを目指す上での注意点……………………………………………255
反社会的勢力との接点の排除…………………………………………256
労務コンプライアンス…………………………………………………258
資本政策…………………………………………………………………259
上場できたことの満足感………………………………………………259

### CASE16

## 監査役への就任、賠償責任で全財産を失う？………………………… 262
監査役の重大な職責……………………………………………………263
監査役の責任とは………………………………………………………265
監査役は決して過大なリスクのある職務ではない…………………267
監査役は会社の違法行為すべてに責任を負うわけではない………270
監査役の職務におけるやりがいとは何か……………………………271
責任限定契約について…………………………………………………272

## 著者紹介……………………………………………………………… 275

# 第1章 情報漏洩に関する事件簿

# CASE1
# 相次ぐ個人情報漏洩事件、企業における防止対策の決定打とは？

**【相談】**

　私の勤めている企業は、インターネットを使ったサービスを業務としており、膨大な数の個人情報を日々取り扱っています。情報管理体制に関しては、費用をかけてコンサルタントも入れ、相応の努力をしてまいりました。役所の出しているガイドラインなども参考にしながら、諸規定の整備、チーフ・プライバシー・オフィサー（CPO）および情報管理委員会の設置などはもちろん、顧客情報を扱う高セキュリティーエリアの設定、認証システムによる入室制限、入室者の社員IDおよび入退室時間の記録と定期的確認、高セキュリティーエリアにある情報システム部門すべてとコールセンターの一部の機器をインターネット環境と接続しないこと、高セキュリティーエリアへのすべての外部記憶装置の持込禁止など、考えられるかぎりの管理体制を整備してきたつもりです。

ただ、そこで最後に残ったのが、いわゆる「悪意ある内部者」からの情報漏洩をどうやって防ぐかという問題です。2014年に発生したベネッセの情報漏洩事件は、あれほどの管理体制を構築した企業でも、情報へのアクセス権限を正当に持っている社員に対してはなす術もなかったことを再認識させられました。仮に、私が勤める会社で同様の事件が起き、被害者に対し1人500円ものお詫びをしたら、それこそ倒産しかねません。

　そこで、情報管理体制構築という観点から、「悪意ある内部者」対策をどのように実施すればよいかについて教えてくれませんか。また、ベネッセの事件では、総額200億円にも上る補償を実施したにもかかわらず、その後も事件が収束する様子を見せません。ベネッセ事件での対応について、どこに問題があったのかについても教えてくれますか。今後の参考にしたいと思っています

(実際の事例をもとに創作したフィクションです)。

## 情報管理体制構築の基本

　個人情報保護法は、「個人情報取扱事業者は、その取り扱う個人デー
タの漏洩、滅失又はき損の防止その他の個人データの安全管理のために
必要かつ適切な措置を講じなければならない。」(20 条) と規定していま
す。これは「安全管理措置」と呼ばれるものです。

　経済産業省が定める『個人情報の保護に関する法律についての経済産
業分野を対象とするガイドライン』(以下、ガイドライン) は、この点に
つき「個人情報取扱事業者は、その取り扱う個人データの漏洩、滅失ま
たはき損の防止その他の個人データの安全管理のため、組織的、人的、
物理的および技術的な安全管理措置を講じなければならない」としてお
り、①組織的安全管理措置、②人的安全管理措置、③物理的安全管理措
置、④技術的安全管理措置の 4 つの体制構築がきちんと実施されている
ことが、一般的に必要とされています。

　これらの個別の措置については、ガイドラインで詳細に説明されてい
ますので、読者の皆さんはそちらを参考にしてほしいと思いますが、そ
うした措置をきちんと実施しても、さらに残るのが、相談者が指摘され
る「悪意ある内部者」への対策であり、各社は頭を悩ませています。

## 求められる「悪意を持った内部者」への対策

　2014 年 7 月、教育事業大手のベネッセホールディングス (以下、ベネッ
セ) は顧客情報 760 万件が漏洩したことを発表しました。漏洩した情報
は、同社の通信教育受講生である子供や保護者の氏名、住所、電話番号、
子供の生年月日・性別などであり、教育関連企業による子供の情報漏洩

図1-1 安全管理措置の必要性

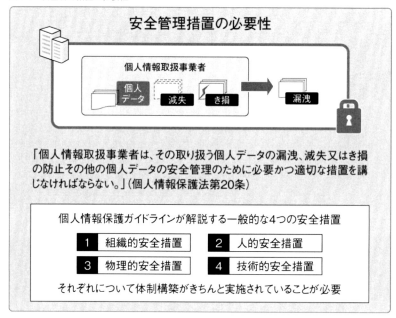

ということで社会的関心も高く、連日のように報道がなされました。

漏洩した個人情報リストは、「出所不明の名簿」として複数の名簿業者間で転売され、転々流通した結果、当該名簿を入手した企業は数百社ともいわれており、その中には同業の大手企業までが含まれていたことも判明しています。その企業は、ベネッセからの流出情報とは知らなかった旨を釈明しましたが、著名な上場企業までが入手経路不明の名簿を購入したという事実に対し、企業倫理の欠如が批判されるとともに、世間の多くの人々は、名簿業者による個人情報売買の実態を垣間見ることとなりました。

この事件では、ベネッセの顧客情報を管理していたグループ企業でSE（システムエンジニア）として働いていた派遣社員が逮捕されましたが、同種の事件ではありがちな、ギャンブルなどによる借金で困窮した末の犯行でした。ベネッセの同年9月10日の記者会見によれば、最終的に確

定した流出件数は3,504万件と、国内における最大の個人情報漏洩事件となっています。2015年5月に発表された、事件発生時を含む期の決算で、ベネッセは、お詫び費用などでの特損306億円の計上が響いて、107億円の最終赤字となり（1995年の上場以来初の通期での純損失）、さらに2016年3月期の決算も82億円の赤字となりました。このため、日本マクドナルドホールディングスなどで手腕を発揮し、プロ経営者として名をはせた原田泳幸会長兼社長は、2期連続赤字のケジメをつけ退任を発表しました。

　この事件を聞いて、過去の情報漏洩事件を思い起こすとともに、自社の情報管理について不安を感じ、管理体制の再チェックを実施した企業は多いと思われますが、特に企業の情報管理担当者の心肝を寒からしめたのは、相談者も指摘しているように、ベネッセの情報管理体制が相当の水準に達していたにもかかわらず、情報漏洩が起きてしまったことにあります。

　たとえば、ベネッセは、長年にわたり、プライバシーマーク（Pマーク）を保有し続けています。Pマークとは、日本情報経済社会推進協会（JIPDEC）により付与される評価認定制度の1つであり、日本工業規格「JIS Q 15001個人情報保護マネジメントシステム―要求事項」に適合し、個人情報について適切な保護措置を講ずる体制を整備している事業者を認定して、その旨を示すマークを付与し、その使用を認める制度のことです。ベネッセはPマークの更新（2年ごと）を繰り返し、そのたびに厳格な審査を受け合格していたのです。

　以上の事実から、企業における情報管理関係者としては、ベネッセの情報漏洩事件をただ非難するのではなく、相応の体制を構築していても大規模情報漏洩事件が起きてしまうという「現実」に着目すべきです。同時に、この事件が提示する課題として、同事件の原因であり、また近時の大規模情報漏洩事件の多くで問題となりながらも防止することが困難であるとされる「悪意を持った内部者」への対策に目を向けるべきだ

と思います。

## 「悪意を持った内部者」対策の難しさ

　ベネッセは、いくつかの不備（セキュリティーエリアへの私物持込禁止の不徹底、アクセス記録の定期的なチェックの未実施など）はあったものの、相談者も指摘するように相応の措置を講じていたことは間違いないと思われます。ただ、仮に何の不備もなく、整備した体制に基づいて油断なく運用していたとしても、完全に事件を防げたかは疑問です。情報管理体制をどのように厳格に構築しても、当然のことながら、管理者としての人間が存在する以上、その人間が意図的に情報を奪い取ろうと考えれば、それを完全に防ぐ手立てを講じることは難しいからです。この「悪意を持った内部者」に対して、どのような対策を講じればよいかについては、従来から、あらゆる企業が苦悩しているところです。

　2006年6月に発表された、KDDIにおける約400万人分の個人情報漏洩事件では、同社社長が記者会見をして、「我々としては当時、かなりのセキュリティー対策はやっていたという理解だったが、結果的に不十分であったことは明らか。悩ましいところだが、悪意を持ってデータを取ろうとすれば、現状ではかなりのことをやらないと取れないと思っているが、将来も絶対大丈夫かというと、技術の進歩に伴ってできる可能性がゼロではない。物理的な対策をきちんとやっていくのは当然として、それ以上に組織・社員の教育を含めて徹底していかなければ、個人情報の漏洩に十分な対策は取れない。物理的な対策以外にも十分に検討していきたい」とコメントしています。

　また、2007年3月に発表された、大日本印刷における約864万人分の個人情報漏洩事件でも、電算処理室への監視カメラ設置、生体認証による入退室管理の導入、アクセスログの取得といった措置を講じていたものの、「一連のセキュリティー対策は職場への物理的な出入りや外部侵入

の監視には効果があったが、内部者による犯行を防止するには十分ではなかった」「権限を持っている人が権限どおりのことを行うのは不正と見なされないため、容易に外部媒体に書き出して持ち出すことができてしまった」などと関係者がコメントしています。

　このような状況の中、当時、ヤフーの社長が、悪意ある個人を念頭において「性悪説で考えて社員を監視する」と踏み込んだ発言をして話題になりました。このヤフー社長の発言は非常に刺激的であり、表立って口にするのに抵抗ある経営者も多いと思いますが、筆者の印象としては、近時、こういう明確な認識を企業の担当者が口にすることが増えています。先日、研修の打ち合わせをした、あるネット企業の担当者も「これまで自社でさまざまな措置を講じてきて相当の体制になっているとの自負はあるが、最後に残されたのが、性悪説を前提とした、個々の社員対策である」と述べていました。やはり、情報管理体制を突き詰めていくと、このような認識に至るということかと思います。

## 具体的にどのような対策を取れば良いか

　この「悪意を持った内部者」対策については、2009年に発生した三菱UFJ証券の情報漏洩事件における「業務改善報告書」および「調査報告書」が参考になります。

　同事件は、同社システム部部長代理が個人顧客148万人分の情報を不正に持ち出し、そのうち4万9,159人分を名簿業者に売却したというものです。漏洩情報の中には、顧客の氏名と住所ばかりか、自宅や携帯の電話番号、職業、年収区分までが含まれており、漏洩後、顧客に対して投資勧誘などの電話が昼夜の別なく頻繁にかかってくるといった具体的被害が発生し、三菱UFJ証券は事態を重く見て、対象者全員に対し1人当たり1万円の商品券を送っています。当時、メディアでも「異例の高額」なお詫びであると話題になったので覚えている方もいるでしょう。ちな

みに、現在における情報漏洩事件に伴うお詫びの相場は、ローソンの個人情報漏洩事件で、ローソンパスカードの会員全員に500円の商品券を郵送したことなどが前例となり、その後、先のヤフーBBの事件で同社が590万人に1人当たり500円の金券（郵便振替）を送付したことによって、おおよそ500円が一般的なものとして定着しており、「異例の高額」との表現は決して大げさなものではありません。

　さて、三菱UFJ証券は、事件発生後、金融庁に対して「業務改善報告書」を提出し、調査委員会による「調査報告書」と共に公開しましたが、そこには多岐にわたる再発防止策が記載されており、「悪意を持った内部者」対策として示唆に富んだ提言がされていますので、以下に、それらのポイントを紹介したいと思います。

## 不正に対する経営陣の厳格な姿勢を明確に打ち出す

　業務改善報告書では、対策として、「全職員に対して職業倫理観を徹底するために、あらゆる機会をとらえて、経営トップからのメッセージを発信し、不正に対する当社経営陣の厳格な姿勢を明確に打ち出し、職員の意識向上を図って参ります」と書かれています。同様に調査報告書でも、「不正には厳格な対応を行う旨のトップメッセージを出すとともに、教育・研修においても不正防止の観点を強調し、不正行為は、業界及び会社の信用を大きく毀損し、回復しがたい損失を受けることを理解させる。具体的な研修においては、法令違反行為・不正行為は必ず発見・摘発され社内的にも社会的にも制裁を受けること、会社としてもモニタリングを強化していることを理解させる」としています。

　人間は、通常、「得られる利益」と「失われる利益」とを比較した上で、より自らに利益になる行動を選択します。当該行為によって「得られる利益」が、それが発覚した場合に「失われる利益」と比較して明確に見合わない（「失われる利益」のほうがはるかに大きい）ことを認識してい

れば、その行動を思いとどまります。

　従来から各企業で実施されている一般的なコンプライアンス教育では、「社内ルールを守りましょう」とか、「コンプライアンスは企業経営のブレーキではなく売り上げ倍増に不可欠のインフラである」と説明するなど、企業における「プラスの要素」を主に強調してきました。しかし、情報漏洩対策としての社員教育の場では、それではあまり効果がありません。社員各人が事件を起こした場合に、当該社員がどのような「報い」を具体的に受けるのかという、社員各人における「マイナスの要素」について、徹底的に認識してもらうことが、情報漏洩対策としては重要だということです。

図1-2　情報漏洩対策としてのコンプライアンス教育

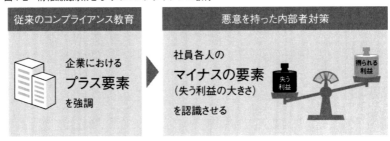

　業務改善報告書における「不正に対する当社経営陣の厳格な姿勢を明確に打ち出す」とは、調査報告書における「法令違反行為・不正行為は必ず発見・摘発され社内的にも社会的にも制裁を受けることを理解させる」と実質的に同義です。端的にいえば、たとえ社員であっても、懲戒解雇はもちろん損害賠償も含めた厳しい制裁を加えるという「厳格な姿勢」を、研修を含むあらゆる機会に発信することによって、社員に対し、個人情報を名簿業者に販売してもまったく割に合わない、つまり「失われる利益」のほうが「得られる利益」よりはるかに大きいという意識を植え付けるということです。

　企業不祥事において、企業が社員に対し損害賠償請求をするのは今や

第1章 情報漏洩に関する事件簿　｜　19

珍しいことではありません。ジャパネットたかたの個人情報漏洩事件では、企業側が情報漏洩を行った元社員に対して損害賠償請求訴訟を提起し、長崎地裁佐世保支部において、1億1,000万円の損害賠償が認められています（2008年5月15日判決）。つまり、社員であっても企業に損害を与えた場合には、相応の責任追及を受けるという事実を企業が強烈に発信することが重要なのです。日本社会において、企業は家族であり、不祥事を起こしても家族に対してそれほど厳しい措置は取らないので、せいぜい解雇されるくらいという認識が従来から根強かったと思われますが、業務改善報告書や調査報告書にあるように、社員にとっては不都合なことでも、きちんと伝えておくことが重要ということです。

　この点について、社員を脅すような内容の研修を行うことに抵抗があると話す企業の担当者もいますが、オブラートに包んだ曖昧な説明をすることは、社員にとって決してプラスにはなりません。あえて重大で深刻な情報をしっかり伝えることこそが、実は、「社員の身を守る」ことにもつながるという事実をきちんと理解しなければなりません。

　なお、その前提として、違法行為を行った場合には必ず発覚することを社員に知らしめることも重要です。どのように厳しい制裁を加える旨を警告していても、社員が、どうせ発覚するわけがないから大丈夫と考えているようならまったく効果はありません。調査報告書にも明確に記載されているように、同時に「モニタリングを強化していること」を十分に周知し、現実にそういった施策を取ることも必要ということです。悪事を働いた場合、必ず会社が知るところになるということが不可欠の前提になるわけです。

## 情報漏洩が割に合わない実態

　三菱UFJ証券の情報漏洩事件で、名簿業者に情報を売却したシステム部の部長代理は、社内調査で犯行が発覚し直ちに懲戒解雇になり（2009

年4月8日)、その後、不正アクセス行為の禁止等に関する法律(不正アクセス禁止法)違反などで警視庁に逮捕され(同年6月25日)、最終的に東京地方裁判所は懲役2年の実刑判決を言い渡しました(同年11月12日判決)。

　この部長代理には前科がなかったにもかかわらず、刑事裁判で執行猶予がつかず収監され、刑務所での長期間の生活を余儀なくされたわけです。殺人罪であっても情状によっては執行猶予がつく場合があることを考えると、極めて重い判決であったと評価できます。

　つまり、この部長代理は、懲戒解雇によって将来における多額の退職金を失い、また報道によれば、事件後、妻とは離婚して子供2人も家を出て行ったとのことであり、家族すらも失いました。さらに、当時、会社が同人に対し70億円に及ぶとされた損害の一部を賠償請求していく予定である旨が報道されています。こうしたマイナスの要素に対し、情報を漏洩した部長代理が個人情報を売却した際に名簿業者から受け取った金額はわずか12万8,000円にすぎません。個人情報を流出させたことに対する報いはあまりに大きく、当人にとって、まったく割に合わない結果に終わったことになります。ちなみに、ベネッセの社員の場合には、総額で約250万円を手に入れたと報道されていますが、たとえ250万であっても、刑務所に入るリスクと見合うことなどあり得ません。

図1-3　元社員の収支バランス

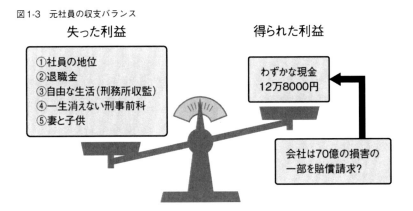

こうした犯人が、事件が露見した場合のリスクや、不正に対する企業側の厳格な姿勢について、研修などを通じて十分に理解し合理的な判断を行っていれば、情報漏洩事件などを起こしたりしなかったことは容易に想像できます。前述のような、その後の人生を台無しにしてしまうに等しい重大なリスクを負うくらいなら、正式に自主退職し、その退職金を借金の清算に充てるといった選択肢を取ることで、新たな人生をやり直すことも可能だったわけです。その判断を誤ったがゆえに、三菱UFJ証券の部長代理は、社員としての地位も、退職金も、家族も失い、逮捕されて刑務所で生活することを余儀なくされました。後述するように、ベネッセの犯人も、多くのものを失うことになりました。これは、本人に非があることはもちろんですが、仮に、勤務先企業が、そういったリスクや企業の姿勢を、研修などを通じてきちんと社員に対し周知してこなかったとすれば、企業側にも問題があったと思われます。オブラートに包んだ、耳に心地よいコンプライアンス研修などいくら実施しても、社員の心には響かないということです。

## 漏洩犯の悲惨な現実を多くの人は知らない

　では、こうした情報漏洩犯の悲惨な実例を、果たしてどれだけの人が知っているでしょうか。筆者は講演や研修などでいつもこの点をあえて強調して、場合によっては刑務所内部の実態（収監後に待つ厳しい生活）なども交えて説明しますが、多くの受講者からは軽いどよめきが起きます。この反応が意味することは、多くの人が、報道された表面的な内容だけは知っていても、情報を漏洩した者が、実際にどれほどの具体的な不利益を被ったかについてまで、詳細に知っている人は意外と少ないという事実です。むしろ、情報漏洩事件を起こしても会社を解雇されるくらいで済む、そうなれば他社に転職すればよいくらいに考えている人も意外と多いのではないでしょうか。少なくとも、刑務所に収監され何年も

辛い生活を余儀なくされるとまでは思ってもいないでしょう。社員の多くがそのような認識のままでいれば、どんなに研修を実施しても、まったく抑止力は働きません。

　ベネッセ事件の犯人は、2014年7月17日に逮捕され、不正競争防止法違反で起訴されて、2016年3月29日、懲役3年6月、罰金300万円の判決が言い渡されました。三菱UFJ証券の元部長代理より1年半も長い懲役刑が言い渡されたわけです。近時の個人情報に対する意識の高まりを前提にすれば、今後発生する同種事件でも、同様の重い実刑判決が下されることは間違いないと思われます。ただ、ベネッセの情報漏洩事件について、あれほど繰り返し大きく報じられたのに、この裁判結果については意外と地味な扱いでしたから、報道を見落とした人も多いと思います。だからこそ、こうした厳しい現実について、企業は、研修などを通じてしっかりと社員に周知徹底すべきであり、そのような姿勢が企業のためばかりではなく社員のためにもなることを社内にしっかり浸透させる必要があるわけです。

## 近時のネットでの私的制裁の横行

　社員各人が認識すべき「マイナスの要素」という観点からは、民事・刑事での制裁以外に、インターネット上での私的な制裁についても、研修の場において言及しておかなければなりません。

　近時、社会的に注目を集める事件が発生すると、関連する人物に対しネット上での容赦ない私的な制裁が横行し問題になっています。昨年話題になった東京五輪エンブレム問題では、盗作疑惑を受けたデザイナーは、自身のホームページで模倣や盗作は断じてないと疑惑を否定しながらも、家族やスタッフを守るためにエンブレムの見直しを決断したとして、次のように述べています。

　「私個人の会社のメールアドレスがネット上で話題にされ、さまざま

第1章 情報漏洩に関する事件簿　23

なオンラインアカウントに無断で登録され、毎日、誹謗中傷のメールが送られ、記憶にないショッピングサイトやSNSから入会確認のメールが届きます。自分のみならず、家族や無関係の親族の写真もネット上に晒されるなどのプライバシー侵害もあり、異常な状況が今も続いています。……もうこれ以上は、人間として耐えられない限界状況だと思うに至りました。」

　情報漏洩事件の犯人についても同様であり、自らの情報はもちろん、家族の情報など、同人に関係するあらゆる情報がネット上で晒されることになります。また、犯人の氏名をグーグルで検索すると、サジェスト機能により、情報漏洩事件を示唆するさまざまな単語が表示されます。そしてリアルの世界でいったん流出した名簿をすべて回収することが困難である以上に、いったんネット上に晒された、犯人にとって不利益な情報を消し去ることはほとんど不可能であり、それは一生つきまとうことになるのです。

図1-4　一度ネットに晒された情報は消すことができない

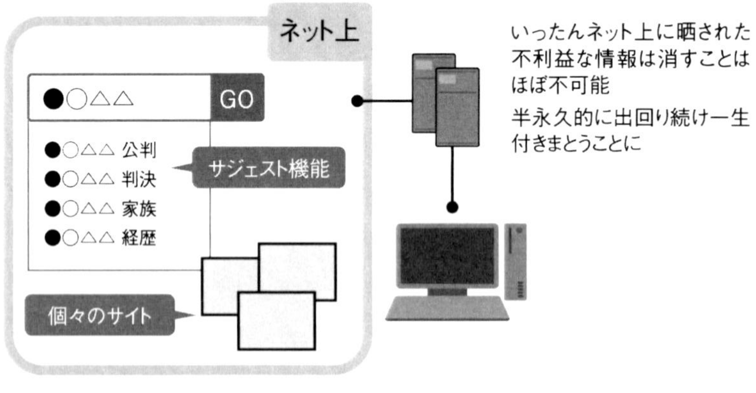

　近時、EU司法裁判所で認められた「忘れられる権利」に起因して、日本でもグーグルなどに対する情報の削除要求仮処分申請が各地の裁判所で申し立てられ、請求が認められたりもしています。2015年12月22日

24 ｜ 第1章 情報漏洩に関する事件簿

には、さいたま地裁が、「忘れられる権利」を明示して検索結果の削除を認める決定を出し、注目を集めましたが、2016年7月12日、東京高裁は、「忘れられる権利」につき、「そもそも我が国において法律上明文の根拠がなく、その要件及び効果が明らかではない」と否定するなど、この点の司法判断はまだ流動的です。また、裁判所の決定により検索情報を消すことはできても、その元になっている個別のサイトに拡散してしまった情報をすべて消し去ることは事実上不可能です。つまり、情報漏洩事件の犯人は、民事・刑事の法的責任を追求されるばかりか、ネット上での私的な制裁まで受けるわけです。しかも、そのときに書き込まれた犯罪者としての不利益な情報はネット上に永遠に残り、その後の人生に影響を与え続けます。そうした現実を、社員にしっかり理解してもらわなければなりません。

　なお、このような指摘に対して、研修の場で、民事・刑事の制裁の話ならまだしも、私的な制裁まで取り上げるのは抵抗がある、という企業担当者の声も耳にします。しかし繰り返し述べてきたように、そうした教育こそが、「社員を守る」ことに役立つという発想の転換が必要なのです。

## 社員の日常の変化を見逃さず事前に対応する

　三菱UFJ証券での業務改善報告書では、先の「不正に対する経営陣の厳格な姿勢を明確に打ち出す」という対策のほかに、「管理者に対し、労務管理から部下の動態観察等まで、広い範囲の研修を実施します」と記載されています。これは部下の日常の変化を見逃さずに、事件が発生する前に対応するということです。

　「悪意を持った内部者」対策としては、すでに述べてきたように、不正に対する経営陣の厳格な姿勢を明確に打ち出すことが有効ですが、それは、社員が「得られる利益」と「失われる利益」とを比較した上で、より自らに利益になる行動を選択するという「合理的な判断」を前提とし

ています。しかし、多額の借金を背負って心理的に追い込まれると、合理的な判断が困難な場合も多いと考えられます。実際、近時の個人情報漏洩事件の犯人は、多くの借金を抱えています。三菱UFJ証券事件の犯人はストレス発散のためキャバクラに通って500万円の借金が、ベネッセの事件の犯人もギャンブルなどで170万円の借金があったと報道されています。

　三菱UFJ証券の犯人は、借金が500万円にまで膨らんだ時点で、「いつ勤務先や自宅にヤクザが乗り込んでくるのか……」という不安にさいなまれ、やがて「顧客情報を横流しすれば借金を半分にできるかも」と思いついたことが犯行の契機になったとも報じられていました。このような状況に置かれた人間に、事件を起こした場合に受ける「報い」という「マイナスの要素」をいくら研修の場で説いても、それほどの実効性は期待できません。

　そこで登場するのが、上記業務改善報告書における「部下の動態観察」という次なる対応です。企業としては、問題のある人間を少しでも早く見つけ出し、違法行為を行う前に対処（阻止）することが必要であり、企業（上司）が社員の日常の変化を見逃さない、つまり常時「部下の動態観察」を行うということです。

　たとえば、就業中にもかかわらず頻繁に携帯に連絡があり、そのたびに席を外すような部下がいたら要注意です。日頃真面目な社員が、急に無断欠勤や遅刻を繰り返すようになるのも同様です。さらに、火のないところに煙は立たないものであり、異性関係の噂、夫婦関係に関する噂、株運用失敗の噂、子供の非行の噂等々「個人の生活環境」に影響を与えるようなあらゆる噂は常に見逃さずに収集し、適宜、噂の真相を確認しておくことが、職場の管理者には必要になります。そして、動態観察の結果、不審な行動を取っている社員には、適切な相談機関にかかってもらうよう誘導するなど、事態に応じた対応を行うわけです。ちなみに、このような対応は、日々、現金を取り扱い、社員が容易に不正を行うこ

とが可能な環境に置かれている金融機関ではごく日常的なことであると見聞しています。

図1-5　管理者は部下の日常の変化を把握することが必要

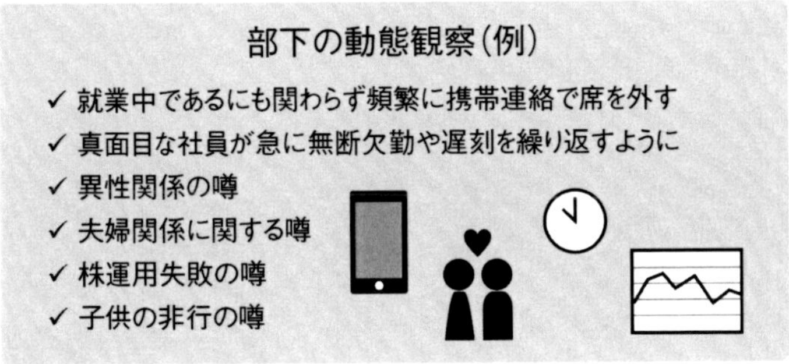

部下の動態観察（例）
- ✓ 就業中であるにも関わらず頻繁に携帯連絡で席を外す
- ✓ 真面目な社員が急に無断欠勤や遅刻を繰り返すように
- ✓ 異性関係の噂
- ✓ 夫婦関係に関する噂
- ✓ 株運用失敗の噂
- ✓ 子供の非行の噂

## 悩み事相談窓口の設置

　三菱UFJ証券の調査報告書は、この点について興味深い提言をしています。同書面には「当社にも消費者金融からの借入れ等の理由から経済的に困窮している社員が一定数存在する可能性があるものと思われる。社員のプライバシーに配慮しつつ『悩み事相談窓口』的対応を充実させ、窮状から脱出するための専門家の紹介等を行う制度が検討されてよい」と記載されているのです。

　筆者も、企業などで情報漏洩に関する講演や研修を行う際には、毎回冗談っぽく、「借金で困った事態になっても名簿を売るのではなく、信頼できる弁護士のところに相談に行ってください」と話し、会場からはいつも笑い声が起きますが、これは決して冗談などではなく、実は情報漏洩事件対策として重要なことなのです。日常的な動態観察と共に、その結果として不審な点が見出された社員を管理者が誘導する先として、また、困窮した社員が自ら駆け込んでいける救済機関として、こうした悩み事相談窓口を設置することは、どの企業においても検討されるべきです。

第1章 情報漏洩に関する事件簿　27

なお、各社において、いわゆる「内部通報制度」が十分に機能していないことが近時問題となっていますが、その原因は、通報することによって自らの立場が守られないことに対する不安が社員に根強くあるためです。同様に、悩み事相談窓口を設置しても、相談内容（借金による窮状など）が会社に伝わるかもしれないといった危惧が少しでも社員にあれば、誰も相談になど行かず、機能しなくなります。窓口設置の際には、社員のプライバシーなどに対する十分な配慮が不可欠であることは言うまでもありません。

## 事後対応の重要性

　ベネッセの個人情報漏洩事件は大きな話題となり社会の批判を浴びましたが、これは子供の情報という親にとって極めて機微な情報の漏洩であったことに加え、ベネッセの事故後の対応が適切とは言い難いものであったことも原因と考えられます。この点、事前の事故防止策に重点を置くあまり、事故が発生した後の事態への備えが十分でない企業も多いかと思われますので、ベネッセの事例をもとに、情報漏洩事件が発生した後の対応の重要性についても指摘しておきます。

## 記者会見などでの発言

　まず、ベネッセ社長は、事件発覚当初の記者会見（2014年7月9日）で「肝心な情報は漏洩していないため金銭的な補償は考えていない」と述べましたが、謝罪の記者会見としては、まったく見当違いの発言でした。

　もちろん、その発言の真意は、カード情報のような金銭的損害に直接結び付く情報と、氏名・住所といった情報は重要性が異なるということが前提となっているわけですが、そこには「子供」の情報であるという重大な視点が抜け落ちていました。その結果、即座に社会的な非難を浴びて、ベネッセ社長は、その直後の7月17日の記者会見で、一転して、

総額200億円にも上る金銭補償をする旨を公表しました。会場に詰めかけた記者から、前回の記者会見内容からの変更理由を問われて、「情報が二転三転したとは思っていない。まずは事実確認をすべきとの経営姿勢を取っただけで、決して事の重大さに気付いて考えが変わったわけではない」「7月9日の時点で金銭補償の話をするのは、お客さまから『お金で済むような問題ではない』と、お叱りを受けると考えていた」などと説明しています。

　しかし、仮にそうであるなら、そもそも最初の記者会見の席において賠償問題に言及などしなければよかったのであり、漏洩情報が「肝心な情報」なのかどうかや、補償そのものを明確に否定するような発言まで行う必要はなかったはずです。やはり、ベネッセ社長の最初の発言は、被害者の感情を逆撫でする不適切なものであったと言わざるを得ません。

　企業不祥事が発生した際においては、記者会見など公式の場であるかどうかにかかわらず、メディアに向けた発言に関して、最大限の注意を払うべきであることは今や常識です。古くは、雪印乳業の集団食中毒事件において、当時の社長が発した「私は寝てないんだよ」、近時でも、2013年の食材偽装事件における、阪急阪神ホテルズ社長による「偽装ではなく誤表示である」との発言が、当該企業に対してどれほど悪影響を与えたか計り知れません。企業としては、事件発生時における記者会見などを想定した準備を日頃から実施しておくべきです。

## 事件に対する補償のやり方

　ベネッセは、その後の金銭補償の方法でも批判を受けています。2014年9月10日の記者会見では、情報流出の対象者に対し、500円の金券を配布する旨が発表されました。この500円という金額については賛否があるかもしれませんが、少なくとも、従来からお詫びの水準として認められてきた金額であり、原則論としては問題ないと評価できるかと思われ

ます。ただ、当時、大切な子供の情報が素性の知れない第三者にばらまかれたお詫びとしては少額過ぎるとの非難も当然想定される状況であった以上、どのような形で配布するかについては細心の注意を払うべきでした。

　残念ながら、ベネッセによるお詫びの配布方法に対して、多くのクレームが寄せられる事態になりました。ベネッセからのお詫びの案内の書面には、お詫びの品について「ご希望の□にレをご記入下さい」とあり、そこに「全国共通図書カード500円分」と「（財）ベネッセこども基金へのご寄付」の選択肢が記載されていたのです。これに対し、「お詫びの書面にこのような選択肢を入れる神経が理解できない」といった多くの批判が出ましたが、当然のことです。お詫びと寄付の組み合わせは、おそらくヤフーBBの情報漏洩事件の際の手法を参考にしたものと思われますが、ヤフーBBでは500円分の郵便為替を送付した上で、「同封いたしましたものは、全国の主要な銀行・郵便局において換金可能なものでございます。誠に些少ではございますが、お納めいただければと存じます。また、期限内に換金されないものにつきましては、情報社会の将来のための基金などに寄付させていただければと存じます」と書かれていました。いきなりお詫びのお金を受け取らずに寄付しませんかと書いたベネッセの対応とは、受ける印象がまったく異なるのは言うまでもありません。

　ベネッセは、営業利益の大半に当たる莫大な金額を補償として支払う決断をしたにもかかわらず、そのやり方の稚拙さで被害者からの理解を十分に得られず、さらなる批判を招いてしまいました。何とも残念な話です。

　上記事実から導き出されるのは、記者会見の対応準備と同様に、事件に対する謝罪をどのような形で実施するかについても、事前に検討しておくべきだということです。過去の情報漏洩事件における各社の謝罪内容や手法を研究し、企業の規模や業態なども総合考慮して、自社において、どの程度の金額（もしくは商品提供）で、またどのようなやり方で実

施するかをあらかじめ十分に検討しておけば、ベネッセのように、金銭補償をするかどうか社長の発言が変わるようなことは避けられるし、その補償の方法でさらなる批判を受けるような事態は回避できたかもしれないわけです。

## 必ず金券を配らなければならないわけではない

さきほど、500円という金額については、従来からお詫びの水準として認められてきた金額であり問題はないとの説明をしましたが、それは金銭補償をすることを前提としたものです。

実は、情報漏洩事件の際に、補償をしていない企業もありますし、補償をする場合でも、金券などではなく自社の経営するテーマパークの入場券の配布など、実質的に販促品を配布しただけと思われる対応をした企業もあります。

たとえば、2016年6月24日に発表された、旅行代理店大手のJTBによる、標的型メールを原因とする情報漏洩事件につき、JTB社長は、「一律的な補償はせず、具体的な被害があれば個別に対応する」とコメントしています。また、2003年12月に起きた東武鉄道の情報漏洩事件では、東武動物公園または東武ワールドスクエアの招待券が被害者に配布されました。

ベネッセの場合も、一律の補償はしないことも考えられたでしょうし、自ら運営する通信教育講座の顧客情報が漏洩したことがわかっているのですから、たとえば、そうした教育講座の無料利用券のようなものを配布することでお詫びの意思を表明するという選択肢もあったわけです。前述のように、総額200億円もの出費をしながら、利用者から相変わらず非難されるくらいなら、そのほうがよほど企業にとってはプラスだったと思われます。

情報漏洩事件が起きた場合に補償をするかどうか、また仮に補償をす

ると判断した場合には、企業の業態などに応じて、自社業績への影響が少なく、かつ謝罪したことの印象をきちんと与えられるような、効果的なやり方の検討をしておくことが必要だということです。

## 最後に

　企業は、過去の事例の検証を踏まえ、「悪意を持った内部者」にどう対峙するかを早急に検討し、具体的な対策を講じておくべきです。対策として考えられるのは、本稿で指摘したように、社員教育の徹底ですが、従来型の研修で実効性を上げることは難しく、内容には十分工夫を凝らすべきです。また、どんなに研修を実施しても、情報を漏洩しようとする社員が出てくるのであって、当該社員が事件を起こす前に食い止めるという対策も必要となります。さらに、それでもなお情報漏洩事件は発生し得るという現実をしっかりと見据えて、事件が発生した場合における事後対応を予め十分に検討しておくべきなのです。

# CASE2
# 「産業スパイ」事件、うちの会社は大丈夫？

【相談】

　私の勤める会社は、東京の下町で、工作機械を製造する中堅企業です。同業他社の多くが中国やタイなど海外に拠点を移したり廃業したりする中で、うちは高い技術を持つ優秀な社員が多く、なんとか日本で頑張っています。先日、同業者の集まりに参加した際に、長年親しくしている知人から、その勤務先では営業秘密漏洩によって莫大な被害を受けそうになったという話を聞き、自分のところは大丈夫か心配になっています。

　その知人の会社は、ある特殊な技術を持っていて、それが競合他社に対する武器となって売り上げを伸ばしてきたそうですが、ある日、複数の社員らが、突然、示し合わせたように退社を申し出てきたそうです。本人たちは口を割らなかったらしいですが、調べてみると、転職先は競合企業。あわてて社内のサーバーを調べたところ、機械の設計図面のデータが大量にコピーされた形跡が残っていました。辞めていく社員たちが営業秘密を大量に持ち出したに違いないと思ったその会社では、すぐに刑事告訴をしたそうです。結局、その社員らは逮捕され、独自技術が競合企業の手に渡るのは直前で食い止められたとのことでした。

　その人は「日本は産業スパイ天国っていうのは本当だな。今回の１件で身にしみたよ。だけど、人を見たら泥棒と思えっていうのもね。なんだかイヤな世の中になったもんだ」と嘆いていました。

　その後、会社でいろいろ調べたところ、こうした事件は結構頻繁に発生しているようです。最近、法律が変わって、情報漏洩に対する罰則が強化されたこともわかりましたが、それだけで営業秘密の漏洩が防げるようになるのかよくわかりません。そもそも、個人情報というのは、氏名、住所、電話番号などの

第1章 情報漏洩に関する事件簿　33

ことだとなんとなくわかるのですが、営業秘密と言われると、いったい何を指すのかも明確ではない気もします。営業秘密漏洩を巡る過去の事例などと併せて教えてください（実際の事例をもとに創作したフィクションです）。


## 相次ぐ「産業スパイ」事件

　近年、営業秘密が流出する「産業スパイ」の事例が相次いでいます。新日鉄住金が韓国の鉄鋼最大手ポスコに特殊な鋼板の製造技術を盗用されたとして損害賠償などを求めていた訴訟では、2015年9月、ポスコが新日鉄住金に対して300億円を支払い和解しました。訴えの対象となったのは、変圧器などに使われる「方向性電磁鋼板」と呼ばれる製品です。報道によれば、新日鉄住金は、ポスコが組織的な盗用を計画し、住友金属工業と合併する前の新日本製鉄の社員に秘密情報を持ち出させて入手し、鋼板を製造したなどと裁判で主張していたとのことです。この訴訟の発端となったのは、問題となっているポスコの技術を中国企業に漏洩したとして、韓国で逮捕、起訴されたポスコの元社員が、裁判の中で「中国側に流した技術は、元は新日鉄のもの」と供述したことによるとされていますが、この秘密の露見がなければ、情報流出の事実は、闇から闇に葬られていたかもしれません。

　2014年3月には、東芝のフラッシュメモリーの研究データを、韓国の半導体メーカー、SKハイニックスに漏らしたとして、東芝の提携先の元技術者が不正競争防止法違反（営業秘密開示）の疑いで逮捕されました。東芝はSKハイニックスに損害賠償を求める訴訟を起こし、同年12月に約331億円で和解しています。なお、その元技術者について東京高裁は、2015年9月、懲役5年、罰金300万円を言い渡した第1審の東京地裁判決を支持し、控訴を棄却しました。

さらに、2016年4月25日には、家電量販大手エディオンの元課長が転職先の上新電機に営業秘密を不正に持ち出した事件を巡り、エディオンが、上新電機と元課長を相手取り、50億円の損害賠償や情報の使用差し止めを求める訴えを大阪地裁に提起したことが報道されています。元課長は、上新電機に転職直後の2014年1月、エディオン側から不正入手した住宅リフォーム事業に関する営業秘密情報を上新電機の上司に渡したなどとして、不正競争防止法違反に問われ、大阪地裁で有罪がすでに確定しています（懲役2年、執行猶予3年、罰金100万円）。秘密情報の流出は、国外企業に対してばかりでなく、国内企業間でも発生しているということです。

　なお、エディオンは、2016年4月25日付で、以下のようなプレスリリースを発表しています。

　「当社は本日、上新電機株式会社（以下、「ジョーシン」といいます）による当社のリフォーム事業に関する営業秘密の不正使用（以下「本事案」）について、その差し止めおよび、不正使用によって作成された事業管理用のソフトウェア・各種社内資料・店舗展示用ディスプレイ設備等の廃棄に加え、50億円の損害賠償を求めて、大阪地方裁判所に提訴致しました。本事案の刑事記録やその後に当社が収集した証拠から、ジョーシンは、当社の秘密情報を利用して、リフォーム事業を起こし、現在に至るまでこれらの不正使用行為を継続していると考えられます。かような行為の継続は、事業者に正当な競争行為を行う意欲を低減させることになりかねず、不正競争行為への警鐘を鳴らすべく、今回の提訴に至りました」

　警視庁発表の「平成27年中における生活経済事犯の検挙状況等について」によれば、営業秘密侵害事犯に関し、平成27年（2015年）には、12事件（前年より1事件増）、31人（同18人増）、4法人（同4法人増）が検挙されており、いずれもここ数年、増加傾向にあります。しかも、このように表面化した事例は氷山の一角と見られており、経済産業省が2012

年に全国の企業を対象に行った実態調査によれば、過去5年間に「情報が明らかに漏れた」「おそらく漏れた」などと答えた企業は13.5％に上り、かなりの企業が情報流出に頭を痛めていることが推察されます。

## 情報窃盗は刑法で処罰されない

　会社に在職中の社員は、労働契約に付随する義務として、会社の営業上の秘密（企業秘密）を保持する義務を負っています。これは、一般的に就業規則の規定や秘密保持契約などの個別合意がなくても発生すると解されています。たとえば、東京高裁・1980年2月18日判決は、「労働者は労働契約に基づく付随的義務として、信義則上、使用者の利益をことさらに害するような行為を避けるべき義務を負うが、その一つとして使用者の業務上の秘密を漏らさないとの義務を負うと解される」と判示しています。つまり、社員が、このような秘密保持義務に違反して企業秘密を外部に漏洩した場合、当然、懲戒処分や解雇の対象となりますし、民事訴訟により、損害賠償請求の対象にもなると考えられます。

　では、刑事上、どのような罪に問われるのでしょうか。皆さんがすぐにイメージするのは、「情報を盗む」という行為ですから、刑法の窃盗罪を思い浮かべると思います（刑法235条）。しかし、刑法が定める「窃盗罪」で禁止されているのは、「有体物」（空間の一部を占めて有形的存在を有するもの）を盗む行為です。「情報」は有体物ではありませんから、窃盗罪に問うことはできないとされています。つまり、企業の新製品の設計図や顧客情報が書かれた「紙」や「USBメモリー」を盗むとなれば、窃盗罪が成立するのに対して、当該情報をカメラで撮影して持ち出した場合や、自身のUSBメモリーにコピーして持ち出した場合は、有体物を盗んでいるわけではないので窃盗罪に当たらないとされるのです。

## 不正競争防止法による規制

　ただ、「情報を盗む」という行為は、刑法の窃盗罪に問うことはできませんが、別の法律で罪に問うことができます。その法律が、不正競争防止法になります。

　この不正競争防止法は、「窃取、詐欺、強迫その他の不正の手段により営業秘密を取得する行為（不正取得行為）又は不正取得行為により取得した営業秘密を使用し、若しくは開示する行為（秘密を保持しつつ特定の者に示すことを含む）」や「営業秘密を保有する事業者（保有者）からその営業秘密を示された場合において、不正の利益を得る目的で、又はその保有者に損害を加える目的で、その営業秘密を使用し、又は開示する行為」などを、「不正競争」として規制しています。

　社員がこのような行為を行った場合、会社は、差し止め、損害賠償、信用回復措置などの請求を行うことができます。また、悪質な行為は、刑事罰の対象ともなります。国内で管理されている営業秘密を海外で使用・開示する行為も、国外犯として刑事罰の対象となりますし、行為者だけでなく、その者が所属する法人も処罰の対象となります。

## 営業秘密とは

　不正競争防止法は、「営業秘密」を「秘密として管理されている生産方法、販売方法その他の事業活動に有用な技術上又は営業上の情報であって、公然と知られていないものをいう」と定義しています。つまり、企業が保有する秘密情報がすべて保護の対象となるわけではなく、不正競争防止法による保護を受ける「営業秘密」と認められるためには、次の3つの要件を満たす必要があります。

（1）秘密として管理されていること（秘密管理性）

（2）有用な営業上または技術上の情報であること（有用性）

（3）公然と知られていないこと（非公知性）

図2-1 企業秘密と営業秘密

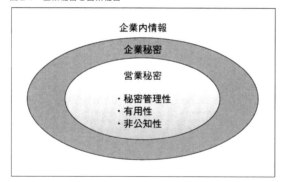

　(1) の「秘密管理性」については、単に「社外秘」としているだけでは不十分とする裁判例が多数あり、厳重な管理が必要とされています。つまり、秘密性の高い情報については、書類などの場合は保管場所がきちんと施錠されて鍵の管理が厳重になされている、データであればアクセスするためのパスワードが設定されアクセス権者が限定されているなど、秘密情報の取り扱いについてルール化されている必要があります。また、秘密にあたる情報には「極秘」などの印をつけ、社員がそれを秘密だとわかるようにしておかなければいけません。

　(2) の「有用性」とは、「財やサービスの生産、販売、研究開発に役立つ事業活動にとって有用なもの」であることが必要とされています（東京地裁・2002年2月14日判決）。一方、会社の脱税や脱法的手法に関する情報など、公序良俗に反する内容の情報は、法的保護に値せず、有用性はないと解されています。

　(3) の「非公知性」が認められるためには、刊行物に記載されていないなど、情報保有者の管理下以外では一般に入手できない状態にあることが必要です。情報を知っている者が多数いた場合でも、それぞれに守秘義務が課されていれば非公知性が認められます。

　以上のように、会社が適切な管理を怠っていた情報を、問題が発生してから「営業秘密だ」と主張してみても、法的な保護は受けられないと

いうことです。何をどこまでやれば要件が満たされるのかは、経済産業省が「営業秘密管理指針」（2015年1月改訂）で裁判例や具体例を挙げて公開していますので、参考にしてみてください。

## 営業秘密保護の強化

冒頭で述べたように、グローバル化や国際競争の激化、IT技術の進化などを背景に、近年、企業の営業秘密が流出する事例は増加しています。経済界からも、日本は他国に比べて技術情報などに対する保護水準が低く、対策が立ち遅れているとの声もありました。そこで、営業秘密の不正取得や使用行為に対して、刑事・民事両面からの抑止力の向上と強化を目的とした改正不正競争防止法が成立し、2016年1月に施行されました。その柱は、①罰則の強化等による抑止力の向上、②刑事上・民事上の保護範囲の拡大、③民事救済の実効性の向上です。この3つの柱について、以下に解説します。

## 罰則の強化等による抑止力の向上

まず、営業秘密侵害罪の罰金刑が厳しくなり、個人に対する罰金の上限は1,000万円から2,000万円に上がりました（懲役は10年以下のままで同じです）。また、法人に対する罰金の上限は3億円から5億円に引き上げられました。さらに、情報が国外に流出した場合には、国の産業競争力や雇用への影響も大きいことから、日本企業が保有する営業秘密を海外で使用したり、海外で使用させたりするために行う窃取や開示の場合は重罰化がはかられました（個人3,000万円、法人10億円）。

それらに加えて、個人・法人から営業秘密侵害行為によって得た収益を上限なく没収することができることを定めました。これは、近年発生している事案において、不正取得者が莫大な利益を受け取っていることから、たとえ罰金刑を強化しても、それを上回る利益が得られるとなる

第1章 情報漏洩に関する事件簿　39

図2-2　罰則の強化等による抑止力の向上

**罰金刑の上限引上げ等**

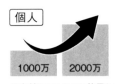
個人
1000万 → 2000万

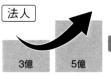
法人
3億 → 5億

※海外における不正使用など一定の場合には重罰化

また

営業秘密侵害罪の非親告罪化

被害を受けた企業が告訴しなくても警察や検察が捜査できるようになった

**任意的没収規定の導入**

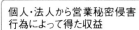
個人・法人から営業秘密侵害行為によって得た収益

上限なく没収

と抑止力が働かなくなることが理由とされています。この不正収益には、秘密を持ち出したことへの対価だけではなく、秘密を不正使用して生産した製品、およびそれを売却して得た利益なども含まれます。

さらに、被害を受けた企業が告訴しなくても、警察や検察が捜査できるようになりました（営業秘密侵害罪の非親告罪化）。これまでは刑事手続きの過程で、営業秘密が意図せず漏洩することを防止するため、親告罪となっていましたが、2011年改正で秘匿決定手続き（営業秘密侵害罪の刑事手続きにおいて、公開の法廷で明らかにされることにより事業活動に著しい支障を生ずる営業秘密については、申出により裁判所が営業秘密の内容を法廷で明らかにしない旨の決定をすることができる手続き）などが整備されたことを受けて、今回非親告罪への改正がなされました。

## 刑事上・民事上の保護範囲の拡大

不正に取得、開示された営業秘密だと知って取得した場合、第3次取

得者以降の不正使用、開示が処罰の対象となりました（営業秘密の転得者処罰範囲の拡大）。改正前は2次取得者までが処罰の対象だったのですが、ベネッセ事件のように顧客名簿が転々と流通する事案が発生していることから、処罰の対象が拡大されました。

また、不正に取得した営業秘密を使用して製造された物品に対しての流通規制が設けられました（営業秘密侵害品の譲渡・輸出入等の規制）。従来、営業秘密の不正な使用により生じた製品（営業秘密侵害品）の譲渡・輸出入は規制の対象となっていませんでしたが、改正により、営業秘密侵害品の譲渡、引渡し、輸出入などに対して、損害賠償や差し止め請求などができるようになり、刑事罰の対象にもなったわけです。

図2-3　刑事上・民事上の保護範囲の拡大

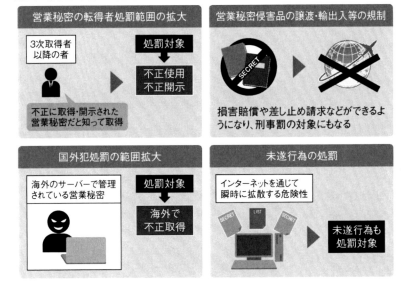

さらに、物理的に海外のサーバーで管理されている営業秘密が、海外で不正取得された場合についても、処罰の対象となりました（国外犯処罰の範囲拡大）。改正前に対象とされていたのは「日本国内において管理

されていた営業秘密」でしたが、今回、「日本国内において事業を行う保有者の営業秘密」に改正されたわけです。クラウドなど海外サーバーでデータを保管することが増えていることが背景にあります。

ほかにも、営業秘密がいったん漏洩すると、インターネットを通じて瞬時に拡散する危険性があることから、未遂であっても法が介入する必要があるとされ、未遂行為も処罰の対象となっています（未遂罪の導入）。

## 民事救済の実効性の向上

営業秘密侵害の訴訟を起こす場合、原告側で侵害事実を立証する必要があります。従来は、被告がその営業秘密を使って製品を作ったかどうかを、原告側が立証しなければならなかったわけですが、改正によって、被告が営業秘密を使わずに製品を作ったと証明できなければ、被告が使ったと推定するという規定が設けられました（推定規定の導入）。

図2-4　民事救済の実効性の向上

また、営業秘密の不正使用に対する差し止め請求権について、改正前は、侵害事実や侵害者を知った後に差し止めができる期間（消滅時効）が3年、侵害行為があった日から差し止めができる期間（除斥期間）が10年でした。しかし、近年は侵害行為から長期間経過した後に発覚する事例も確認されており、被害者救済の観点から、除斥期間が20年へと延長されました（除斥期間の延長）。

## なぜ情報が流出するのか

　競合する会社から機械の設計データを持ち出したなどとして、不正競争防止法違反（営業秘密の不正取得）の罪に問われた包装機械メーカーに対し、横浜地裁は、2016年1月29日、罰金1,400万円の判決を言い渡しました。企業秘密を侵害したとして両罰規定（企業の代表者や従業員などが違反行為をした場合に、直接の実行行為者のほかにその企業をも罰する旨の規定）により法人に罰金刑が科されるのは異例なことです。この事件で被害に遭った会社では、2013年に退職者が続出し、同社を辞めた元社員が次々と競合他社へ転職していました。社内調査で、設計データが社外へ流出していて、他社へ転職した元社員が関与している疑いが浮上したことから、同社が刑事告訴し、元社員が逮捕されました。判決では、設計図を持ち出した元社員やデータを受け取った人など4人にも執行猶予付きの有罪判決が言い渡されています。

　2012年に実施された、前述の経済産業省による実態調査によれば、過去5年間で明らかな漏洩事例が1回以上あった企業に対して、漏洩の経路について尋ねたところ、「中途退職者（正規社員）による漏洩」との回答が50.3％と最多になっています。

　企業における情報漏洩は、いわゆる「失われた20年」の間に日本企業でリストラが進み、技術者が転職を迫られたことなどが1つの原因と考えられます。冒頭で取り上げた東芝の研究データ流出事件において、犯人

図2-5 営業秘密の漏洩者の内訳

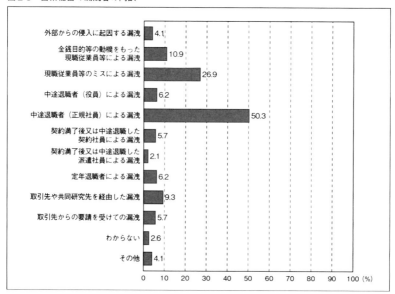

は、韓国企業に転職する前年に管理職級社員から一般技術者に降格させられて周囲に不満を漏らしていたことや、転職先の韓国企業に在籍中に「大金を手にしたので、残りの人生は遊んで暮らす」などと周囲に話していたことなどが報道されています。さまざまな知識やノウハウを持った技術者に対して、韓国や中国、新興国のメーカーなどが積極的にヘッドハンティングを行い、人材と情報の流出を招いているとも指摘されていますが、会社に対して不満を抱いている社員がそういった誘いに乗りやすいことは言うまでもありません。このほか、グローバル化により、海外企業との提携が増加していることなども、流出のリスクを高めています。

## 企業の防衛策は

こういった事例を踏まえ、企業側としては退職者への対策が必要になってきます。多くの企業は、入社時に社員に対して、就業規則や秘密保持

契約などで自社の情報を外部に漏らさないように義務付けています。しかし、退職者に対してはこの縛りがなくなります。特に重要な営業秘密に接していた社員が退職する際には、新たに「秘密保持契約」を結ぶことに加え、一定期間競合他社への転職制限を設ける「競業避止契約」を結ぶことなどで、ある程度、情報漏洩の抑止効果が期待できます。退職者に情報漏洩の禁止について再認識させられるうえ、万が一、こうした契約を結んだ退職者が営業秘密を漏らした場合、会社側は不正競争防止法による差止や損害賠償を請求しやすくなるからです。

　ただし、いずれの契約も、その作成には相当の注意が必要です。たとえば、秘密保持契約で「在職時に知り得た情報は秘密に」などと曖昧な表現をとった場合、無効とされかねませんし、あらゆる営業秘密を守ることも現実的ではありません。絶対に盗まれてはいけない情報をきちんと選別して、秘密保持契約の際にも、具体的なプロジェクトや技術に絞った形で締結する必要があります。

　次に、競業避止契約ですが、会社にとって重要な技術やノウハウに精通している退職者については、締結する必要があると考えられます。ただ、この契約は、転職者の「職業選択の自由」という憲法上保証された権利を制約することから、書面の内容に十分配慮しないと無効とされる可能性があります。これについては、経済産業省による「人材を通じた技術流出に関する調査研究報告書」が参考になりますが、そこでは、競業避止契約の「有効性が認められない可能性が高い規定のポイント」として、（1）業務内容等から競業避止義務が不要である従業員と契約している、（2）職業選択の自由を阻害するような広汎な地理的制限をかけている、（3）競業避止義務期間が2年超となっている、（4）禁止行為の範囲が一般的・抽象的な文言となっている、（5）代償措置が設定されていない、などが列挙されています。こういった点に注意して、契約を作成する必要があるわけです。なお、これらの契約は、会社側が強く締結を迫ったとしても、退職者が応じる義務はないことにも注意が必要です。

第1章 情報漏洩に関する事件簿　45

さらに、退職時には、退職者が保有しているデータを回収することも重要になります。パソコンや携帯電話など会社が貸与している機器に入っているデータは、個人的なものも含めて会社側が自由に処分できると考えられます。他方、会社が私有のパソコンや携帯電話を業務でも使えるようにしていた場合は、状況が異なります。退職時にデータの提出や確認などを求めても、自由に調べることが認められない可能性が高いと考えられ、トラブルを避けるためにも退職時のデータの取り扱いを明確に定めた規定を作るなどして、従業員に周知徹底することが重要です。

## 「産業スパイ天国」の汚名返上に期待

　情報流出によって、企業が受ける被害は莫大なものとなっています。冒頭で紹介した、新日鉄住金が韓国の鉄鋼最大手ポスコを訴えていた訴訟における請求金額は1,000億円に上ります。こうした状況の中、自社から情報が漏れたと疑われる問題が仮に見つかっても、企業は信用やイメージの低下を恐れ、表沙汰になるのを避けたいと考え、外部に事実を公表せず、刑事告訴や損害賠償請求などの行使を見送るケースも少なくないと言われています。そこで、警察庁は2016年1月1日に施行された不正競争防止法の改正に合わせて、産業スパイ事件を指揮捜査する「営業秘密保護対策官」を全都道府県に配置し、摘発の強化に乗り出しています。捜査の指揮に加えて、企業が集まるセミナーなどに参加して、営業秘密の流出事例や防止策などを講演する計画とのことです。企業との連携を密にし、被害が発生した際にためらわずに届けてもらうような体制づくりを目的としているようです。

　先端技術が外国企業に流出すれば、国際競争力の低下を招くことは言うまでもありません。それにより企業が競争に敗れれば、中小企業をはじめとする国内の雇用が奪われることにもつながります。中国や韓国などが、日本企業を追い上げている中、国や産業界を挙げての情報漏洩対

策が急務であり、今回の不正競争防止法改正によって、「産業スパイ天国」などと揶揄される日本の状況が変わることを期待したいです。

# 2

## 第2章 ハラスメントに関する事件簿

◉

# CASE3
## セクハラに対する企業の処分が、急速に厳罰化しているって本当？

【相談】

　私は、ある企業の部長職を務めています。私の部下である課長の1人について、今度退職することになった女性契約社員よりセクハラの訴えがあり、対応をどうするべきか検討しています。

　その課長は部下の女性社員に対して、「いくつになったの？　もうそんな歳になるんだ」「お給料足りないんじゃない？　夜の仕事とかしないの？　時給は相当いいよ？　どんどんやったらいいじゃない」「30歳は、22、3歳の子から見たらおばさんだよ」「もうお局さんだね。若い子から怖がられてるんじゃない？」「男に甘えたりする？　君はしないでしょ。女の子は男に甘えるほうがいいよ」「うちの課の中で誰か1人と絶対結婚しなければならないとしたら、誰を選ぶ？」「君のお父さん絶対浮気しているよ。浮気してない奴なんていないよ」などと、日常的に話していたそうです。2人っきりの場では、自分の性器や浮気相手との性交渉に関する発言などもしていたようです。

　当社の就業規則では、禁止行為として「性的な冗談、からかい、質問」「他人に不快感を与える性的な言動」「身体への不必要な接触」「性的な言動により社員等の就業意欲を低下させ、能力発揮を阻害する行為」などが挙げられています。就業規則に違反した社員に対しては、その違反の軽重に従って、戒告、減給、出勤停止または懲戒解雇の懲戒処分を行うと定められています。また、当社ではセクハラ禁止の文書も作成して社員に配布しています。さらに、年に1度、弁護士に依頼し、ハラスメント研修も実施していますが、この課長は研修終了後、皆の前で「あんなことを守っていたら女の子と何も話せないよ」とか「セクハラだなんて言われる奴は女の子に嫌われているんで、自分は大丈夫

だ」などと、声高に話していたようです。

　当人は、その女性社員から明白な拒否の姿勢を示されておらず、問題となっている言動も許容されていると思っていたなどと主張して、悪びれない様子です。私としては、発言の内容は到底看過できるものではなく、何らかの処分は必要だと考えています。ただ、今回の場合、女性社員に何度も確認しましたが、不適切な内容の発言はあったものの、直接身体を触られたりしたような事実はなく、性的関係を強要されたりしたことも１度もないということです。セクハラというと、私のイメージでの典型例は、女性の体を触ったり、関係を強要したりというものであり、仮に性的な内容であっても単なる言葉だけだと、それが不適切であることは言うまでもありませんが、果たして正式の懲戒処分といった重い処分まで行って良いのかわかりません。課長本人も、自分の発言は上品とは言い難いかもしれないが、普通の人が日常的に話している内容を大きく踏み外してはいない、懲戒処分までされるような問題ではないと強弁しています。

　当社における、過去の処罰例を確認したところ、やはり、単に下品な内容の言葉を女性にしただけの場合、厳重注意くらいにはなっても、正式の懲戒処分にまで至った例はないようです。とはいえ、このご時世に、ただの厳重注意だけで終わらせてよいのか疑問であり、会社としては、女性社員の職場環境を守るためにも、ある程度重い処分を科すべきかとも思っています。

　そんな中、先日、弁護士によるハラスメント研修を受けたところ、2015年2月に出た最高裁判決では、言葉だけのセクハラ事案で、懲戒解雇の1つ手前という非常に重い処分を社員に下した企業が勝訴したとのことであり、その判決を契機に、今後、同種のセクハラの事案における企業の処分の程度は、厳罰化の方向に大きく変わるだろうというような見通しが指摘されていました。そこで、当社のような事案でどの程度の処分が適切なのかについて、セクハラについての最近の動向も含めて教えてくれますか（実際の事例をもとに創作したフィクションです）。

# 言葉のセクハラ、最高裁で、会社が逆転勝訴

　2015年2月26日、最高裁判所は、職場で部下の女性に対しセクハラ発言を繰り返した男性を懲戒処分としたことが妥当であったかどうかが争われた訴訟で、処分を無効とした第2審（大阪高裁）の判決を破棄し、会社側の逆転勝訴判決を言い渡しました。

　この裁判は、大阪市の第三セクターである株式会社海遊館（水族館運営企業）が、女性従業員へのセクハラ発言があったことを理由として、男性管理職2名に対し、それぞれ30日間と10日間の出勤停止とした上で、課長代理から係長に降格させたことに始まります。処分された男性側が、自分たちの言動はセクハラ発言には当たらず、事前に注意や警告もなく処分したのは不当だとして提訴しました。そして、その判決において、問題となったセクハラ発言は「職場環境を著しく害するものであったというべきであり、当該従業員らの就業意欲の低下や能力発揮の阻害を招来するものと言える」「出勤停止処分が本件各行為を懲戒事由とする懲戒処分として重きに失し、社会通念上相当性を欠くと言うことはできない」と判断されたのです。

　裁判では、第1審（企業側勝訴）と第2審（企業側敗訴）の判断が分かれ、また男性らは女性の身体を触ったりしたことがまったくなかったことから、世間では「言葉のセクハラ」事件として、判決前からメディアで取り上げられ注目を集めていました。翌日の新聞各紙は、「言葉のセクハラ懲戒妥当　最高裁 企業の厳格対応支持」「セクハラ発言　処分『妥当』」「セクハラ発言　降格妥当」「警告なく懲戒『妥当』」「警告なしでも処分妥当」など大きく報じ、世間の関心の高さが示されました。

　今回の相談も、この最高裁の事例と同様、まさに「言葉のセクハラ」に関わる事案です。そこで、まずセクハラに関する一般論を説明したのちに、この事件の第1審、第2審をふり返りながら、最高裁がどのような判断を下したのかを確認し、今後の職場におけるセクハラ事案における対

図3-1 「言葉のセクハラ」について報じる記事（読売新聞、2015年
2月27日）

## 言葉のセクハラ 懲戒妥当

### 最高裁 企業の厳格対応支持

職場で部下の女性にセクハラ発言を繰り返した男性を懲戒処分としたことが妥当だったかどうかが争われた訴訟の上告審で、最高裁第一小法廷（金築誠志裁判長）は26日、処分を無効とした2審・大阪高裁判決を破棄し、会社側の逆転勝訴の判決を言い渡した。同小法廷は「セクハラ発言は職場環境を害し、従業員の意欲を低下させる。懲戒処分が社会通念に反するとはいえない」と判断。「言葉のセクハラ」について、企業の厳格な対応を支持した。

〈判決要旨37面、関連記事3・38面〉

判決によると、大阪市の水族館「海遊館」の運営会社の女性派遣社員2人に対し、「結婚もせんでこんな所で何してんの〈親父〉で」

男性2人は、2010年11月で「飼育職だった40歳代の社員で「飼育職」の男性2人は、2010年11月～11年12月、20～30歳代の女性派遣社員2人に対し、「もうお尻さんやで」「がられてるんちゃうん」などの発言を繰り返した。露骨で性的な表現を使った卑わいな言葉もあり、うち女性1人は派遣会社を辞めて職場を去った。

会社側は12年2月、男性2人をそれぞれ30日間と10日間の出勤停止にした上で、課長代理から係長に降格。男性側は、セクハラ発言に当たらず、事前に注意や警告もなく処分したのは不当として提訴した。

この日の判決は、1年余にわたる男性2人の言動について「女性に強い不快感、屈辱感を与えるもので、極めて不適切だ」と指摘。会社の①セクハラ禁止

応について検討してみたいと思います。

## 働く女性の3割がセクハラ被害を経験

2016年3月、厚生労働省が行った実態調査で、働く女性の約3割がセクハラを経験したことがあると考えているとの結果が発表されました。セクハラが社会問題化してかなりの年月が過ぎ、各企業は頻繁に社員に対する研修等を実施しているにも関わらず、今なおこれほど多くの被害を訴える女性が存在するとの調査結果は、大きな話題になりました。そして、その回答内容を見ると、セクハラに関する意識の変化が背景にあることがわかります。

当該調査におけるセクハラの具体的内容（複数回答あり）は、「容姿や年齢、身体的特徴を話題にされた」（53.9％）、「不必要に体を触られた」（40.1％）、「性的な話や質問をされた」（38.2％）、「結婚や子供の有無など私生活について必要以上に質問された」（36.8％）、「酒席等でお酌やデュエットを強要された、席を指定された」（35.2％）、「女の子、おばさんなどの呼び方をされた」（31.3％）、「性的関係を求められた」（16.8％）となっており、まさに今回問題となっている「言葉のセクハラ」が多数を占めていることがわかります。従来、セクハラの典型とされてきたのは、女性の体への接触や性的関係の要求などであり、一定年代以上の男性の場合、女性の容姿や年齢、身体的特徴を話題にしたり、私生活について必要以上に質問したりすることなどをセクハラと意識していない場合も多いのではないでしょうか。つまり、職場のセクハラに寛容だった時代の意識を引きずり、言葉だけなら社会も女性も許容してくれると勘違いしている社員がまだまだ存在しているということが、今回の統計の背景にあるということです。

## セクハラがなくならない根本的な原因

　前記のように、世の中の意識の変化についていけない社員が存在する問題も含め、セクハラがなくならない根本的な原因が、当事者間の意識の乖離です。

　つまり、セクハラの問題には、当事者の主観が大きく影響し、また性に関する言動の受け止め方には個人や男女で差があることから、往々にして、加害者とされる人と被害者とされる人との間に、大きな認識の乖離が見受けられます。意図しない何気ない行為や、相手が受け入れてくれていると思っていた言動がセクハラに該当すると非難され、予期せぬ事態に発展することも多く、非難された当人にしてみれば、不適切な行為をしたという認識がないためセクハラとの非難に納得できず、異を唱

えて争うといった事態を招くことが往々にしてあるわけです。冒頭で紹介した言葉のセクハラ裁判でも、懲戒処分を受けた職員は、自らの発言について「雑談の中で男女の関係に関する話題を口にしただけ」とか、「上下関係など関係がない休憩室等での雑談の中で持ち出された話題をいちいち取り上げて問題とすることは適切でないし、相手を傷つける意図のないまました発言について、後で責任を追及されるのは不公正である」などと主張しています。

　かように、セクハラは加害者と被害者との間で、認識に乖離が生じることが多く、それを埋めない限り、セクハラ事件はいつまで経ってもなくならないわけです。

図3-2　セクハラに対する認識が当事者間で大きく違う

## セクハラとは何か

　セクハラとは、英語の「セクシュアルハラスメント」(Sexual Harassment)

の略語です（ちなみに、同様に職場の問題として取り上げられる「パワーハラスメント（パワハラ）」は和製英語です）。

　職場におけるセクハラについては、男女雇用機会均等法第11条に規定があり、同条1項は「事業主は、職場において行われる性的な言動に対するその雇用する労働者の対応により当該労働者がその労働条件につき不利益を受け、又は当該性的な言動により当該労働者の就業環境が害されることのないよう、当該労働者からの相談に応じ、適切に対応するために必要な体制の整備その他の雇用管理上必要な措置を講じなければならない」と規定しています。また、厚生労働省のセクハラ問題に関する資料では、セクハラとは、「職場」において行われる、「労働者」の意に反する「性的な言動」に起因するものと整理されています。なお、職場におけるセクハラには、同性に対するものも含まれます。

　ここでいう「職場」とは、事業主が雇用する労働者が業務を遂行する場所を意味し、通常就業している場所以外でも、労働者が業務を遂行する場所は含まれます。たとえば、取引先の事務所、取引先と打合せをするための飲食店（接待の席も含みます）、顧客の自宅（保険外交員等の場合）や、出張先、業務で使用する車中等も含まれます。また、勤務時間外の宴会等であっても、実質上職務の延長と考えられるもの（職務との関連性、参加者、参加が強制的か任意か等を考慮して判断されます）は職場に該当するとされます。

　「労働者」とは、男女の労働者を意味し、非正規労働者（パートタイム、契約社員等）を含む、事業主が雇用する労働者のすべてを含みます。派遣労働者については、派遣元、派遣先事業主共に措置を講ずることが必要とされます。

　「性的な言動」とは、性的な内容の発言や性的な行動を意味し、行為者は、事業主、上司、同僚に限らず、取引先、顧客等も含まれます。具体的な性的内容の発言例としては、性的な事実関係を尋ねること、性的な内容の情報（噂）を意図的に流布すること、性的な冗談やからかい、食

事やデートへの執拗な誘い、個人的な性的体験談を話すこと等が想定されており、性的な行動の例としては、性的な関係を強要すること、必要なく身体へ接触すること、わいせつ図画を配布・掲示すること、強制わいせつ行為等が典型的なものです。

## セクハラで企業が大きなダメージを受けた海外実例

　セクハラ事件で最も有名なのは、おそらく、米国三菱自動車製造工業の事例であると思われます。この事例では、同社の女性従業員29名が、性的な問題で耐え難い職場環境であるとして、セクハラや昇進昇格での女性差別を理由に米国の雇用機会平等委員会に申立てをし、同委員会は1996年4月に訴訟を提起しました。その後、両者の間で1996年6月に和解が成立しましたが、和解金は総額3,400万ドル（当時の日本円で約49億円）になり、事件は日本企業に衝撃を与えました。

　さらに、2006年、北米トヨタ自動車の社長アシスタントを務めていた日本人女性が、同社社長からセクハラ被害を受けたとして、同社および同社社長に対し、総額1億9,000万ドルの損害賠償請求訴訟を提起したことも同様に衝撃的な事件でした。このケースは和解で終了し、和解内容も非公開となっていますが、北米トヨタが多額の経済的負担を負ったことが推定されます。

　米国では、いわゆる懲罰的損害賠償請求が認められていることから、このような巨額な請求事件となります。懲罰的損害賠償とは、加害者の行為が強い非難に値すると認められる場合に、裁判所の裁量などによって、制裁的に、実際の損害額に金額を上乗せして支払うことを命じるものです。マクドナルドのドライブスルーでコーヒーを買った高齢女性が、それをこぼして火傷しマクドナルドを訴え、巨額の賠償を勝ち取ったという話はあまりにも有名です。

　日本ではこのような賠償は認められていませんので、訴訟になっても、

第2章 ハラスメントに関する事件簿　57

それほど高額の賠償が認められることはありません。セクハラに限らず、日本における慰謝料相場は、皆さんが想定する金額よりかなり低い状況にあるからです。したがって、海外の事例のような多額な賠償リスクを、セクハラ事件における企業リスクと捉えることはできません。ただ、賠償額が低くても、問題を起こせば、セクハラを許していた企業として社会的な評価が低下するという、目に見えない大きなダメージを受けることは必至です。特に、近時では、ブラック企業と世間からみなされるリスクを看過することはできません。ブラック企業とみなされてしまうと、従業員の過労自殺を契機にブラック認定を受けたワタミのように、求人はもちろん、売上にも深刻な影響が出ることが想定されるからです。

　賠償額の多寡に関わらず、セクハラは、日本国内の企業においても重大なリスクとして認識しておくべきことは言うまでもありません。

## 国内での著名事例

　日本で初めて企業責任が認められた事例として、福岡地裁の1992年4月16日判決があります。上司が、女性従業員の私生活について異性関係が乱脈であると非難し、異性関係の個人名を会社内外の関係者に噂として流布し、最終的に退職させたという事案です。裁判所は、女性差別であり、セクハラに該当する違法な行為があったと認定した上で、上司および会社に対して連帯で150万円の支払いを命じました。

　同判決は、会社の責任に関して、「使用者は、被用者との関係において社会通念上伴う義務として、被用者が労務に服する過程で生命及び健康を害しないよう職場環境等につき配慮すべき注意義務を負うが、そのほかにも、労務遂行に関連して被用者の人格的尊厳を侵しその労務提供に重大な支障を来す事由が発生することを防ぎ、又はこれに適切に対処して、職場が被用者にとって働きやすい環境を保つよう配慮する注意義務もあると解されるところ、被用者を選任監督する立場にある者が右注意

義務を怠った場合には、右の立場にある者に被用者に対する不法行為が成立することがあり、使用者も民法715条により不法行為責任を負うことがあると解すべきである」と述べた上で、「早期に事実関係を確認する等して問題の性質に見合った他の適切な職場環境調整の方途を探り、いずれかの退職という最悪の事態の発生を極力回避する方向で努力することに十分でないところがあった」という点、および「原告の退職をもってよしとし、これによって問題の解決を図る心情を持ってことの処理に臨んだものと推察されてもやむを得ない」という点で、会社にも責任があると認めました。

## セクハラ対策の具体例（厚生労働省の指針）

　職場でセクハラ問題が生じた場合に想定されるリスクを回避するため、企業として、どのような対策が望まれるのでしょうか。これについては、厚生労働省が出している「事業主が職場における性的な言動に起因する問題に関して雇用管理上講ずべき措置についての指針」（平成18年厚生労働省告示第615号、いわゆる「セクハラ指針」）が参考になりますので、以下、その内容を列挙していきます。

（1）「職場におけるセクハラの内容、職場におけるセクハラがあってはならない旨の方針を明確化して、管理・監督者を含む労働者に対し周知・啓発すること。」

　具体的には、就業規則その他の職場における服務規律等を定めた文書において、職場におけるセクハラがあってはならない旨の方針を規定し、当該規定と併せて、職場におけるセクハラの内容および性別役割分担意識に基づく言動がセクハラの発生の原因や背景となり得るという内容を、労働者に周知・啓発すること（社内報、パンフレットの配布、社内ホームページへの記載、研修等の実施）になります。

　「性別役割分担意識に基づく言動」のくだりは、2014年の改正で追加

第2章 ハラスメントに関する事件簿　59

されたものです。「女には仕事を任せられない」「男のくせに根性がない」といった発言が職場内で横行したり、酒席で上司の側に座席を指定したりお酌等を強要したりすることにより、セクハラが起こりやすい環境が醸成されるという問題意識によるものです。

（2）「職場におけるセクハラに係る性的な行動を行った者については、厳正に対処する旨の方針及び対処の内容を就業規則その他の職場における服務規律等を定めた文書に規定し、管理・監督者を含む労働者に周知・啓発すること。」

「対処の内容」を文書に規定するのは、セクハラに当たる性的な言動をした場合に具体的にどのような対処がなされるのかをルールとして明確化し、労働者に認識させることによりセクハラの防止を図ることを目的としています。

（3）「相談への対応のための窓口（相談窓口）をあらかじめ定めること。」

窓口を形式的に設けるだけでは足りず、実質的な対応が可能な窓口が設けられている必要があります。

（4）「相談窓口の担当者が、相談に対し、その内容や状況に応じ適切に対応できるようにすること。また、相談窓口においては、職場におけるセクハラが現実に生じている場合だけでなく、その発生の虞れがある場合や、職場におけるセクハラに該当するか否か微妙な場合であっても、広く相談に対応し、適切な対応を行うようにすること。」

「内容や状況に応じて適切に対応する」とは、具体的には、相談者や行為者などに対して、一律に何らかの対応をするのではなく、労働者が受けている性的言動などの性格や態様によって、状況を注意深く見守る程度のものから、上司や同僚などを通じ、行為者に対し間接的に注意を促すもの、または直接注意を促すものなど、事案に即した対応を行うことを意味します。

（5）「職場におけるセクハラに係る相談の申出があった場合、その事案に係る事実関係を迅速かつ正確に確認すること。」

相談窓口の担当者、人事部門または専門の委員会等が、相談者および行為者とされる者双方から事実関係を確認します。その結果、双方の間で事実関係に関する主張に不一致があり、事実の確認が十分でないと認められる場合には、第三者からも事実関係を聴取する等の措置を講ずることが求められ、確認が困難な場合には、中立な第三者機関に紛争処理を委ねることになります。

（6）「上記（5）により、職場におけるセクハラが生じた事実が確認できた場合においては、速やかに、被害者に対する配慮のための措置を適正に行うこと。」

　具体的には、事案の内容や状況に応じ、被害者と行為者間の関係改善に向けての援助、被害者と行為者を引き離すための配置転換、行為者の謝罪、被害者の労働条件上の不利益の回復、管理監督者または事業場内産業保健スタッフ等による被害者のメンタルヘルス不調への相談対応等の措置を講ずることなどが挙げられます。メンタルヘルス不調への相談対応が厚労省の指針に明記されたのは、2014年の改正によりますが、セクハラによりメンタルに不調を来す従業員が多い現実に対応したものです。

（7）「（6）と同様、事実が確認できた場合においては、行為者に対する措置を適正に行うこと。」

　具体的には、職場におけるセクハラに関する規定等に基づき、行為者に対して必要な懲戒その他の措置を講ずることに併せて、(6)で指摘した被害者に関する各措置などが挙げられます。

（8）「再発防止に向けた措置を講ずること（セクハラが生じた事実が確認できなかった場合においても同様の措置を講じること）。」

　たとえば、職場におけるセクハラがあってはならない旨の方針、および職場におけるセクハラに係る性的な言動を行った者について厳正に対処する旨の方針を、社内報、パンフレット、社内ホームページ等、広報または啓発のための資料等に改めて掲載し、配布等することや、職場におけるセクハラに関する意識を啓発するための研修、講習等を改めて実

施することなどが挙げられます。

（9）「職場におけるセクハラに係る相談者・行為者等の情報は、その相談者・行為者等のプライバシーに属するものであることから、相談への対応又は当該セクハラに係る事後の対応に当たっては、相談者・行為者等のプライバシーを保護するために必要な措置を講ずるとともに、その旨を労働者に対して周知すること。」

　たとえば、プライバシー保護のために必要な事項をあらかじめマニュアルに定め、相談の際には当該マニュアルに基づき対応することや、相談窓口の担当者にプライバシー保護のために必要な研修を行うことなどが挙げられます。

（10）「労働者が職場におけるセクハラに関し相談をしたこと又は事実関係の確認に協力したこと等を理由として、不利益な取扱いを行ってはならない旨を定め、労働者に周知・啓発すること。」

　実質的な相談や、事実関係の確認をしやすくするために、相談者や事実関係の確認に協力した人がそれを理由に不利益な取扱いをされない旨を定め、労働者に周知・啓発することが必要ということです。

## セクハラ指針の改正

　この厚生労働省の指針は、2014年に改正され、前述のように、「性別役割分担意識に基づく言動」の問題性や、被害者のメンタルヘルス不調への相談対応等が明記されました。さらに、2016年の改正では、職場での性的少数者（LGBT）への差別的な言動がセクハラ指針の対象となることや、職場のセクハラ相談窓口で、妊娠・出産をした女性に対する嫌がらせ「マタニティーハラスメント」や男性の育児に関わる休暇を妨げる「パタニティーハラスメント」などの相談も一緒に受け付けて一元的に対応すること、なども盛り込まれています。

## セクハラ防止には認識の乖離の解消が不可欠

すでに説明したように、セクハラの問題には当事者の主観が大きく影響し、往々にして、加害者とされる人と、被害者とされる人との間に、大きな認識の乖離が見受けられます。この認識の乖離を改めない限り、同様の事態が発生する可能性が常にあるということです。

この点は、SNSによる不祥事に共通するものがあります。

『おとなのIT法律事件簿』でも説明したように、SNSによる不祥事の怖さは、従前の企業不祥事における従業員の多くが、悪いと知りつつ違法な行為を行っていたのとは異なり、実行者（ツイッターで言えば発信者）に悪いことをしているという自覚がないという点にあると言えます。つまり、SNSの発信が、親しい友人・知人に対する近況報告や意見開示に過ぎないという認識を社員が持っている限り、不祥事はなくなりません。だからこそ企業は、SNSが、日ごろ活用しているメールとは異なり、発信した友人以外にも急速かつ無制限に伝達・拡散する可能性を持つものであることを社員各人に認識してもらう必要があるわけです。

セクハラも同じであり、当人にとっては性的な意味合いなどない言動であっても、受け止める側の主観によってはセクハラとして違法性を帯びることを十分認識しないと、いつ、どこで新しいセクハラ事件が発生するかわかりません。そして、いったん会社でセクハラ事件が発生したら、被害者にとって大きな負担となることはもちろん、無自覚なままセクハラをするに至った加害者にも大きな責任と負担が生じるほか、その対応に追われることになる企業側の負担も極めて大きなものとなります。最悪の場合は、企業の評判を地に落とすこと（ブラック企業の烙印を押されること）にもなりかねません。

そこで、セクハラ対策として、まずは企業トップに具体的な裁判例を摘示し、セクハラ問題を軽視することが会社として得策ではないことを十分に理解してもらいます。そして、厚生労働省のセクハラ指針にもあ

るように、社内で、セクハラの内容と、セクハラがあってはならない旨の方針を明確化し、管理・監督者を含む労働者に対して周知・啓発を行うべきかと思います。その場合に注意しなければならないのは、セクハラの内容およびそれに対するペナルティーの程度が、時代と共に変化する、ということです。その点に警鐘を鳴らした事例が、冒頭に述べた最高裁判決なのです。

## 言葉のセクハラ、最高裁で会社が逆転勝訴

社会におけるハラスメントの定義は、新しい判決が出ることによって変化することがあります。

これまで述べてきたように、セクハラというと女性の体を触ったり、関係を強要したりといった行動に限定されるように思われがちですが、セクハラとは、「職場」において行われる、「労働者」の意に反する「性的な言動」に起因するものですので、性的な行動だけでなく、性的な内容の発言も当然含まれることになります。

この点に関して、冒頭で説明したように、最高裁は「言葉のセクハラ」を認めて、会社側の逆転勝訴判決を言い渡しました。今回の相談も「言葉のセクハラ」に関わる事案です。

それでは、この事件の第1審、第2審をふり返りつつ、最高裁がどのような判断を下したのかについて説明したいと思います。

## 問題となったセクハラ発言

最初に、最高裁の判決が認定した、問題とされているセクハラ発言を取り上げたいと思います。新聞などにも実際のセクハラ発言の内容が紹介されていますが、一番問題になりそうな部分（女性が特に著しい不快感や嫌悪感を抱くであろう内容）が記載されておらず、「ほかにも自分の性器や浮気相手との性交渉に関する発言を認定」などとぼかした表現が

なされています。確かに、新聞などに載せるには抵抗のある、非常に下品な内容なのですが、おそらく、その言葉をきちんと示さないと本件の事案の実態が十分に理解できないと思いますので、ここではあえて、以下に最高裁が認定した発言をすべて引用したいと思います。

　最高裁は、処分を受けた2人の社員について、それぞれ、「被上告人○○の行為一覧表」と題する別紙を判決文につけ、認定した発言内容を明確にしています。

## ●判決文における「被上告人Ｘ１の行為一覧表」の記載内容

1　被上告人Ｘ１は、平成23年、従業員Ａが精算室において1人で勤務している際、同人に対し、複数回、自らの不貞相手と称する女性の年齢（20代や30代）や職業（主婦や看護師等）の話をし、不貞相手とその夫との間の性生活の話をした。

2　被上告人Ｘ１は、平成23年秋頃、従業員Ａが精算室において1人で勤務している際、同人に対し、「俺のん、でかくて太いらしいねん。やっぱり若い子はその方がいいんかなあ。」と言った。

3　被上告人Ｘ１は、平成23年、従業員Ａが精算室において1人で勤務している際、同人に対し、複数回、「夫婦間はもう何年もセックスレスやねん。」、「でも俺の性欲は年々増すねん。なんでやろうな。」、「でも家庭サービスはきちんとやってるねん。切替えはしてるから。」と言った。

4　被上告人Ｘ１は、平成23年12月下旬、従業員Ａが精算室において1人で勤務している際、同人に対し、不貞相手の話をした後、「こんな話をできるのも、あとちょっとやな。寂しくなるわ。」などと言った。

5　被上告人Ｘ１は、平成23年11月頃、従業員Ａが精算室において1人で勤務している際、同人に対し、不貞相手が自動車で迎えに来ていたという話をする中で、「この前、カー何々してん。」と言い、従業員Ａに「何々」のところをわざと言わせるように話を持ちかけた。

6　被上告人Ｘ１は、平成23年12月、従業員Ａに対し、不貞相手からの

「旦那にメールを見られた。」との内容の携帯電話のメールを見せた。

7　被上告人Ｘ１は、休憩室において、従業員Ａに対し、被上告人Ｘ１の不貞相手と推測できる女性の写真をしばしば見せた。

8　被上告人Ｘ１は、従業員Ａもいた休憩室において、本件水族館の女性客について、「今日のお母さんよかったわ…。」、「かがんで中見えたんラッキー。」、「好みの人がいたなあ。」などと言った。

### ●判決文における「被上告人Ｘ２の行為一覧表」の記載内容

1　被上告人Ｘ２は、平成22年11月、従業員Ａに対し、「いくつになったん。」、「もうそんな歳になったん。結婚もせんでこんな所で何してんの。親泣くで。」と言った。

2　被上告人Ｘ２は、平成23年7月頃、従業員Ａに対し、「30歳は、22、3歳の子から見たら、おばさんやで。」、「もうお局さんやで。怖がられてるんちゃうん。」、「精算室に従業員Ａさんが来たときは22歳やろ。もう30歳になったんやから、あかんな。」などという発言を繰り返した。

3　被上告人Ｘ２は、平成23年12月下旬、従業員Ａに対し、Ｃもいた精算室内で、「30歳になっても親のすねかじりながらのうのうと生きていけるから、仕事やめられていいなあ。うらやましいわ。」と言った。

4　被上告人Ｘ２は、平成22年11月以後、従業員Ａに対し、「毎月、収入どれくらい。時給いくらなん。社員はもっとあるで。」、「お給料全部使うやろ。足りんやろ。夜の仕事とかせえへんのか。時給いいで。したらええやん。」、「実家に住んでるからそんなん言えるねん、独り暮らしの子は結構やってる。ＭＰのテナントの子もやってるで。チケットブースの子とかもやってる子いてるんちゃうん。」などと繰り返し言った。

5　被上告人Ｘ２は、平成23年秋頃、従業員Ａ及び従業員Ｂに対し、具体的な男性従業員の名前を複数挙げて、「この中で誰か1人と絶対結婚しなあかんとしたら、誰を選ぶ。」、「地球に2人しかいなかったらどう

する。」と聞いた。

6　被上告人X2は、セクハラに関する研修を受けた後、「あんなん言っ
てたら女の子としゃべられへんよなあ。」、「あんなん言われる奴は女の
子に嫌われているんや。」という趣旨の発言をした。

## 第1審判決（大阪地方裁判所・2013年9月6日）

　以上のようなセクハラ発言があったとの報告を受けた「海遊館」は事
実関係の調査を行った上で、就業規則に従って、X1に対しては出勤停止
30日間、課長代理から係長への降格の処分を行い、X2に対しては、出
勤停止10日間、課長代理から係長への降格処分を行いました。これに対
し、処分を受けたX1、X2の両名は、「セクハラ行為は行っていない」「各
処分は相当性を欠き懲戒権を濫用したもので無効である」などと主張し
て訴訟を提起しました。

　そして、第1審の大阪地方裁判所は、X1、X2にはセクハラ発言があり、
「こうしたセクハラ発言が懲戒事由に該当する」とした上で、「懲戒の手
続にも問題なく、各処分も社会的相当性を欠くとまではいえない」とし
て、本件各処分を有効と判断しました。

　この裁判の中で、X1、X2は、「海遊館」が本件各処分の前に処分の理
由となる事実を具体的に特定して弁明の機会を与えていないから、本件
各処分を行うことは社会通念上相当性を欠くなどと主張しています。こ
の点に関して裁判所は、「被告（筆者注：海遊館）は、本件各処分を行う
に当たって、原告ら（X1、X2）に対し、本件各懲戒事由について個別
具体的に摘示することまではしていないが、そのことには合理的な理由
があり、また、被告は、原告らに対し、原告らがどのような行為が問題
とされているかを認識して反論することが可能な程度には事実を摘示す
るとともに、原告らが本件各懲戒事由を否定した場合には更に個別具体
的なセクハラ行為等の内容を摘示する意思も有していたが、原告らが基

第2章 ハラスメントに関する事件簿　67

本的に事実関係を認めたため、個別具体的な摘示まではしなかったものということができる。したがって、被告が原告らに対して十分な弁明の機会を与えておらず、懲戒手続全体が適正さを欠くということはできないから、原告らの上記主張は採用することができない」などとし、「本件各処分の手続に不相当な点は認められない」としました。

さらに、X1、X2は「出勤停止処分をすることは重すぎるし、本件各処分によって被った原告らの不利益はあまりにも大きいから、本件各処分は社会通念上相当性を欠く」と主張しました。

これに対し、裁判所は以下のような認定をしました。

「確かに、原告らが、性的関係を求めたり殊更に嫌がらせをしたりする目的や動機に基づいて、Bらに対してセクハラ行為等を行ったことを窺わせる証拠はないから、このような目的や動機に基づくセクハラ行為等に比較すれば、原告らによるセクハラ行為等の悪質性は低いといえなくはない。」

「原告らは、懲戒処分を受けたことはなく、セクハラ行為等について、被告から直接的な注意や警告を受けたことはなかったこと、被告の就業規則において、出勤停止処分は懲戒解雇に次ぐ重い懲戒処分と位置付けられていること、そもそも被告は、セクハラ行為等を対象とするものも含め、懲戒処分を行ったことはないことが認められる。」

「原告らは、…セクハラ行為等について基本的に事実関係を認め、反省の意思を示していたことも認められる。」

このように裁判所は、X1、X2にとって有利な事情を認定しながらも、以下のように強い口調で非難しています。

「原告らの各懲戒事由をみると、原告らは、被告に派遣されている労働者等という弱い立場にあるBらに対し、その上司という立場にありながら、いずれも職場内において、繰り返しセクハラ行為等を行ったものであって、その態様は悪質なものといわざるを得ない。また、原告らによる具体的なセクハラ行為等の内容をみても、原告X1のセクハラ行為等

は、Bらと1対1の状況で、自らの性器や性欲等に関する極めて露骨で卑猥な発言等を繰り返すなどしたというものであって、その発言は、職場における女性従業員に対するものとしては常軌を逸しているとしか評価し得ないものである。原告X2のセクハラ行為等についても、多数回にわたり、女性従業員を侮辱したり強い性的不快感を与えたりするような発言をするなどしたものであり、その行為は悪質なものといわざるを得ない。」

　その上で、次のように結論付けました。

　「被告は、セクハラ禁止文書を作成して従業員に配布し、職場にも掲示するとともに、毎年、セクハラ研修への参加を全従業員に義務付けるなどして、セクハラ行為の防止に力を入れていたことが認められるところ、原告らは、上記セクハラ研修を受けていただけでなく、被告の管理職の立場にあり、本来は、部下を指導するなどしてセクハラ行為の防止に努力すべき立場にあったにもかかわらず、むしろ、Bらに対し、上記のような極めて悪質なセクハラ行為等を繰り返し行ったものであって、このような原告らの行動が被告の職場規律に及ぼした影響は重大なものということができる。そうすると、……諸事情を最大限考慮したとしても、原告らによるセクハラ行為等の悪質性及びこれによる被害の程度、原告らの役職、被告におけるセクハラ行為防止の取組み等に照らせば、原告X1を出勤停止30日、原告X2を出勤停止10日とした本件各処分があまりにも重すぎるものとして、社会通念上相当性を欠くとまでいうことはできない。」

## 控訴審判決（大阪高等裁判所・2014年3月28日）

　しかし、控訴審では、第1審の大阪地方裁判所判決とは異なる判断を行い、本件各処分は無効とされました。ただ、ここで注意すべきなのは、大阪高等裁判所も、セクハラ発言があったこと自体は認め、「言辞による

第2章 ハラスメントに関する事件簿　69

セクハラ行為等としては軽微とは言い難い」としている点です。つまり懲戒事由は存在するとしながら、「事前の警告や注意、更に被控訴人（筆者注：海遊館）の具体的方針を認識する機会もないまま、本件各懲戒該当行為について、突如、懲戒解雇の次に重い出勤停止処分を行うことは、控訴人ら（筆者注：Ｘ１、Ｘ２）にとって酷にすぎるというべきである」として、「本件各処分は、その対象となる行為の性質・態様等に照らし、重きに失し、社会通念上相当とは認められず、本件各処分につき手続の適正を欠く旨の控訴人らの主張について判断するまでもなく、権利の濫用として無効である」と結論付けたのです。

## 上告審（最高裁判所・2015年2月26日判決）

これに対し、最高裁は冒頭で説明したように、処分を無効とした控訴審判決を破棄し、以下のように判示して、会社側の逆転勝訴判決を言い渡しました。

「本件各行為の内容についてみるに、被上告Ｘ１は、営業サービスチームの責任者の立場にありながら、別紙1（筆者注：先ほど紹介した「行為一覧表」の記載内容を参照）のとおり、従業員Ａが精算室において1人で勤務している際に、同人に対し、自らの不貞相手に関する性的な事柄や自らの性器、性欲等について殊更に具体的な話をするなど、極めて露骨で卑わいな発言等を繰り返すなどしたものであり、また、被上告人Ｘ２は、……上司から女性従業員に対する言動に気をつけるように注意されていたにもかかわらず、別紙2（筆者注：同様に「行為一覧表」の記載内容を参照）のとおり、従業員Ａの年齢や従業員Ａらがいまだ結婚をしていないことなどを殊更に取り上げて著しく侮辱的ないし下品な言辞で同人らを侮辱または困惑させる発言を繰り返し、派遣社員である従業員Ａの給与が少なく夜間の副業が必要であるなどとやゆする発言をするなどしたものである。このように、同一部署内において勤務していた従業

員Ａらに対し、被上告人ら（筆者注：Ｘ１、Ｘ２）が職場において１年余にわたり繰り返した上記の発言等の内容は、いずれも女性従業員に対して強い不快感や嫌悪感ないし屈辱感等を与えるもので、職場における女性従業員に対する言動として極めて不適切なものであって、その執務環境を著しく害するものであったというべきであり、当該従業員らの就業意欲の低下や能力発揮の阻害を招来するものといえる。しかも、上告人（筆者注：海遊館）においては、職場におけるセクハラの防止を重要課題と位置付け、セクハラ禁止文書を作成してこれを従業員らに周知させるとともに、セクハラに関する研修への毎年の参加を全従業員に義務付けるなど、セクハラの防止のために種々の取組を行っていたのであり、被上告人らは、上記の研修を受けていただけでなく、上告人の管理職として上記のような上告人の方針や取組を十分に理解し、セクハラの防止のために部下職員を指導すべき立場にあったにもかかわらず、派遣労働者等の立場にある女性従業員らに対し、職場内において１年余にわたり上記のような多数回のセクハラ行為等を繰り返したものであって、その職責や立場に照らしても著しく不適切なものといわなければならない。そして、従業員Ａは、被上告人らのこのような本件各行為が一因となって、本件水族館での勤務を辞めることを余儀なくされているのであり、管理職である被上告人らが女性従業員らに対して反復継続的に行った上記のような極めて不適切なセクハラ行為等が上告人の企業秩序や職場規律に及ぼした有害な影響は看過し難いものというべきである。」

## 最高裁判所は原審の判断を明確に否定

　さらに、最高裁は、次のように判示して、原審の判断を明確に否定しています。

　「原審（筆者注：大阪高裁判決）は、被上告人らが従業員Ａから明白な拒否の姿勢を示されておらず、本件各行為のような言動も同人から許さ

第2章 ハラスメントに関する事件簿　71

れていると誤信していたなどとして、これらを被上告人らに有利な事情
として斟酌するが、職場におけるセクハラ行為については、被害者が内
心でこれに著しい不快感や嫌悪感等を抱きながらも、職場の人間関係の
悪化等を懸念して、加害者に対する抗議や抵抗ないし会社に対する被害
の申告を差し控えたり躊躇したりすることが少なくないと考えられるこ
とや、上記のような本件各行為の内容等に照らせば、仮に上記のような
事情があったとしても、そのことをもって被上告人らに有利に斟酌する
ことは相当ではないというべきである。また、原審は、被上告人らが懲
戒を受ける前にセクハラに対する懲戒に関する上告人の具体的な方針を
認識する機会がなく、事前に上告人から警告や注意等を受けていなかっ
たなどとして、これらも被上告人らに有利な事情として斟酌するが、上
告人の管理職である被上告人らにおいて、セクハラの防止やこれに対す
る懲戒等に関する上記のような上告人の方針や取組を当然に認識すべき
であったといえることに加え、従業員Aらが上告人に対して被害の申告
に及ぶまで1年余にわたり被上告人らが本件各行為を継続していたこと
や、本件各行為の多くが第三者のいない状況で行われており、従業員A
らから被害の申告を受ける前の時点において、上告人が被上告人らのセ
クハラ行為及びこれによる従業員Aらの被害の事実を具体的に認識して
警告や注意等を行い得る機会があったとはうかがわれないことからすれ
ば、被上告人らが懲戒を受ける前の経緯について被上告人らに有利に斟
酌し得る事情があるとはいえない。以上によれば、被上告人らが過去に
懲戒処分を受けたことがなく、被上告人らが受けた各出勤停止処分がそ
の結果として相応の給与上の不利益を伴うものであったことなどを考慮
したとしても，被上告人X1を出勤停止30日、被上告人X2を出勤停止
10日とした各出勤停止処分が本件各行為を懲戒事由とする懲戒処分とし
て重きに失し、社会通念上相当性を欠くということはできない。

　したがって、上告人が被上告人らに対してした本件各行為を懲戒事由
とする各出勤停止処分は、客観的に合理的な理由を欠き社会通念上相当

であると認められない場合に当たるとはいえないから、上告人において懲戒権を濫用したものとはいえず、有効なものというべきである。」

## 最高裁判所判決を受けて

　最高裁が会社側の処分を有効と判断した理由の1つは、第1審が「その発言は、職場における女性従業員に対するものとしては常軌を逸しているとしか評価し得ない」とまで言い切ったほどに、職場における女性従業員に対する言動として極めて不適切な内容であったことや、そういった発言が約1年にわたり執拗に繰り返された点にあります。

　また、会社側がセクハラの防止のためにさまざまな取り組みを行っていたことも挙げられます。男性課長代理2人は、事前に会社側から警告や注意などを受けていなかったにもかからず突然処分されたのは不当であると主張しました。しかし裁判所は、会社の取り組み姿勢や、男性管理職2人が研修を受けていただけでなく、管理職として会社の方針や取り組みを十分に理解して、セクハラの防止のために部下職員を指導すべき立場にあったにもかかわらず、不適切な言動を繰り返していたことを重視して、問題が発覚した直後に処分したことを妥当であるとしました。

　男女雇用機会均等法第11条第1項では、セクハラについて「性的な言動」と規定しており、「性的な言動」には性的な内容の発言も含まれますので、直接身体に触れるなどの身体的接触がなく、発言だけであってもセクハラとして問題とされる場合が当然あり得ます。ただ、従来はセクハラ発言だけで懲戒処分という重い処分にして良いのか、どこまでの発言であれば処分できるのかという点で不明確な部分もありました。

　相談者が述べているように、単なる下品な言葉を女性に話したような場合、厳重注意くらいにはなっても、正式の懲戒処分までは行わない企業が、従来は多かったと思われます。しかし今回の最高裁判決によって、企業は身体接触のない、発言だけに対しても、他の事情も総合的に検討

第2章 ハラスメントに関する事件簿　73

して、重い懲戒処分を下すことができることが明確になったわけであり、今後、この判決内容が懲戒処分の程度を決定する際の重要な基準となってくると思われます。

　筆者が関与している企業でも、直接身体に触れるなどの身体的接触がない事例であっても、単なる厳重注意などで済ませるのではなく、相応の懲戒処分を下すというスタンスを取り、それを社員に対して研修等で発信するところが増えています。企業は、この新たな基準を踏まえて、セクハラ防止のための予防策をより一層充実させると同時に、もし社内に「言葉のセクハラ」を軽視するような風潮があるとすれば、そうした社員の意識改革を進めて行くことが求められているのです。

## 時代の変化に適合した行動を

　相談者は、不適切な内容の発言はあったものの、直接身体を触られたりしたような、従来セクハラの典型とされるような事実がないという点を気にしているようですが、セクハラで重い処罰を科すのは女性の体を触ったり関係を強要したりする場合である、といった意識を変える必要があります。単なる言葉だけでも、内容によっては、重い懲戒処分を下すことができることを十分に認識すべきです。逆に、昔の感覚で軽い処分を下した場合、被害者から会社が訴えられるリスクすらあるのです。

　また、問題となった社員にどのような処罰をするかとは別に、その他の社員の意識を変えるために研修などを利用し、新しい情報を発信し続ける必要があると思われます。筆者は、コンプライアンス研修の場において、研修は会社のためではなく、社員の皆さんを守るためにあるとよく話します。裁判所の判断の変化や社会情勢の変化を把握せず、昔の発想のままで女性社員に性的な冗談を繰り返した場合、たとえ本人に悪気がなくとも、以前とは異なり、いきなり重い懲戒処分を受けることがあり得ると、社員の皆さんが研修の場で認識することにより、社員は自ら

の利益を守ることができるということです。

図3-3　言葉のセクハラ行為もきちんと認識する

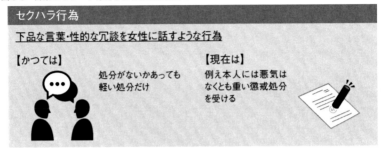

読売新聞のコラムである「編集手帳」に、本件裁判について、次のような一節がありました。

「昔の小説を新装版で読んでいて、巻末の注釈に出合うことがある。〈本書には現在からみて不適切な表現が用いられているが、原文の歴史性を考慮し、そのままとした〉などの文章である◆「結婚もせんで、こんな所で何してんの。親、泣くで」「もうお局さんやで。怖がられてるんちゃうん」。ほかにも露骨に性的な表現を含む言葉があったというから、半世紀前の小説か映画の一場面を思い起こさせる。◆大阪市の水族館「海遊館」の運営会社で、管理職の男性2人（40代）が部下の女性2人に言ったという。3年前の発言とはいえ、あんさん方、いまどきの人やおまへんな」

企業としては、世間から「いまどきではない」と言われないよう、セクハラはもちろん、コンプライアンス全般の基準が年々変わっていくことを十分に認識し、時代の意識に敏感に対応していくべきだと思います。

# CASE4
## 社員から「パワハラ」の訴え、防止策は？

【相談】

「会社にとって私は取り替えのきく部品、もしくは虫けらでしょう。でも、一寸の虫にも五分の魂です。この恨みが忘れられません。アイツだけは絶対に許せないのです」

その手紙には、パワーハラスメント（パワハラ）を受けたという40代の女性社員の生々しい告発の声と、告発に至るまでの経緯が事細かに記されていました。彼女の上司は「アイツ」呼ばわりです。

告発者の激しい怒りがにじみ出る手紙を読んで、人事部長の私は頭を抱えました。この問題の背景にあるのは、当社が進めてきた社内のリストラです。即席飲料を製造販売している当社では、健康飲料ブームに乗り、十数年前から青汁の売り上げが急激に伸び始めました。社員を増やし、組織を急拡大したのですが、同業他社とのシェア争いで劣勢になり売上が低迷し始めたことを受けて、全社的なリストラを実施しました。

彼女は、長年、本社の購買運輸部包装資材課に所属し、主に伝票の入力を担当していました。ミスのない完璧な仕事ぶりだったのですが、リストラに伴う業務の見直しで、北関東の出張所にやむなく異動してもらうことにし、配転命令を出しました。ところが、異動の打診を直属の上司から受けたときに、シングルマザーの彼女は「幼稚園と小学校低学年の子ども2人の面倒を実家の母親にみてもらっているため、配転命令は認められない」と主張し、異動を断ったのでした。

告発によると、それから約1年間、上司から一切新しい仕事を与えられず、同僚と仕事上の話をするのを禁止され、毎朝挨拶しても無視されたそうです。また、「女には無理」「役立たず」などと大声で怒鳴られたり、休憩時間に休憩

をしていると、「やることが遅いし、手順が悪いのだから休憩なんかしないで、さっさと仕事をしろ」と言われたりしたというのです。彼女は、「これらはパワーハラスメントに該当し、会社には、私が被った精神的な損害などへの賠償責任があります」と主張しています。

　パワハラについて最近よく聞きます。私は人事部長でありながら、恥ずかしいことに、基本的なことを知りません。パワハラとは、具体的にどのようなもので、会社が責任を負うような場合があるのか——といったことを教えてください。また、今回のケースで、会社に責任が生じるということであれば、単なる社員間のトラブルということで済ますことはできず、今後、会社としてパワハラを予防していく必要があります。具体的にどのような対応が求められるのかについて、教えていただけないでしょうか（実際の事例をもとに創作したフィクションです）。

## 注目を集めるパワハラ

　相談の事案のように、「自分にだけ仕事が与えられない」「同僚との会話を禁止される」「毎朝、挨拶しても無視される」「他の社員もいる前で大声で怒鳴られる」など、職場における「いじめ」や「嫌がらせ」といった職場のパワーハラスメント、いわゆるパワハラの問題が、社会的な注目を集めています。特に、パワハラは、関連事件が発生すると当該企業が「ブラック企業」と認定される傾向があり、企業としてはそのような事態にならないように、しっかりとした対策が求められます。

## 国による取り組み

　厚生労働省審議官等も参加する、「職場のいじめ・嫌がらせ問題に関する円卓会議」は、2012年3月15日、「職場のパワーハラスメントの予防・

第2章 ハラスメントに関する事件簿　77

解決に向けた提言」を公表しました。また、この提言に先立つ2012年1月には、同円卓会議のワーキング・グループが、「職場のいじめ・嫌がらせ問題に関する円卓会議ワーキング・グループ報告」を公表するなど、国もパワハラ対策に積極的に乗り出しています。

　厚生労働省は、円卓会議の提言を踏まえ、職場のパワハラの実態を把握するとともに、この問題が発生する要因の分析や、予防・解決に向けた課題の検討を行うことを目的として、「職場のパワーハラスメントに関する実態調査」を実施し、2012年12月12日に公表しました。同調査によると、社内に設置した相談窓口で相談の多いテーマとして、パワハラはメンタルヘルスの不調に次ぐ件数となっています。実際に、過去3年間にパワハラに関する相談を1件以上受けたことのある企業は回答企業全体の45.2％で、実際にパワハラに該当する事案のあった企業は回答企業全体の32.0％でした。こうした状況の中、回答企業全体の80.8％がパワハラの予防・解決を経営上の課題として重要だと感じている一方で、予防・解決に向けた取り組みをしている企業は45.4％にとどまり、特に従業員99人以下の企業においては18.2％と2割を下回っています。

　厚生労働省は、調査結果等を踏まえ、引き続き職場のパワハラの予防・解決に向けた社会的気運を醸成するための周知・啓発を行うとともに、パワハラの予防・解決への労使の取り組みに対する支援等の施策を実施する予定としています。


## パワハラとは何か

　パワハラは、法令上明確に定義されているものではなく、必ずしも一義的にとらえられません。たとえば、前述の円卓会議ワーキング・グループ報告では、職場のパワハラは、「同じ職場で働く者に対して、職務上の地位や人間関係などの職場内の優位性を背景に、業務の適正な範囲を超えて、精神的・身体的苦痛を与える又は職場環境を悪化させる行為をい

う」と定義されています。また、法務省関連の資料では、「職場内での地位や権限を利用したいじめ」を指し、「職権などの優位にある権限を背景に、本来の業務範囲を超え、継続的に、相手の人格と尊厳を侵害する言動を行い、就労環境を悪化させる、あるいは雇用不安を与えること」とされています。

　ちなみに「パワーハラスメント（パワハラ）」は和製英語で、欧米では、職場のいじめとして「mobbing」「bullying」「moral harassment」といった言葉が用いられています。辞書によると「mob」の意味は「群れをなして襲う、寄り集まって喊声を浴びせる」、また「bully」の意味は「いじめる、脅す、威張り散らす」とあり、これらの言葉のほうが、よりパワハラのイメージをつかみやすいかもしれません。

## パワハラの具体例

　では、パワハラの具体例としてはどのようなものがあるでしょうか。
　前述の「職場のパワーハラスメントに関する実態調査」の報告書では、職場のパワハラの典型的な行為類型として次のようなものを掲げ、実際のアンケートに寄せられた回答を掲載しています。
　(1)　「暴行・傷害（身体的な攻撃)」
・足で蹴られる。
・胸ぐらを掴む、髪を引っ張る、火のついたタバコを投げる。
・頭をこずく。
　(2)　「脅迫・名誉毀損侮辱・ひどい暴言（精神的な攻撃)」
・皆の前で大声で叱責。物を投げつけられる。ミスを皆の間で大声で言われる。
・人格を否定されるようなことを言われる。お前が辞めれば、改善効果が300万出るなど会議上で言われた。
・同僚の前で無能扱いする言葉を受けた。

第2章 ハラスメントに関する事件簿　79

（3）　「隔離・仲間外し・無視（人間関係からの切り離し）」

・挨拶をしても無視され、会話をしてくれなくなった。

・報告した業務への返答がない。部署の食事会に誘われない。

・他の人に「私の手伝いをするな」と言われた。

（4）　「業務上明らかに不要なことや遂行不可能なことの強制、仕事の
　　　妨害（過大な要求）」

・終業間際に過大な仕事を毎回押し付ける。

・1人では無理だとわかっている仕事を1人でやらせる。

・休日出勤しても終わらない業務の強要。

（5）　「業務上の合理性なく、能力や経験とかけ離れた程度の低い仕事
　　　を命じることや仕事を与えないこと（過小な要求）」

・従業員全員に聞こえるように程度の低い仕事を名指しで命じられた。

・営業なのに買い物、倉庫整理等などを必要以上に強要される。

・草むしり。

（6）　「私的なことに過度に立ち入ること（個の侵害）」

・プライベートなことを聞いてきたり、相手は既婚者であるにも拘らず
　独身の私にしつこく交際を迫った。

・交際相手の有無について聞かれ、過度に結婚を推奨された。

・個人の宗教を、皆の前で言われ、否定、悪口を言われた。

　同調査報告書の従業員調査の結果では、従業員が受けたパワハラの内容としては（2）精神的な攻撃が55.6％と最も多く、以下、（4）過大な要求28.7％、（3）人間関係からの切り離し24.7％、（6）個の侵害19.7％、（5）過小な要求18.3％、（1）身体的な攻撃4.3％となっています。

　なお、「職場のいじめ・嫌がらせ問題に関する円卓会議ワーキング・グループ報告」では、前記の類型のうち、（1）については、業務の遂行に関係するものであっても、「業務の適正な範囲」に含まれるとすることはできず、（2）、（3）については、業務の遂行に必要な行為であることは通常想定できないことから、原則として「業務の適正な範囲」を超えるも

図4-1　パワハラの典型的な行為

| ①身体的な攻撃 | ④過大な要求 |
|---|---|
| 暴行・障害 | 業務上明らかに不要なことや遂行不可能なことの強制、仕事の妨害 |

| ②精神的な攻撃 | ⑤過小な要求 |
|---|---|
| 脅迫・名誉毀損・侮辱ひどい暴言 | 業務上の合理性なく、能力や経験とかけ離れた程度の低い仕事を命じる、仕事を与えない |

| ③人間関係からの切り離し | ⑥個の侵害 |
|---|---|
| 隔離・仲間外し・無視 | 私的なことに過度に立ち入る |

のと考えられる、とされています。確かに、(1)、(2)、(3) については、刑事事件に発展しかねない行為も多く含まれており、誰もが比較的容易に問題点を理解できますから、これらの行動を取らないように自覚することも可能です。

　これに対して、微妙なのが (4) から (6) までです。報告書でも、(4)から (6) については、業務上の適正な指導との線引きが必ずしも容易でない場合があると指摘しています。こうした行為の場合、何が「業務の適正な範囲を超えるか」については業種や企業文化の影響を受け、また、具体的な判断については、行為が行われた状況や行為が継続的であるかどうかによっても左右されると考えられるからです。たとえば、(5) の「過小な要求」ですが、メンタルヘルス不調により休業した社員に対する、職場復帰プログラムの場合、労働負荷を減らして段階的に元へ戻すなどの配慮が必要なのは当然のことですが、本人からしてみれば、自分はもう十分やれるとの思いがあり、上司からパワハラを受けたと考えることがあります。このように、形式的にいえば「過小な要求」になるかもしれませんが、当該行為が行われた状況などによって適法と評価されるものもあることが、この点の判断を難しくしているわけです。

第2章 ハラスメントに関する事件簿　81

## 部下への叱責－そこに愛があるか？

　前述のパワハラの具体例（2）では、「皆の前で大声で叱責。物を投げつけられる。ミスを皆の間で大声で言われる」などが挙げられています。では、たとえば部下が取引先との約束時間を間違えて遅刻してきたとき、同行した上司がつい「何やってんだ！」と怒鳴ってしまったらどうでしょうか。このような行為も、「叱責」として、パワハラに当たるのでしょうか。

　筆者が研修などを実施すると、ほぼ必ず、受講生の方から、こうした部下への叱責がパワハラになるかについて質問を受けます。筆者は、状況にもよりますが、衆人環視の前で相手の人格を貶めるような形で行われるなど特殊な状況でない限り、基本的にはパワハラに該当しないと考えています。職場においては、業務を円滑に進めるために、管理職に一定の権限が与えられており、その中には、部下に対する指導や叱責が含まれます。前述のような上司の行動は、「業務の適正な範囲」に含まれる部下への指導であると考えられるからです。

　しかし、叱責の言葉に加えて、「お前の将来はないものと思え」「だからお前とは仕事したくないんだ」「親の顔が見てみたい」「ウワサ通りの役立たずだな」「仕事しなくていいから帰って寝てろ！」などと言ったりし、それが日常的に繰り返されるならパワハラの色彩を帯びてきます。つまり、部下への業務指導の一環としての叱責は許容されても、その叱責に嫌がらせ（ハラスメント）の要素が加わると、パワハラに転化するわけです。

　この点について、「パワハラと業務指導の一環としての叱責の区別が難しい」「これではパワハラが怖くて何もできない」という不満を耳にしますが、そういうときに筆者が行うのが「そこに愛があるか」という問いかけです。優位性を背景とした叱責の典型例は、親が子に対して行うものです。言うまでもなく、その叱責の背景には、思いやりとか期待と

いった愛情が存在します。親が子どもを叱責する際に「お前の将来はないものと思え」などとは決して言わないのと同様に、愛情から出た言葉とそうでない言葉は、比較的容易に区別できると思っています（「お前の将来はないものと思え」という言葉は自分なりの愛情表現だと言われてしまうとどうしようもないですが、この先は常識論になってくると思われます）。

　なお、ここでは上司と部下の例を挙げていますが、パワハラは、上司から部下に行われるものだけでなく、先輩・後輩間や同僚間などのさまざまな「優位性」を背景に行われるものも含まれるとされています。世間では、パワハラというと、必ず上司から部下に行われるものという誤解がありますが、必ずしもそういうわけではありません。

## パワーハラスメントの問題に取り組む意義

　企業にとってパワハラの問題に取り組む意義は、企業の損失を防ぐということにあります。パワハラを受けた人は、人格を傷つけられ、仕事への意欲や自信を失い、心の健康が悪化し、休職や退職に至る場合があり、周囲の人も、パワハラを見聞きすることで仕事への意欲が低下するなど、職場全体の生産性への悪影響を及ぼしかねません。

　企業にとっては、単に従業員間の問題に止まらず、組織の生産性への悪影響や貴重な人材の休職・退職という損失の虞れ、さらには、パワハラに企業として加担しなくとも放置すれば、企業のイメージダウンにもつながりかねません。このように、企業にとってもパワハラの問題に取り組む意義は大きいと言えるのです。

　2005年に東証一部上場企業を対象とした「パワハラは企業にどんな損失をもたらすか」というアンケート調査では、「心の健康を害する」「職場の風土を悪くする」「周りの士気が低下する」「生産性が低下する」「十分に能力が発揮できない」「優秀な人材が流出する」などといった回答が

上位を占めています。

## 裁判に発展した事例

　上記のように、パワハラは、それを放置した企業に対し、徐々に目に見えない損失をもたらしますが、場合によっては、損害賠償請求といった裁判にまで発展することがあります。

　相談者の会社内部で発生したケースと同様の事案で、裁判所は、企業に対し、慰謝料60万円の賠償責任を認めました（神戸地裁・1994年11月4日判決）。この事件では、被告会社が、原告となった従業員に対して行った配転の打診が拒否されて以来、約1年にわたり、当該従業員に仕事をさせず、同僚に仕事の話かけをさせなかったり、当該従業員に対し「会社のノートを使うな」「トイレ以外はうろうろするな」等、繰り返し嫌みを言い、電話の取り次ぎにも口をはさみ、最後には電話を取り外してしまうなどの行為をしました。これが職場のいじめ・嫌がらせとして問題になり、裁判所は、当該従業員の上司等を通じてなされた会社の前記行為は加害の意図をもってされたものであると認めました。

　また、名古屋地裁による2004年7月30日判決は、会社に勤務する従業員が、先輩従業員から継続的に暴言、暴行を受け受傷した事故につき、会社および先輩従業員に対する損害賠償請求を認めた事例（先輩従業員らに対し103万1,456円、会社に対して129万3,797円を認定）で、裁判所は、次のような具体的な暴言があった事実を認めています。

　「原告が膝を痛め…被告A社を欠勤し、翌20日出勤すると、朝の朝礼においてCから、「仕事の遅い人が来ました。昨日は早く終わったのに。」という発言が従業員全員の前であり、原告は屈辱的思いを味わった。その後も、Cから、原告に対し、「お前は馬鹿か，馬鹿は馬鹿なりの仕事をしろ。」とか、休憩時間に休憩を取っていると、「やることが遅いし、手順が悪いのだから、休憩なんかしていないで、さっさと仕事をしろ。」など

の暴言が浴びせられた。そして、2002年10月30日の朝礼では、Cから、「不景気のためリストラもある。」旨の話があり、そのころから、被告Bは、原告のことを「おい、リストラ。」と呼ぶようになった。」

　さらに、ブラック企業大賞2015で特別賞を受賞した暁産業におけるパワハラ事案は、入社8か月で新入社員の19歳の男性が上司の暴言等によるパワハラが原因で自殺したとして、男性の父親が会社と上司2名に損害賠償を求めたというものです。福井地裁が2014年11月28日に言い渡した判決は、上司の暴言は「仕事上のミスに対する叱責の域を超えて、」男性「の人格を否定し、威迫するものである。これらの言葉が経験豊かな上司から入社後1年にも満たない社員に対してなされたことを考えると典型的なパワーハラスメントといわざるを得ず、不法行為に当たると認められる」として、会社と上司1名に対し連帯して約7,260万円を支払うように命じました。裁判所が「典型的なパワハラ」と判断した根拠は、男性が上司の指導で書いていた手帳に記載されていた、上司による「学ぶ気持ちはあるのか、いつまで新人気分？　サギと同じ、3万円を泥棒したのと同じ、毎日同じことを言う身にもなれ」「会社辞めたほうが皆のためになるんじゃないか、辞めてもどうせ再就職はできないだろ」「死んでしまえばいい、1度くらい折れてみればいい、辞めればいい、死んでしまえばいい、もう直らないなら、この世から消えてしまえ」等の発言でした。

　同様に、ブラック企業大賞2013にノミネートされたサン・チャレンジの事案で、東京地裁が2014年11月4日に言い渡した判決は、長時間労働や上司からのパワハラが原因で自殺した飲食店の男性社員の両親が損害賠償を求めたのに対して、運営会社であるサン・チャレンジや上司に約5,800万円の損害賠償を命じています。この事案でも、裁判所は、「ばかだな」「使えないな」などの暴言や、日常的に足蹴にしたり拳骨や調理場のしゃもじで殴ったり等の暴行がなされていたことに加え、朝礼で名指しし、他の社員の前で「ばかやろう、早く言えよ」と叩いたり、店舗の事務室内で、男性のシャツに火を近づけて脅すような仕草をした等の事

実を認めた上で、自殺との因果関係も認め、会社等が主張した過失相殺については認めませんでした。

## 地方自治体の責任が認められた事例も

　横浜地裁川崎支部による2002年6月27日の判決は、職場でのいじめによる自殺について自治体の責任を認めたものです。

　本件は、川崎市の水道局工事用水課に勤務するAが、同課課長Bら上司3名が行った職場内でのいじめ、嫌がらせなどで精神的に追い詰められて自殺したとして、Aの両親（原告）がBらと川崎市に対して損害賠償を請求したもので、川崎市について、いわゆる安全配慮義務違反を理由に国家賠償責任が肯定されています。判決は次のように判示しています。

　「一般的に、市は市職員の管理者的立場に立ち、そのような地位にあるものとして、職務行為から生じる一切の危険から職員を保護すべき責務を負うものというべきである。そして、職員の安全の確保のためには、職務行為それ自体についてのみならず、これと関連して、ほかの職員からもたらされる生命、身体等に対する危険についても、市は、具体的状況下で、加害行為を防止するとともに、生命、身体等への危険から被害職員の安全を確保して被害発生を防止し、職場における事故を防止すべき注意義務（以下「安全配慮義務」という）があると解される。また、国家賠償法1条1項にいわゆる「公権力の行使」とは、国又は公共団体の行う権力作用に限らず、純然たる私経済作用及び公の営造物の設置管理作用を除いた非権力作用をも含むものと解するのが相当であるから、被告川崎市の公務員が故意又は過失によって安全配慮保持義務に違背し、その結果、職員に損害を加えたときは、同法1条1項の規定に基づき、被告川崎市は、その損害を賠償すべき責任がある。」

　同様に、2011年に自殺したさいたま市職員の両親が、市を相手に損害賠償請求訴訟を提起していた事案で、2015年11月18日、さいたま地裁

は、パワハラの放置が心理的負担を過度に蓄積させることになったとして、市側の安全配慮義務違反を指摘し、市に約1,300万円の支払いを命じる判決を言い渡しました。また、2016年1月8日、30代の岐阜県職員が自殺したのは上司のパワハラや長時間労働が原因だとして、遺族が県に約1億円の損害賠償を求めていた訴訟では、県が9,600万円を支払うことで裁判上の和解が成立しています。県は、上司の行き過ぎた厳しい発言など不適切な指導や、長時間の時間外勤務の責任は認めるとし、今後、職員研修などを通して再発防止を図るとしています。

## 告発者と誠意を持って話し合いを

　今回の相談者のケースは、告発者の主張がすべて事実であれば、パワハラの典型的な行為類型であると考えられます。したがって、今後裁判に発展した場合、企業側は損害賠償責任を負う可能性が十分あるばかりか、ブラック企業大賞などにノミネートされてブラック企業の烙印を押されてしまう可能性があると認識すべきです。

　相談者としては、きちんと事実関係を調査した上で、その結果を踏まえ告発者と十分話し合い、また当該上司に対する人事上の措置等、社内規定に基づいて適切に対応する必要があります。また、相談者も述べるように、今後二度とこのような事件が発生しないように、対策を検討すべきです。

　以下に、厚生労働省が示している、相談・苦情への対応の流れの例を挙げておきますので参考になさってください。

## パワハラを予防するための対策

　では、パワハラを予防するためには、企業として、具体的にどのようなことをすれば良いのでしょうか。先に紹介した円卓会議ワーキング・グループ報告では、以下のようなことを指摘していますので、これらを

図4-2　相談・苦情への対応の流れ

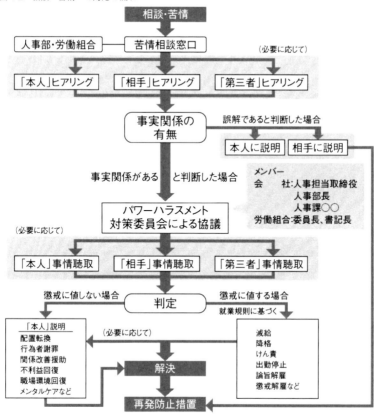

参考に、企業としての取り組みや対策を検討されるとよろしいかと思います。

(1)「トップのメッセージ」

組織のトップが、職場のパワハラは職場からなくすべきであることを明確に示すことが求められます。また、トップのメッセージを示すにあたっては、経営幹部が職場のパワハラ対策の重要性を理解することで、取り組みが効果的に進むことが考えられるため、特に経営幹部に対策の重要性を理解させることが必要となります。

(2)「ルールを決める」

　就業規則に関係規定を設ける、労使協定を締結する、予防・解決についての方針やガイドラインを作成するなどです。

(3)「実態を把握する」

　従業員アンケートを実施するなどです。

(4)「教育する」

　研修を実施するなどです。パワハラは、人権問題、コンプライアンス、コミュニケーションスキル、マネジメントスキルなどと関連が深いものであることから、パワハラ研修をこれらの研修と同時に行うことで、より効率的・効果的なものとなると考えられます。なお、この問題についての周知啓発や研修を行ったり、相談窓口の役割なども担うパワハラ対策を推進する担当者を養成したりすることも、予防と解決の双方に有効な手段と考えられます。

(5)「周知する」

　組織の方針や取り組みについて周知・啓発を実施することです。

　以上のような対策を十分に実施し、すべての企業において、陰惨ないじめが職場で起きないような社内体制を構築してほしいと思います。

## パワハラへの取り組みを進める上での課題

　前述の「職場のパワーハラスメントに関する実態調査」の報告書では、パワハラの予防・解決のための取り組みを進める上での課題として、以下のような点を挙げています。

(1) 企業にはパワハラに該当するかどうかの判断が困難であると感じている。

(2) 従業員から、必ずしもパワハラに該当すると言えない相談が寄せられている。

(3) 従業員向けの相談窓口の設置がない、あっても従業員が活用しない

など、企業がパワハラの事実を十分に把握できていない。

（4）パワハラを受けた（と感じた）従業員の4割強が「何もしない」。

（5）パワハラの予防・解決に向けた取り組みを実施することでパワハラの相談件数の減少等、効果はあるものの、効果が現れるまで時間がかかる。

　厚生労働省は、これらの課題を踏まえた上で、パワハラ削減に向けた取り組みを進めていく必要があるとし、パワハラの予防・解決のための取り組みを進める視点として、①企業全体の制度整備（相談窓口の設置と活用の推進、パワハラの理解を促進するための研修制度の充実等）、②職場環境の改善、③職場におけるパワハラへの理解促進、を挙げています。

　特に社会におけるハラスメントの定義は、裁判所が新しい判断を示すことによって変化していきますので、常に新しい状況を理解しておくためにも研修制度を充実させる必要があると思われます。


## 心にしみる言葉

　最後に、前述の円卓会議で紹介された、ある企業の人事担当役員の言葉を紹介したいと思います。この言葉は、パワハラ関係のさまざまな資料で引用されていますのでご存じの方も多いと思いますが、心にしみる良い言葉です。

　「すべての社員が家に帰れば自慢の娘であり、息子であり、尊敬されるべきお父さんであり、お母さんだ。そんな人たちを職場のハラスメントなんかでうつに至らしめたり苦しめたりしていいわけがないだろう。」

　近時では、パワハラによって自殺にまで追い詰められる事案が増えています。パワハラが人の死にまで至る可能性があるということを十分に踏まえ、すべての組織が、十分な対策を講じてほしいと思います。

# CASE5
## 出産後にマタハラ、無事に職場復帰できる？　パタニティーハラスメントの解説と共に

【相談】

　私は大学を卒業してからある全国的な流通系の企業に入社して、それなりのキャリアを積んできました。5年前に結婚した夫の収入だけでも暮らしていけたのですが、子供が生まれたときの教育費のことも考え、会社は辞めずに働いてきました。勤務先の会社については、「女性の働き方にも理解がある企業風土」と思って選んだつもりだったのですが、それはとんでもない思い違いでした。

　リストラで数が減った社員のぎりぎりの働きで回っているのが実態であり、体力が落ちている会社が社員に十分な福利厚生を提供できるわけがありません。私が産休・育児休業を申請したときも、会社の社員に対する余裕のなさが如実に感じられました。私の申し出に上司は露骨に嫌な顔をしました。最終的に許可してくれたのですが、「君の戻る場所があればいいね」と言われたのが忘れられません。そのときは、私は単なる嫌味だと思っていました。親や周りの友人などからは、これを機に会社を辞めて専業主婦になることを勧められました。しかし、私はまだまだまだ働きたいと考え、夫もそれを支持してくれたので辞めずに踏ん張ったのです。

　このとき、悩んだ私を勇気づけてくれたのが、フェイスブック社のシェリル・サンドバーグCOO（最高執行責任者）の著書『LEAN IN　女性、仕事、リーダーへの意欲』という本でした。彼女は、良き夫と2人の子どもに恵まれた母親でありながら、世界的な企業の経営者として、米フォーブス誌が選ぶ「世界で最もパワフルな女性」ランキング上位の常連で、2016年度も7位に入るほどの活躍をしています。一介の社員が、こんなスーパーウーマンを手本にして

第2章　ハラスメントに関する事件簿　｜　91

も鼻で笑われるのがオチで、口に出したことはありません。しかし、私としては彼女を目標にこれからも会社で頑張っていきたいと思い、退社しないという道を選んだわけです。その後、長男を無事出産し、保育園も決まりました。いよいよ育児休業から復帰という段になり、会社の上司に話したところ信じられない言葉を投げつけられました。「残念だが君の戻る部署はない。派遣社員なら復帰も可能だがどうする」

　そんなはずはないと思い、ネットなどで調べていくと、こういったケースは世間ではよくあり、「マタハラ（マタニティーハラスメント）」などとも呼ばれているそうです。安倍首相もこれからは女性の時代だと高らかに宣言しており、女性活躍推進法も制定されたというこのご時世に、このような前時代的なことが許されて良いわけがありません。今後、会社と闘っていくにあたって、いわゆるマタハラについて教えていただけないでしょうか（実際の事例をもとに創作したフィクションです）。


## ガラスの天井

　シェリル・サンドバーグ氏の『LEAN IN　女性、仕事、リーダーへの意欲』という本は、筆者も出版当時に読んで感銘を受けました。夫と2人の子どもに恵まれた母親でありながらも、世界的な企業の経営者となった彼女の奮闘の記録は、日本の多くの女性を勇気づけるものであると思います。他方、米国のように女性進出が進んでいるように思える国でも、女性が仕事を続けていくことにさまざまな障壁があることはとても意外でした。企業の総収入に基づいて全米上位500社をランク付けした「フォーチュン500」に入る企業で、CEOの女性は全体の5％にも届かないそうです。ヒラリー・クリントン氏による大統領選への挑戦の際には、いわゆる「ガラスの天井」（資質や成果などにかかわらず、女性の組

織内での昇進を妨げる見えない障壁）が打ち破られるかと期待されていましたが、結局、トランプ氏に敗れてしまいました。米国でもそのような状況なのですから、日本においてまだまだ改善の余地があることは言うまでもありません。『LEAN IN』の中でも、女性の社会進出が遅れている国の例として、日本が何度も取り上げられています。そうした中、少子高齢化の進展と人口減少社会の到来に備えて、政府は、「女性の活躍」を推し進めています。

## 女性活躍推進法

2014年1月20日、産業競争力会議は、「成長戦略進化のための今後の検討方針」を発表しました。その冒頭には、働く人と企業にとって世界トップレベルの活動しやすい環境を実現するとの視点から、「我が国最大の潜在力である女性の力を最大限発揮させるための取組」を進めることが掲げられています。

さらに、依然として日本社会に存在する「男女格差」の問題を解消すべく、「2020年30%目標」（社会のあらゆる分野において、2020年までに、指導的地位において、女性が占める割合を少なくとも30%程度とする目標）の達成に向けた取り組みを着実に進めるための法的枠組みとして、2015年8月には、大企業に対し女性登用の数値目標を作るように義務づける「女性活躍推進法」（正式名称「女性の職業生活における活躍の推進に関する法律」）も成立しました。同法により、従業員301人以上の企業などは、採用者や管理職に占める女性比率といった数値目標を含む行動計画を策定、届出、公表しなければならなくなりました。

これにより、企業の女性活躍推進への取り組みや姿勢が外部から「見える」ようになり、各企業は、優秀な人材の確保や企業イメージの向上の観点から、この問題に真剣に取り組んでいます。求められる取り組みを十分に行わないなど、対応を誤った場合、企業としての先進性、成長

性に疑問を持たれ、優秀な女性から敬遠されることによって、「ブラック企業」の烙印すら押されかねないわけですから、企業が真剣に取り組むのはある意味当然のことです。

## 注目を集めた最高裁判決

　そういった社会の大きな流れに水を差す動きとして、近時、マタニティーハラスメント（マタハラ）が、話題となっています。

　2014年10月23日には、マタハラに関して、最高裁の画期的判断が出て、新聞などでも大きく取り上げられました（詳しくは後述）。当時は、新聞各紙が、「妊娠で降格　原則違法」「マタハラ　最高裁が初判断」「妊娠　合意ない降格無効」「女性の活躍を後押し」といった見出しでこの問題を大きく報じたので、覚えている方も多いと思います。読売新聞の社説では「事業者に意識改革迫る最高裁」と題して、この判決の意義を「妊娠や出産をした女性に嫌がらせをしたり、退職を迫ったりする『マタニティー・ハラスメント』の抑止に向け、事業者に意識改革を迫る司法判断である」と評しています。

　2015年6月には、男女平等や女性の活躍推進を進める国連の専門機関「UN Women」が、女性活躍を戦略的に進める世界上位10人の首脳の1人に安倍晋三首相を選出したと発表したように、安倍首相は女性の活躍を進めるという戦略的観点から、今後もマタハラについて強い姿勢を積極的に打ち出していくと考えられます。企業としては、マタハラに対する意識改革を早急に進めて行く必要に迫られていると思います。

## マタニティーハラスメントの具体例

　マタニティーハラスメントとは、働く女性が妊娠・出産を理由に解雇されたり雇い止めされたり、その他の不利益な扱いをされたりすること、および妊娠・出産にあたって職場で受ける精神的・肉体的なハラスメン

図5-1 マタハラは違法という判決を報じる記事（読売新聞、2014年10月24日）

トのことを言います。セクシュアルハラスメント（セクハラ）、パワーハラスメント（パワハラ）は、すでに一般社会や企業において問題の重要性が認識され、企業コンプライアンスにおける重要な一分野ともなっていますが、近時、この新しいハラスメントにも注目が集まっているわけです。

マタハラの具体例として次のような事例がよく挙げられますが、いずれも、後述する、妊娠・出産に関連して女性労働者を保護する法令に抵触しています。

(1) 会社に妊娠の報告をしたところ、出産後、すぐの職場復帰は難しい

だろうし、会社は人手不足だからとして一方的に解雇された。

(2) 契約社員として長く働いていたが、産休を取得したいと申し出たところ「次の契約期間中、まったく出勤できないなら契約の更新はできない」と言われた。

(3) 妊娠したことを会社に報告したところ、つわりや体調不良で何かと会社を休みがちになるだろうからということで、配置転換され、それまでの仕事を与えられなくなり、減給もされた。

(4) 妊娠して体が疲れやすくなったために、勤務時間を毎日1時間短縮し、休憩時間の回数を増やしてもらったところ、勤務状態が不規則だからとして降格された。

(5) 妊娠の検診や体調不良等で早退することが多くなったところ、上司から早く帰れていいね、私はそのぶん残業かなあ、と他の社員も聞いている中で嫌みを言われた。

## 妊娠・出産に関連して女性を保護する法令

ハラスメント（嫌がらせ）と呼ばれる以上は、それに対応して、保護されるべき権利や状態などが存在していることになりますが、マタハラの場合はどうでしょうか。

以下、妊娠・出産を経験しながら働こうとする女性に関する法律上の保護に関して、主要なものを適宜取り上げてみたいと思います。

### ●労働基準法

(1) 産後の休業中プラス30日間の解雇は禁止

労働基準法第19条1項本文は、「使用者は、…産前産後の女性が第65条の規定（筆者注：後述する産前産後の休業などに関する規定）によって休業する期間及びその後30日間は、解雇してはならない」と規定し、女性労働者の母体保護の観点から付与される産前産後の休業を取得したこ

とを理由とする解雇を認めていません。あくまでも例外的に、「天災事変その他やむを得ない事由のために事業の継続が不可能になった場合」に解雇できるにすぎません（同条1項但書）。その場合でも、使用者の一方的判断に委ねたのでは労働者に不利益になる場合があるため、この事由があることについて行政官庁（労働基準監督署長）の認定を受けなければなりません（同条2項）。

### (2) 法律で定められた産前産後の休業

労働基準法第65条1項は、「使用者は、6週間（多胎妊娠の場合にあっては、14週間）以内に出産する予定の女性が休業を請求した場合においては、その者を就業させてはならない」とし、同条2項は「使用者は、産後8週間を経過しない女性を就業させてはならない。ただし、産後6週間を経過した女性が請求した場合において、その者について医師が支障がないと認めた業務に就かせることは、差し支えない」としています。

産休・育休について、会社の規模が小さいからそういった制度はないといった発言をたまに耳にしますが、たとえ社内で制度として明文化されていないとしても、これは法律で定められた制度ですから、会社が、その規模を理由として、産休・育休の請求を拒むことはできません。また細かい話ですが、産休期間や育休期間は、年次有給休暇の発生要件である出勤率（所定労働日数の8割以上の出勤）の算定にあたっては、出勤日として計算されることになっています（同第39条）。

### (3) 簡易業務への転換

労働基準法第65条3項は、「使用者は、妊娠中の女性が請求した場合においては、他の軽易な業務に転換させなければならない」と定めており、身体に大きな負担を与える業務（販売員等長時間の立ち仕事、階段の頻繁な昇降を伴う作業、腹部を圧迫する作業、重量物を扱う作業）については、負担の少ないデスクワークや軽作業への転換を請求することがで

きます。

（4）残業、夜勤、休日出勤も拒否できる

　労働基準法第66条では、妊産婦が請求した場合、会社は、時間外労働や休日出勤、深夜業をさせることができない旨規定していますし、変形労働時間制の場合でも、妊婦は、1日（8時間）および1週間（40時間）の法定労働時間を超えて働く必要はありません。また、同第67条では、生後満1年に達しない子を育てる女性は、休憩時間のほかに、1日2回、少なくとも30分、その子を育てるための時間（育児時間）を請求することができ、使用者は育児時間中、その女性を使用してはならないとも規定されています。

## ●男女雇用機会均等法（雇用の分野における男女の均等な機会及び待遇の確保等に関する法律）

（1）妊娠中・産後1年以内の解雇は原則無効

　男女雇用機会均等法第9条4項は、「妊娠中の女性労働者及び出産後1年を経過しない女性労働者に対してなされた解雇は、無効とする。ただし、事業主が当該解雇が前項に規定する事由を理由とする解雇でないことを証明したときは、この限りでない」と定めています。つまり、妊娠中・産後1年以内の解雇は、事業主が、妊娠、出産、産休を取得したこと以外の正当な理由があることを証明できない限り無効とされるわけです。

（2）妊娠、出産等を理由とする不利益取扱いは禁止

　男女雇用機会均等法第9条1項～3項は、事業主の以下の行為を禁止しています。

① 　女性労働者が婚姻、妊娠、出産した場合には退職する旨をあらかじめ定めること。

② 　婚姻を理由に女性労働者を解雇すること。

③ 厚生労働省令で定められている事由※を理由に、女性労働者に対し不利益な取扱いをすること。

※「厚生労働省令で定められている事由」とは、次のようなものを言います。
    A) 妊娠したこと
    B) 出産したこと
    C) 母性健康管理措置を求め、または受けたこと
    D) 産前休業を請求したこと、または産前休業したこと
    E) 産後に就業できないこと、または産後休業したこと
    F) 時間外等に就業しないことを請求しまたは時間外等に就業しなかったこと
    G) 育児時間の請求をし、または取得したこと
    H) 妊娠または出産に起因する症状により労働できないこと、労働できなかったこと、または能率が低下したこと
    I) 坑内業務・危険有害業務に就けないこと、これらの業務に就かないことの申出をしたこと、またはこれらの業務に就かなかったこと
    J) 軽易業務への転換を請求し、または転換したこと

（3）勤務時間内でも検診に行ける

　さらに、男女雇用機会均等法第12条は、会社に対し、妊婦が保健指導や妊産婦検診等を受診するために必要な時間（通院休暇）を確保することを義務付けており、妊婦は会社に申請すれば勤務時間内でも受診することができますし、同法第13条では、妊婦からフレックスタイムの活用や休憩時間の延長・休憩回数の増加等の対応を求めた場合、会社はそれに対して措置を講じなければならないことになります。

### ●育児・介護休業法（「育児休業、介護休業等育児又は家族介護を行う労働者の福祉に関する法律」）

（1）母親も父親も育児休業の取得が可能

　育児・介護休業法第5条は、従業員が会社に申し出ることにより、子の1歳の誕生日の前日まで、原則1回に限り、育児休業を取得することができます。また、会社は、3歳未満の子を養育する従業員について、従業員

が希望すれば利用できる短時間勤務制度を設けなければなりませんし、3歳未満の子を養育する従業員が申し出た場合、その従業員を、所定労働時間を超えて労働させてはならないとしています。ちなみに、育児休業は、母親ばかりでなく、父親も取得が可能です。

（2）原職または原職相当職への復帰が原則
　育児・介護休業法第10条は、「事業主は、労働者が育児休業申出をし、又は育児休業をしたことを理由として、当該労働者に対して解雇その他不利益な取扱いをしてはならない」としており、産前産後休業や育児休業を取得した場合の休業明けの労働条件は、「原職」または「原職相当職」への復帰が原則であり、一方的に労働条件を不利益に変更することが許されない旨を規定しています。

## 厚生労働省による実態調査から見えてくるもの

　2016年3月に発表された、厚生労働省が行った実態調査によれば、正社員の約2割、派遣社員の約5割が、マタハラ被害を受けたと回答しており、その内容としては、「休むなんて迷惑だ」「辞めたら？」といった嫌がらせの発言を受けたケースが一番多く47％が経験していたとのことです。続いて、「妊娠等を理由とする不利益な取り扱い等を示唆するような発言をされた」（21.1％）、「賞与等における不利益な算定」（18.4％）、「雇い止め」（18.0％）、「解雇」（16.6％）の順となっています。

　他方、同調査における、企業を対象に実施した質問において、マタハラ防止に取り組んでいると回答したのは51.1％で半分にとどまっています。この結果は、マタハラに対する企業の対策が遅れており、多くの企業でマタハラが未だに横行している現状を表しています。

　ちなみに、企業が取り組んでいる事項（複数回答）をみると、「相談・苦情対応窓口の設置」が23.4％で最も多く、次いで「つわり等により不

就労が生じた妊婦がいる職場に対する業務上の応援」（14.0％）、「管理職に対し、妊娠等を理由とする不利益取扱いが違法行為であること等について研修などによる周知」（11.1％）の順となっています。

## マタハラの認知に大きく貢献した最高裁判決

　冒頭で紹介した、マタハラを違法とする最高裁判決の事案は、広島の病院で管理職（副主任）だった女性理学療法士が、労働基準法65条3項（同条項は、母性保護の目的から「使用者は、妊娠中の女性が請求した場合においては、他の軽易な業務に転換させなければならない」と規定しています）に基づく妊娠中の軽易な業務への転換に際して、副主任を免ぜられ（措置1）、育児休業の終了後も副主任に任ぜられませんでした（措置2）。このため女性は病院に対し、これらの措置が男女雇用機会均等法（均等法）9条3項に違反するとして、降格の無効、管理職手当の支払い、債務不履行または不法行為に基づく損害賠償を請求したというものです。なお、すでに説明したように、均等法9条3項は、「事業主は、その雇用する女性労働者が妊娠したこと、出産したこと、労働基準法第65条第1項の規程による休業を請求し、又は同項若しくは同条第2項の規定による休業をしたことその他の妊娠又は出産に関する事由であって厚生労働省令で定めるものを理由として、当該女性労働者に対して解雇その他不利益な取り扱いをしてはならない」と規定しています。そして、「他の軽易な業務に転換したこと」は、「厚生労働省令で定めるもの」に該当することから、本条項により、使用者は妊娠中の女性が軽易な業務に転換したことを理由として、不利益な取り扱いをしてはならないことになります。

## 第1審判決（広島地裁・2012年2月23日）

　第1審の広島地裁は、「措置1」の副主任から降格したことについて、次のように認定しました。

「被告において、原告の妊娠に伴う軽易な業務への転換請求を契機に、これに配慮しつつ、原告の同意を得た上で、事業主である被告の業務遂行・管理運営上、人事配置上の必要性に基づいてその裁量権の範囲内で行ったものと認められ、原告の妊娠に伴う軽易な業務への転換請求のみをもって、その裁量権を逸脱して、均等法や均等法告示にいう不利益な取扱いをしたものとまでは認め難い。」

また、「措置2」の育児休業からの復職時に副主任に戻さなかったことについても、「原告が第2子出産から職場復帰するに際し、原告の希望（勤務先と保育所との距離関係等）を聞くなどして、その復帰先について慎重に検討がされた上で、内定した復帰先に既に副主任がいたこと等の事情が考慮され、被告において、業務遂行・管理運営上、人事配置上の必要性に基づいてその裁量権の範囲内で行ったものと認められ、妊娠又は出産に関する事由のみによって、また、育児休業をしたことのみによって、その裁量権を逸脱して、均等法や育児・介護休業法に反する不利益な取扱いをしたものとまでは認めることはできない。」として、原告の請求を認めませんでした。

## 控訴審判決（広島高裁・2012年7月19日）

控訴審の広島高裁は「管理職たる職位の任免は、管理職の配置という経営判断を要する事項であるから、人事権の行使として、使用者の広範な裁量に委ねられている」とした上で、次のように認定しています。

控訴人に対し副主任という管理職に区分される職位を免ずるという「措置1」は、「控訴人の妊娠に伴う他の軽易な業務への転換の請求を契機になされたものである」ものの、本件病院の「リハビリテーション科にはAが主任としていて、副主任を置く必要がなかったからであり、控訴人もこのことを同意していたものと評価される。」として、「本件措置1が、均等法9条3項に違反するということはできず、人事権の濫用にあたると

102　第2章 ハラスメントに関する事件簿

いうこともできない。」としました。「措置2」についても、「被控訴人において、控訴人の復帰先を複数検討するうち、控訴人が配置されるなら自分はやめるという理学療法士が2人いる職場があるなど復帰先がしぼられる一方で、控訴人の希望を聞いた上で決定されたものである上、控訴人が妊娠による軽易業務転換前に配置されていた部署であったのである。」としました。さらに「Fステーション（職場の部署名）には既に副主任としてBが配置されていたのであり、控訴人を副主任に任ずる必要がなかったのである。」と認定しました。このため、育児休業からの復職時に「副主任の地位につけなかった本件措置2が、均等法9条3項、育児・介護休業法10条に違反するということはできず、また、人事権の濫用にあたるということもできない。」として、控訴を棄却しています。

## 最高裁・2014年10月23日の判決

（1）妊娠中の軽易業務への転換を契機とした降格は原則禁止

これら下級審判決に対し、最高裁はまず、「一般に降格は労働者に不利な影響をもたらす処遇であるところ、……均等法1条及び2条の規定する同法の目的及び基本的理念やこれらに基づいて同法9条3項の規制が設けられた趣旨及び目的に照らせば、女性労働者につき妊娠中の軽易業務への転換を契機として降格させる事業主の措置は、原則として同項の禁止する取扱いに当たるものと解される。」として、妊娠中の軽易業務への転換を契機として降格させることは原則として禁止されるとしました。

（2）2つの例外の存在

その上で、次のような例外が許されることもあるとしました。

「当該労働者が軽易業務への転換及び上記措置により受ける有利な影響並びに上記措置により受ける不利な影響の内容や程度、上記措置に係る事業主による説明の内容その他の経緯や当該労働者の意向等に照らし

第2章 ハラスメントに関する事件簿 | 103

て、当該労働者につき自由な意思に基づいて降格を承諾したものと認めるに足りる合理的な理由が客観的に存在するとき、又は事業主において当該労働者につき降格の措置を執ることなく軽易業務への転換をさせることに円滑な業務運営や人員の適正配置の確保などの業務上の必要性から支障がある場合であって、その業務上の必要性の内容や程度及び上記の有利又は不利な影響の内容や程度に照らして、上記措置につき同項の趣旨及び目的に実質的に反しないものと認められる特段の事情が存在するときは、同項の禁止する取扱いに当たらないものと解するのが相当である。」

　つまり、①女性の自由な意思に基づいて降格を承諾したと認めるに足りる合理的な理由が客観的に存在するとき、②降格させなければ円滑な業務運営の確保などの業務上の必要性に支障が生じ、降格が均等法の趣旨・目的に実質的に反しないと認められる特段の事情が存在するときは、例外的に不利益な取り扱いにはあたらないとしたのです。

（3）①の例外（承諾に係る合理的な理由）について
　前記（2）の①の例外につき、最高裁は、「上記の承諾に係る合理的な理由に関しては、上記の有利又は不利な影響の内容や程度の評価に当たって、上記措置の前後における職務内容の実質、業務上の負担の内容や程度、労働条件の内容等を勘案し、当該労働者が上記措置による影響につき事業主から適切な説明を受けて十分に理解した上でその諾否を決定し得たか否かという観点から、その存否を判断すべきものと解される。また、上記特段の事情に関しては、上記の業務上の必要性の有無及びその内容や程度の評価に当たって、当該労働者の転換後の業務の性質や内容、転換後の職場の組織や業務態勢及び人員配置の状況、当該労働者の知識や経験等を勘案するとともに、上記の有利又は不利な影響の内容や程度の評価に当たって、上記措置に係る経緯や当該労働者の意向等をも勘案して、その存否を判断すべきものと解される」としました。

そして、最高裁は、本件事案においては承諾に係る合理的な理由はないと判示しました。理由は以下のとおりです。

「上告人が軽易業務への転換及び本件措置により受けた有利な影響の内容や程度は明らかではない一方で、上告人が本件措置により受けた不利な影響の内容や程度は管理職の地位と手当等の喪失という重大なものである上、本件措置による降格は、軽易業務への転換期間の経過後も副主任への復帰を予定していないものといわざるを得ず、上告人の意向に反するものであったというべきである。それにもかかわらず、育児休業終了後の副主任への復帰の可否等について上告人が被上告人から説明を受けた形跡はなく、上告人は、被上告人から……本件措置による影響につき不十分な内容の説明を受けただけで、育児休業終了後の副主任への復帰の可否等につき事前に認識を得る機会を得られないまま、本件措置の時点では副主任を免ぜられることを渋々ながら受け入れたにとどまるものであるから、上告人において、本件措置による影響につき事業主から適切な説明を受けて十分に理解した上でその諾否を決定し得たものとはいえず、上告人につき……自由な意思に基づいて降格を承諾したものと認めるに足りる合理的な理由が客観的に存在するということはできないというべきである。」

　従来は、対象者からの承諾を得れば良いとの考えが支配的であり、周囲の圧力に押されて「渋々ながら受け入れた」ような場合でも問題ないとされていたと思いますが、それでは足りず、「自由な意思に基づいて降格を承諾したものと認めるに足りる合理的な理由が客観的に存在する」必要があることが明確になったわけです。

### (4)　②の例外（業務上の必要性）について

　前記（2）の②の例外についても、最高裁は次のように判示しています。
「上告人は、……妊娠中の軽易業務への転換としての……リハビリ科への異動を契機として、本件措置により管理職である副主任から非管理職

第2章 ハラスメントに関する事件簿　｜　105

の職員に降格されたものであるところ、リハビリ科においてその業務につき取りまとめを行うものとされる主任又は副主任の管理職としての職務内容の実質及び同科の組織や業務態勢等は判然とせず、仮に上告人が自らの理学療法士としての知識及び経験を踏まえて同科の主任とともにこれを補佐する副主任としてその業務につき取りまとめを行うものとされたとした場合に被上告人の業務運営に支障が生ずるのか否か及びその程度は明らかではないから、上告人につき軽易業務への転換に伴い副主任を免ずる措置を執ったことについて、被上告人における業務上の必要性の有無及びその内容や程度が十分に明らかにされているということはできない。

　そうすると、本件については、被上告人において上告人につき降格の措置を執ることなく軽易業務への転換をさせることに業務上の必要性から支障があったか否か等は明らかではなく、……本件措置により上告人における業務上の負担の軽減が図られたか否か等も明らかではない一方で、上告人が本件措置により受けた不利な影響の内容や程度は管理職の地位と手当等の喪失という重大なものである上、本件措置による降格は、軽易業務への転換期間の経過後も副主任への復帰を予定していないものといわざるを得ず、上告人の意向に反するものであったというべきであるから、本件措置については、被上告人における業務上の必要性の内容や程度、上告人における業務上の負担の軽減の内容や程度を基礎付ける事情の有無などの点が明らかにされない限り、……均等法9条3項の趣旨及び目的に実質的に反しないものと認められる特段の事情の存在を認めることはできないものというべきである。

　したがって、これらの点について十分に審理し検討した上で上記特段の事情の存否について判断することなく、原審摘示の事情のみをもって直ちに本件措置が均等法9条3項の禁止する取扱いに当たらないとした原審の判断には、審理不尽の結果、法令の解釈適用を誤った違法がある。」

**図 5-2　広島の病院におけるマタハラ事案に対する最高裁の判決**

## 2014年10月23日の最高裁判所判決のポイント

◎妊娠中の軽易業務への転換を「契機として」降格処分を行った場合

| 原則 | 男女雇用機会均等法に違反（妊娠中の軽易業務への転換を「理由として」降格したと解される） |

**例外①**
- 軽易業務への転換や降格により受ける有利・不利な影響、降格により受ける不利な影響の内容や程度、事業主による説明の内容等の経緯や労働者の意向等に照らして、労働者の自由な意志に基づいて降格を承諾したものと認めるに足りる合理的な理由が客観的に存在するとき

**例外②**
- 降格することなく軽易業務に転換させることに業務上の必要性から支障がある場合であって、
- その必要性の内容・程度、降格による有利・不利な影響の内容・程度に照らして均等法の趣旨・目的に実質的に反しないと認められる特段の事情が存在するとき

## 差戻審の判断

　最高裁はこのような理由を挙げて原判決を破棄し、広島高裁に差し戻しましたが、その後、2015年11月17日、広島高裁は、降格の必要性や、特段の事情があったとは言えないとし、「使用者として、女性労働者の母性を尊重し職業生活の充実の確保を果たすべき義務に違反した過失（不法行為）、労働法上の配慮義務違反（債務不履行）があるというべきであり、その重大さも不法行為又は債務不履行として民法上の損害賠償責任を負わせるに十分な程度に達している。」として、病院側に約175万円の支払いを命じています。

## 最高裁判所判決を受けた国の動き

　厚生労働省は、2014年10月23日の最高裁判決を受け、直ちにマタハラ指導の強化に動きました。2015年1月23日には、厚生労働省雇用均等・児童家庭局長名で、均等法と育児・介護休業法の解釈通達を改正し、全国の労働局に雇用主への指導を強めるよう指示しました。つまり、改正

後の解釈通達では、妊娠・出産、育児休業等を「契機として」不利益な処分を行った場合、原則として、均等法、育児・介護休業法に違反するとし、その「契機として」については、「基本的に当該事由が発生している期間と時間的に近接して当該不利益取扱いが行われたか否かをもって判断する」としたのです。妊娠・出産と時間的に近接して解雇・降格等の不利益な取り扱いがあれば、因果関係があるとして、原則、違法となるとしているわけです。

図5-3　均等法と育児・介護休業法の解釈通達が改正された

## 解釈通達（雇用均等・児童家庭局長）のポイント

◎妊娠・出産、育児休業等を「契機として」不利益取扱いを行った場合

**原則** 男女雇用機会均等法、育児・介護休業法に違反（妊娠・出産、育児休業等を「理由として」不利益取扱いを行ったと解される）

「契機として」は基本的に時間的に近接しているか否かで判断

**例外①**
▶ 契機とした事由又は当該取扱いにより受ける有利な影響が存在し、かつ、当該労働者が当該取扱いに同意している場合において、
▶ 有利な影響の内容や程度が当該取扱いによる不利な影響の内容や程度を上回り、事業主から適切に説明がなされる等、一般的な労働者であれば同意するような合理的な理由が客観的に存在するとき

**例外②**
▶ 業務上の必要性から支障があるため当該不利益取扱いを行わざるを得ない場合において、
▶ その業務上の必要性の内容や程度が、法の規定の趣旨に実質的に反しないものと認められるほどに、当該不利益取扱いにより受ける影響の内容や程度を上回ると認められる特段の事情が存在するとき

　その後、厚生労働省は、この通達をさらに一歩進める新たな方針を決定しました。2015年3月27日、厚生労働省から公表された「妊娠・出産・育児休業等を契機とする不利益取扱いに係わるQ&A」では、「原則として、妊娠・出産・育休等の事由の終了から1年以内に不利益取扱いがなされた場合は『契機として』いると判断する」としたのです。つまり、1月の通達では、妊娠・出産と「時間的に近接」して解雇・降格などの不利益な取り扱いがあれば、因果関係があるとして、原則違法となるとし

ていましたが、時間的に近接するかどうか判断する期間を「1年間」と明示したわけです。

　さらに、厚生労働省は2015年5月、マタハラ問題に関する是正指導や勧告に従わない悪質企業の社名公表など指導を徹底する方針を決定し、全国の労働局に指示しています。同月末に公表された「妊娠・出産・育児休業等を契機とする不利益取扱いに係わるQ&A」では、「厚生労働大臣名での勧告書を交付しても、なお是正されない場合には、企業名を公表することとなる」と記載されています。実は、均等法30条では、企業が是正勧告に従わない場合には、厚生労働大臣は企業名を公表できると規定されていたのですが、過去に企業名が公表された例はありませんでした。しかし、上記方針どおり、同年9月4日には、勧告に従わなかった事業者名（茨城県内の医療法人）が公表されています。同医療法人では、「明日から来なくていい」「妊婦はいらない」として、妊娠した看護助手を解雇したとのことであり、メディアでも話題になりました。

　次に示すのは、2015年6月、新聞紙上に掲出された政府広報ですが、政府の積極的な姿勢が伝わってきます。

図5-4　新聞に掲載された、マタハラについての政府広報

第2章 ハラスメントに関する事件簿　｜　109

## 法改正と新たな指針～マタハラ防止措置義務

　厚生労働省は、さらに2016年3月、育児休業・介護休業の制度の見直しに係わる法改正を行っています。マタハラが近年、大きな問題となっていることに鑑みて、改正では、それらの行為を防止するため、雇用管理上必要な措置を事業主に義務付けることにしています。同年8月には、この改正を受けて、防止措置の具体的な内容につき、「事業主が職場における妊娠、出産等に関する言動に起因する問題に関して雇用管理上講ずべき措置についての指針」「子の養育又は家族介護を行い、又は行うこととなる労働者の職業生活と家庭生活との両立が図られるようにするために事業主が講ずべき措置に関する指針」などが公表されました。事業主は、2017年1月1日から、この指針に従って、マタハラ防止措置を適切に講じなければならなくなったわけです。

　指針の主な内容は以下のとおりです。

（1）事業主の方針の明確化およびその周知・啓発

　事業主は、監理・監督者を含む労働者に次の①～④のことを周知・啓発しなければなりません。①職場における妊娠、出産、育児休業等に関するハラスメントの内容や、②妊娠、出産、育児休業等に関する否定的な言動が、妊娠、出産、育児休業等に関するハラスメントの背景等になり得ること、③妊娠、出産、育児休業等に関するハラスメントがあってはならない旨の事業主の方針、④妊娠、出産、育児休業等に関する制度の利用ができること。また、妊娠、出産、育児休業等に関するハラスメントの行為者については、厳正に対処する旨の方針およびその対処の内容を、就業規則等の文書に規定し、監理・監督者を含む労働者に周知・啓発することも必要となります。

（2）相談（苦情を含む）に応じ、適切に対応するために必要な体制の整備

労働者からの相談（苦情を含む）に応じ、適切に対応するため、妊娠、出産、育児休業等に関するハラスメントの相談窓口をあらかじめ定めるとともに、当該窓口の担当者が、相談内容や状況に応じ、適切に対応できるようにしなければなりません。また、当該窓口においては、職場における妊娠、出産、育児休業等に関するハラスメントが現実に生じている場合だけでなく、その発生の虞れがある場合や、職場における妊娠、出産、育児休業等に関するハラスメントに該当するか微妙な場合であっても、広く相談を受け付け、適切に対応する必要があります。なお、妊娠、出産、育児休業等に関するハラスメントは、セクハラやパワハラといったその他のハラスメントと複合的に生じることも想定されることから、相談窓口を定める際には、他のハラスメントの相談と、一元的に相談を受け付けることができるよう体制を整備することが望ましいとされています。

（3）職場における妊娠、出産、育児休業等に関するハラスメントに係る事後の迅速かつ適切な対応

　事実関係を迅速かつ正確に確認し、妊娠、出産、育児休業等に関するハラスメントが生じた事実が確認できた場合には、速やかに被害者に対する配慮の措置を適正に行うとともに、行為者に対し、就業規則等の規定に基づき、必要な懲戒等の措置を適正に行わなければなりません。また、再発防止に向けた措置として、当該ハラスメントに関する事業主の方針を周知・啓発するなどの措置を講じる必要があります。なお、再発防止に向けた措置は、ハラスメントが生じた事実が確認できなかった場合にも、講じなければならないとされています。

（4）職場における妊娠、出産、育児休業等に関するハラスメントの原因や背景となる要因を解消するための措置

　妊娠、出産、育児休業等に関するハラスメントの原因や背景となり得

る否定的な言動の要因の1つには、妊娠した労働者がつわり等の体調不良のため労務の提供ができないことや、労働能力が低下すること等により、周囲の労働者の業務負担が増大することにもあります。そのため、妊娠した労働者やその他の労働者の実情に応じて、業務分担の見直しや、業務の効率化を図るなど、必要な措置を講じなければなりません。なお、業務態勢の整備に加えて、人事部門等から妊娠等した労働者に対し、「妊娠等した労働者側においても、制度等の利用ができるという知識を持つことや、周囲との円滑なコミュニケーションを図りながら自身の体調等に応じて適切に業務を遂行していくという意識を持つこと」等を周知・啓発することが望ましいとされています。

（5）（1）から（4）までの措置と併せて講ずべき措置

　妊娠、出産、育児休業等に関するハラスメントに関する相談者・行為者等の情報は、その相談者・行為者等のプライバシーに属するものであることから、相談への対応や事後の対応に当たっては、それらの者のプライバシーを保護するために必要な措置を講ずるとともに、プライバシーが保護されることを周知しなければなりません。また、相談したこと、事実関係の確認に協力したこと等を理由として不利益な取り扱いを行ってはならない旨を定め、労働者に周知・啓発することも必要となります。

図5-5　事業主は厚労省の指針に従ってマタハラ防止措置を適切に講じなければならない

**事業主が職場における妊娠、出産等に関する言動に起因する問題に関して雇用管理上講ずべき措置についての指針＜概要＞**

**①** 事業主の方針の明確化及びその周知・啓発

**②** 相談（苦情を含む）に応じ、適切に対応するために必要な体制の整備

**③** 職場における妊娠、出産等に関するハラスメントにかかる事後の迅速かつ適切な対応

**④** 職場における妊娠、出産等に関するハラスメントの原因や背景となる要因を解消するための措置

**⑤** 1から4までの措置と併せて講ずべき措置

## マタハラ被害に遭った場合の対処法

　さて、これまでマタハラに関して網羅的に説明してきましたが、相談者のケースは具体的にどうでしょうか。

　このケースでは、産休や育休を取得したことに関し、不利益な取り扱いを禁止した法律に反するものと考えられます。そして、会社に妊娠や出産の報告をしたり産前産後の休業を申し出たりしたため解雇等を言い渡された場合、まずは解雇理由証明書を請求するのがよろしいかと思われます。厚労省の通達では、その理由は具体的に記載しなければならないとされていますから、そのような書面を請求してみて、自分が解雇された理由を確認することからすべてが始まるわけです。もちろん、すでに説明したように、労働基準法第19条や雇用機会均等法第9条などに明確に違反した解雇は無効となりますから、真正面から産前産後の休業を解雇理由とされることはないでしょうが、これを契機に、会社と話し合いをすることが可能となるかもしれませんし、その後の交渉における前

第2章 ハラスメントに関する事件簿　113

提資料ともなります。

　ここで問題となるのが、近時指摘されている、企業側のマタハラ隠しです。正面からマタハラに該当するような事由を記載するのではなく、「能力不足」を解雇理由にするといった手口です。ただ仮に「能力不足」などの他の理由による解雇を主張されたとしても、前述のように、妊娠・出産と時間的に近接（目安として1年間）して、解雇・降格等の不利益な取り扱いがあれば、原則、違法となるとされています。また、その要件に該当しない場合でも、解雇は合理的な理由と社会通念上の相当性が必要とされますので（労働契約法第16条）、具体的にどのような能力が不足していたと評価されたのか、その評価はどのような事実から導き出されたのかなどの説明を求めていき、不当な解雇であることを主張して争っていくことも可能です。

　いずれにしても難しい話になりますので、1人で悩まずに、まずは、都道府県労働局等の公的機関などに相談してみるのが肝要です。また、大きな会社では内部に相談部門を設けているところもありますので、そこに相談してみることも考えられます。それでも埒があかない場合は弁護士などの専門家に相談することになるかと思います。

## 「妊娠したら退職」という古き慣例にとらわれずに

　筆者のクライアント企業でも、産休・育休から復帰した後に、子どもを育てながら、以前以上に華々しく活躍している女性をたくさん見ることができます。日本で、今後、少子高齢化がますます進展し、人口減少社会を迎える以上、日本企業が、我が国最大の潜在力である女性の力を最大限発揮させるための取り組みを、真剣に実践していかなければならないことは言うまでもありません。各企業においては、これまで説明してきたさまざまな法規制を十分に認識して、「妊娠したら退職」「寿退社」というような古き慣例にとらわれずに、積極的な対応を取ることが望ま

れます。

## パタニティーハラスメント

近時は、マタハラにとどまらず、男性の育児参加を妨げる事象が、パタハラ（「パタニティー（父性）ハラスメント」）と呼ばれ注目されつつあります。最後に、この点についても簡単に解説しておきましょう。

パタハラとは、男性の労働者が育児休業を取ったり、育児支援のための短時間勤務やフレックス勤務をしたりすることを妨害したり嫌がらせしたりする行為のことで（降格等不利益な取り扱いや育児参加を否定するような言動も含みます）、マタハラの男性版として使われるようになった言葉です。

パタハラの内容として多いのは、次のようなケースです。

・子育てのための制度利用を認めてもらえなかった。

・子育てのために制度利用を申請したら上司に「育児は母親の役割」「育休を取ればキャリアに傷がつく」などと言われた。

・子育てのための制度利用をしたら嫌がらせをされた。

このようなケースが横行する一方で、法律の整備は着実に進んでいます。2010年6月30日に施行された「改正育児・介護休業法」では、父親も子育てをできる働き方の実現（父親の育児休業の取得促進）のために、①父母がともに育児休業を取得する場合の休業可能期間の延長、②出産後8週間以内の父親の育児休業取得の促進、③労使協定による専業主婦（夫）除外規定の廃止がなされました。

①は「パパ・ママ育休プラス」と言われるもので、それまでは、父親も母親も、子どもが1歳に達するまでの1年間育児休業を取得可能だったのですが、母親だけでなく父親も育児休業を取得する場合に、休業可能期間が1歳2か月に達するまで（2か月分は父親のプラス分）に延長されました。その結果、母親が育児休業を終えて、職場復帰で大変な時期に、

第2章 ハラスメントに関する事件簿　115

父親が育児休業を取ることで、協力して子育てをするような対応が可能となりました。

　②は、妻の出産後8週間以内に父親が育児休業を取得した場合、特例として、育児休業の再度の取得を認めることとして、出産後8週間以内に父親が育児休業を取得し易いようにしました。

　③は、改正前までは、労使協定により、配偶者が専業主婦であれば育児休暇の取得を不可とすることが可能だったのですが、この規定を廃止し、すべての父親が必要に応じて出産後8週間以内であれば育児休業を取得することができるようにしました。

　なお、育児・介護休業法では、上記改正前から、男性の仕事と子育て両立の支援制度として、ほかにも、④3歳に達するまでの子を養育する労働者は短時間勤務を申請可能、⑤小学校就学前までの子を養育する労働者が請求した場合、1年150時間を超える時間外労働を制限、⑥小学校就学前までの子を養育する労働者が請求した場合、22時から5時の深夜業を制限、⑦小学校就学前までの子が1人であれば年5日、2人以上であれば年10日を限度として看護休暇付与を義務付け、⑧労働者を転勤させる場合、育児の状況についての配慮義務、などが設けられています。

　このように、制度的には、育児休暇を取得し易い状況となり、男性の育児への参加意欲も高まっているにも関わらず、男性の育児休暇取得はそれほど進んでいません。その大きな要因の1つとして、パタハラの問題があると指摘されています。連合が、2013年に実施した調査では、調査対象となった子供がいる働く男性のうち、12％がパタハラ被害の経験があると回答しています。これは、男性の育児休暇取得に対する職場の抵抗感が、日本では依然根強いことが原因であると考えられます。

　今後は、企業はもちろんのこと、仕事一筋であった一定年齢以上の管理職が、「女性活躍」と「男性の育児参画」はセットであることを理解する、つまり「イクボス」（部下の仕事と育児の両立を支援する「上司」）へと変わっていく必要があるのです。

小池東京都知事は、就任早々、都の幹部職員に対して、仕事と育児などの両立を目指す部下を支援する「イクボス宣言」を行いました。政府も、1億総活躍社会の実現に向けて、男性の育児休業取得率を2020年までに13％に引き上げる目標を掲げています。今後、こうした動きが、広がっていくものと思われます。

　企業は、男性の育児参画に対する価値観が変わりつつあることを認識せず、職場に、旧来からの意識が蔓延している状況を放置すること自体が、大きなリスクであることを十分に認識すべきです。時代の変化にきちんと対応していかないと、かつて、一部の企業が社内におけるセクハラやパワハラを原因として、社会から批判され大きなダメージを受けたのと同様の事態を、マタハラばかりでなく、パタハラによっても引き起こしかねないということを肝に銘じるべきと思います。

第2章 ハラスメントに関する事件簿　117

# 3

第3章 時間外労働に関する事件簿

# CASE6
## 話題のブラック企業、自分の会社がそう言われないためには？

【相談】

　私は、飲食店チェーン運営会社の人事部に在籍しています。会社の業績は順調に推移しており、上場（IPO）も視野に入れ全社一丸となって頑張っています。今年も数店舗開店しようと計画しているのですが、新規社員の採用がうまくいきません。最近、飲食店業界関係者との会合でも、飲食業界にはブラック企業が多いとの噂があって、社員やアルバイトの採用が難しくなっているという話題が出るようになっています。社員やアルバイトの求人に応募する学生が、応募先企業の情報をネットで収集する時代ですし、ブラック企業かどうかを見極める際もネット情報が極めて大きな判断材料となっているようです。

　2013年にブラック企業大賞を受賞した居酒屋を運営するワタミや、2012年にブラック企業大賞の「ありえないで賞」となった牛丼屋チェーンの「すき家」を運営するゼンショー、2015年のブラック企業大賞にノミネートされた居酒屋の日本海庄やを運営する大庄などの影響からか、飲食店業界にはブラック企業が多いという情報がネットに溢れており、飲食店業界には悪いイメージがついてしまっているようです。ワタミなどは、以前は、志の高い社長が率いている優良企業のイメージでしたが、今やブラック企業の代名詞のように扱われ、求人しても応募が来ない、イメージ悪化による客離れで経営危機に陥った、などの話も聞きます。

　ただでさえ業界全体に悪いイメージがあるのに、万が一、当社がブラック企業の疑いなどをかけられ、ネットでそのような噂が拡散されたら一大事です。2015年には、東京労働局と大阪労働局に「過重労働撲滅特別対策班」通称「かとく」という部署も設置されたと聞きました。もし、当社が摘発などされたら、

それこそ倒産の危機にもなりかねません。ブラック企業の現状や、どういう点に注意すればブラック企業の疑いをかけられないか教えてください（実際の事例をもとに創作したフィクションです）。


## ブラック企業とは

　最近よく話題になるのがいわゆる「ブラック企業」の問題です。ここ数年、この言葉をメディアで頻繁に見かけるようになりましたが、ブラック企業は法律用語ではなく、確定した明確な定義があるわけでもありません。ウィキペディアではブラック企業について、「新興産業において若者を大量に採用し、過重労働・違法労働によって使い潰し、次々と離職に追い込む成長大企業を指す…将来設計が立たない賃金で私生活が崩壊するような長時間労働を強い、なおかつ若者を『使い捨て』るところに『ブラック』といわれる所以がある」としています。

　また、受賞結果が今やニュースにも取り上げられるほど有名になった「ブラック企業大賞」のHPでは、定義として「（1）労働法やその他の法令に抵触し、またはその可能性があるグレーゾーンな条件での労働を、意図的・恣意的に従業員に強いている企業、（2）パワーハラスメントなどの暴力的強制を常套手段として従業員に強いる体質を持つ企業や法人」としています。「ブラック企業」と認定する指標としては、長時間労働、セクハラ・パワハラ、いじめ、低賃金、コンプライアンス違反、育休・産休などの制度の不備、労組への敵対、派遣差別、派遣依存、残業代未払いなどが挙げられています。

　さらに、2013年12月、大佛次郎論壇賞を受賞した『ブラック企業−日本を食いつぶす妖怪』の著者である今野晴貴氏らが共同代表を務めている「ブラック企業対策プロジェクト」のHPでは、ブラック企業について

第3章 時間外労働に関する事件簿　121

次のように説明しています。

「『ブラック企業』という言葉はリーマンショック以降、急激に口にされるようになりました。今迄個別の事例として扱われていた若年層の鬱病・過労死・過労自殺は、ブラック企業による組織的な『若者の使い潰し』という新たな社会問題であることが明らかになっています。ブラック企業に入社する者の中では、激しい選別に伴う集団的なハラスメントや、残業代未払いの長時間労働に苦しめられ、鬱病や離職に追い込まれる人も少なくありません。」

そして、同HPでは、「こんな企業に要注意！」として、ブラック企業診断のために次のようなメルクマールを掲げています。

(1) 新規学卒社員の3年以内の離職率3割以上。

(2) 過労死過労自殺を出している。

(3) 短期間で管理職になることを求めてくる。

(4) 残業代が固定されている。

(5) 求人広告や説明会の情報がコロコロ変わる。


## 政府がブラック企業対策を宣言

以上のように、必ずしも概念が明確ではないブラック企業ですが、個々の労働条件などの具体的事象は別として、その主たる性質は「若者を使い捨てにする」という点にあるようです。そして、政府も、ブラック企業という言葉は使っていませんが、その点に着目して行動を開始しています。

2013年6月14日、日本経済の再生に向けた「3本の矢」のうちの3本目の矢である成長戦略として、「日本再興戦略-JAPAN is BACK-」が閣議決定されました。この中には、若者の活躍推進策として、「過重労働や賃金不払残業など若者の『使い捨て』が疑われる企業について、相談体制、情報発信、監督指導等の対応策を強化する」と明記されています。政府

自らが、ブラック企業対策を取ることを宣言したわけです。

　これを受けて、厚生労働省は、2013年8月8日、若者の「使い捨て」が疑われる企業等への取り組みを強化するとし、以下の3点を取り組みの柱として具体的な対策を行うことを宣言しました。

(1) 長時間労働の抑制に向けて、集中的な取り組みを行います。

(2) 相談にしっかり対応します。

(3) 職場のパワーハラスメントの予防・解決を推進します。

## 調査対象の8割が法令違反

　2013年12月17日、厚生労働省は、この取り組みの結果として、「若者の『使い捨て』が疑われる企業等への重点監督の実施状況」を発表しました。これは、無料の電話相談やハローワークなどを通じ、過重労働に関し深刻で詳細な情報が寄せられた5,111の事業所に対して、9月に立ち入り調査をした結果であり、この種の全国調査は初めての試みということです。これによると、調査した事業所のうち約8割に法令違反があり是正勧告書が交付されたようです。違反で最も多いのは「違法な時間外労働」の2,241事業所（43.8％）で、次に「賃金不払いの残業」（23.9％）となっています。この調査は、そもそも問題を指摘された事業所に対するものであり、違反が指摘される可能性が高いのは当然かもしれませんが、法令違反企業が8割という結果には驚かされます。

　違反問題等の主な事例としては次のようなケースが挙げられています。

(1) 長時間労働等により精神障害を発症したとする労災請求があった事業場で、その後も月80時間を超える時間外労働が認められた事例。

(2) 社員の7割に及ぶ係長職以上の者を管理監督者として取り扱い、割増賃金を支払っていなかった事例。

(3) 営業成績等により、基本給を減額していた事例。

(4) 月100時間を超える時間外労働が行われていたにもかかわらず、健

第3章 時間外労働に関する事件簿　　123

康確保措置が講じられていなかった事例。

(5) 36協定で定めた上限時間を超え、月100時間を超える時間外労働が行われていた事例。

(6) 労働時間が適正に把握できておらず、また、算入すべき手当を算入せずに割増賃金の単価を低く設定していた事例。

(7) 賃金が約1年にわたる長期間支払われていなかったことについて指導したが、是正されない事例。

このように、問題を指摘された具体的事例にはさまざまなものがありますが、これらの中からいくつか典型的なものを取り上げて、説明していきたいと思います。なお、さきほど、ブラック企業には明確な定義はないと説明しましたが、各事例を見れば明らかなように、ブラック企業とは、個別の労働法上の時事問題として一般的に取り上げられる典型的な法令違反を、意図的かつ継続的に引き起こしている企業全般を指すものと理解することもできると思います。

## 違法な時間外労働

前記ケースの(1)、(4)、(5)などが該当します。

前述の厚生労働省による立ち入り検査において、最も多く違反が認められたのは、「違法な時間外労働」でした。2,241の事業所で違法な時間外労働が認められ、各事業所内で時間外・休日労働時間が最長の者を確認したところ、1,230事業場で1か月80時間を超え、そのうち730事業場では1か月100時間を超えていたと報告されています。土曜・日曜を休んでいたとすると毎日5時間程度の残業をしていた計算になります。

労働時間に関しては、労働基準法上、従業員を就労させることのできる時間的限界が設定されており、また、かかる時間的限界を超えた場合や深夜に労働をさせた場合には「割増賃金」を支払わなければならないものとされています。つまり、企業は原則として1週間に「40時間」を

超えて労働させてはならず、1週間の各日については、1日に「8時間」を超えて労働させてはならないとされています。休日については、原則として「毎週少なくとも1回以上」でなければなりません。加えて、企業が労働時間を延長する、もしくは休日や深夜の時間帯（午後10時から午前5時までの間）に労働をさせた場合には、通常の労働時間または労働日の賃金に一定の割増率を乗じた割増賃金（いわゆる残業代）を支払わなければならないこととされています。そして、企業が労働者に対し、時間外・休日労働を行わせるためには、時間外・休日労働が労働基準法上適法化されるように、いわゆる「36協定（サブロク協定）」を締結するなどの必要があります。つまり、36協定がなければそもそも残業を命じることはできません。

　もちろん、36協定でも無制限に残業を認めるわけではなく、一定の制限が設けられています。たとえば、1か月の限度時間は45時間と定められています。ただし、臨時に限度時間を超えて時間外労働を行わなければならない特別の事情が予想されるような場合には、「特別条項付き協定」を結ぶことにより、限度時間を超える時間を延長時間とすることができることになっています。この特別条項は、まさに特別な条項であって、従来の限度時間を超えることが恒常的ではなく一時的・突発的に時間外労働を行わせる必要のある場合に限られるのですが、近時、この制度の濫用も指摘されています。

　ケース（1）では、36協定の特別条項の上限時間を超え、最も長い者で月80時間を超える時間外労働が認定されています。同様に、ケース（5）でも、36協定の上限時間を超え、正社員では最も長い者で月84時間の時間外労働が行われており、またパート社員の中には月170時間もの時間外労働を行っていた者もいたことが認定されています。なお、労働安全衛生法は、長時間にわたる労働により疲労の蓄積した労働者に対し、事業者は、医師による面接指導を実施することを義務付けています。時間外休日労働時間が 1か月あたり100時間を超え、かつ疲労の蓄積が認め

られる者に対し、面接指導が必要ということで、ケース（4）では、そういった施策が講じられていませんでした。

冒頭で紹介した「ブラック企業対策プロジェクト」のHPで、ブラック企業の見分け方の1つに挙げられている、「過労死過労自殺を出している」との点ですが、企業がきちんと前述の規制を順守していれば、本来、社員に過労死や過労自殺が出ることなどは考えにくいわけです。

## 「名ばかり管理職」で残業代支払いを免れる

前述した厚生労働省による立ち入り調査では、「賃金不払いの残業」も多数を占めています。企業によっては、単に残業代を支払わないという単純な違法行為をするのではなく、より巧妙な手段を取るところもあります。たとえば、ケース（2）（「社員の7割に及ぶ係長職以上の者を管理監督者として取り扱い、割増賃金を支払っていなかった」）は、いわゆる「名ばかり管理職」によって残業代の支払いを免れる手法です。

労働時間、休憩および休日に関する労働基準法上の規制は、「監督若しくは管理の地位ある者」や「監視又は断続的労働に従事する者」などには適用がありません。多くの人が認識している「管理職には残業代を支払わなくて良い」という制度です。

ただ、厚生労働省通達は、そのような管理職について「部長、工場長等労働条件の決定その他労務管理について経営者と一体的な立場にある者であって、労働時間、休憩及び休日に関する規制の枠を超えて活動することが要請されざるを得ない、重要な職務と責任を有し、現実の勤務態様も、労働時間等の規制になじまないような立場にある者」とし、対象を厳しく限定しています。「管理職」であるかどうかの判断は、資格や職位の名称にとらわれることなく、職務内容、責任と権限、勤務態様に着目した実質で行われます。マクドナルド判決（東京地裁・2008年1月28日）が判示するように、「企業経営上の必要から、経営者との一体的な

立場において、労働基準法の労働時間等の枠を超えて事業活動すること
を要請されてもやむを得ないものといえるような重要な職務と権限を付
与されていると認められない」限り、企業は残業代を支払わなければな
らないのです。過去の裁判例では、「支社長」の肩書を持つ社員について
管理監督者該当性を否定したものすらあるのです。

　ケース（2）のように、正社員の7割程度を占める係長職以上の労働者
（その半数程度が20歳代でした）を管理監督者として取り扱って、時間
外労働に係る割増賃金を支払わないというのは、まさに「みなし管理職」
の典型と思われます。「ブラック企業対策プロジェクト」のHPが掲げた
ブラック企業の基準である「短期間で管理職になることを求めてくる」
は、上記の点に着目して設定されたものなのです。

## 「年俸制度」や「みなし残業代」を悪用する例も

　企業が年俸制度を採用し、「時間外、休日、深夜の割増賃金が年俸の中
に当然に含まれている」と主張するケースもあります。

　年俸制とは、年換算で賃金額を決定する賃金体系のことを意味し、特
段の定めがなければ、年俸額はあくまでも就業規則に定められた所定労
働時間分の対価にすぎず、いくら働いても年俸額ですべてカバーされる
という制度ではありません。企業が、労働者の誤解につけ込み、違法で
あることを認識した上でそのような運用をしているとすれば、「ブラック
企業対策プロジェクト」HPでの基準である「残業代が固定されている」
に該当していると思われます。なお、最近よく見受けられる「みなし残
業代」もこれと同様に考えられます。

　みなし残業代とは、給料の中に「月25時間までの残業代を含む」等の
規定を設けておくことにより、企業としては、決められた時間までの残
業代の支払いが不要になるという制度です。この制度によれば、企業は
決められた時間までは面倒な残業代の計算をしなくて済みますし、従業

員は、所定時間までの残業をしなくても残業代をもらえることになって、双方に利益があるとも評価できます。他方、所定時間を超えても企業が精算しない（超過時間分に該当する残業代を支払わない）とすれば、これも「残業代が固定されている」に該当していることになります。

## 職場のパワーハラスメント

　前述した厚生労働省による、若者の「使い捨て」が疑われる企業等への取り組みを強化するとの宣言の中で、長時間労働の抑制に向けての集中的な取り組みを実施すること以外に、「職場のパワーハラスメントの予防・解決を推進」することも掲げられています。そして、厚生労働省は、重点監督を実施した事業場に対して、パワーハラスメント対策の必要性をわかりやすく説明したリーフレットを配布したり、セミナーを各地で実施したりしています。パワハラの防止は企業の重要な責務と評価できますから、パワハラが横行するような職場がブラック企業と評価されるのは当然のことかと思います。また、セクハラ、マタハラなどその他のハラスメントの問題も同様に考えられます。

## コンプライアンス違反、育休・産休などの制度の不備など

　ここまで、厚生労働省の出した宣言に基づいて、ブラック企業の特徴について解説してきましたが、ほかにも、ブラック企業大賞が指標として掲げる「コンプライアンス違反」や「育休・産休などの制度の不備」といった事由も重要です。コンプライアンス違反について言えば、たとえば、社内の不正問題について自浄作用が機能せず、企業のために不正を通報した社員が不利益を被るような企業がブラックとの疑いを持たれるのは言うまでもありません。また、「妊娠したら退職」という古い慣例にとらわれ、妊娠・出産に関する法律の保護を軽視するといった、マタハラ体質の企業についても同様かと思います。

## ネットにあふれるブラック企業という言葉

　ここまで一般にブラック企業と評価される要因について取り上げてきましたが、ほかにもさまざまな要素があり、一概には言えないと思います。冒頭でも指摘したように、そもそも明確な言葉の定義がありません。ただ、ブラック企業に共通しているのは、「若者を使い捨てにする」という視点です。そういう意味では、社員に対してハードワークを求めたり、厳しい社員教育を実施しているからといって、ただちにブラックとは評価できないことになります。どのように厳しく社員に接しても、それが社員を鍛えて成長させることを目的とする限り、「使い捨て」の批判は該当しないからです。若いうちは厳しく鍛えてもらいたいという人も少なからず存在するはずであり、外部の印象から、画一的にブラックというレッテル貼りをするのは疑問です。

　しかしながら相談者も懸念しているとおり、今やすべての学生が、就活において応募先企業の情報をネットで収集する時代であり、ブラック企業かどうかの判断には、ネット情報が極めて大きな材料となることは言うまでもありません。

　大手居酒屋チェーンを展開するワタミは、女性従業員の自殺による過労死裁判を契機に2013年度の「ブラック企業大賞」を受賞するなどした結果、2014年度の新卒社員を計画の半分しか採れず、環境改善のために国内店舗の1割を閉鎖するまでに追い込まれました。ワタミという名前でネット検索すると、今でもブラック企業というキーワードと関連するサイトが数多く現れます。すでに、女性従業員の遺族との間の裁判で和解が成立し、代表者が遺族に対し謝罪をしてから相当の時間が経過しているわけですが、1度、ブラック企業に関連する記事がネットにあふれてしまうと、それらを検索上位から排除するには時間がかかるということです。さらに言えば、1度染みついてしまった企業イメージを払拭するには、さらに多くの時間が必要だということかと思います。

図6-1 裁判では和解、しかし「ブラック」との評価は消えない（朝日新聞、2015年12月9日）

　他方、ネット上の情報が必ずしも正しくないことも事実であり、匿名掲示板や口コミサイトなどでは、ブラック企業という便利な言葉が無責任に利用され、特定企業について事実無根の情報が流されて問題となったりもしています。

　相談者としては、ネット上でブラック企業というレッテルを貼られないようにするために、まず、前述の厚生労働省が実施した調査で明らかになった類いの法律違反を絶対にしないよう心がけて、ブラック企業と噂されるきっかけを作らないことが不可欠です。

## 厚生労働省によるブラック企業対策

　近時、ブラック企業という言葉は社会にすっかり浸透し、企業も、自社についてそのような噂が出ないように気をつけています。外から見る限り、具体的にどの企業がブラック企業かは不透明であり、毎年話題になっている「ブラック企業大賞」での情報や、口コミサイト、ニュース報道などに頼らざるを得ませんでした。

　そうした中、2015年5月に、厚生労働省が発表した、従業員に過酷な労働を強いるブラック企業への対策が注目を集めています。これは、一定の条件に当てはまる問題のある企業については、従来の取り扱いよりも早期に企業名を公表するというものです。

　従来、企業が長時間労働で法律に違反した場合、労働基準監督署が是正を勧告し、それでも従わない悪質な企業に限って書類送検して、社名を原則公表していました。労働基準監督署の監督官は、労働基準法101条で「事業場、寄宿舎その他の附属建設物に臨検し、帳簿及び書類の提出を求め、又は使用者若しくは労働者に対して尋問を行うことができる」とされています。この規定に基づいて、労働基準監督官は、定期的に事業場に法律違反の事実の有無を調査するために臨検することもありますし、労働者からの法律違反の事実申告に基づいて臨検することもあります。労働基準法104条は「事業場に、この法律に基づいて発する命令に違反する事実がある場合においては、労働者は、その事実を行政官庁又は労働基準監督官に申告することができる」とも規定しています。そして、その結果、法律に違反する事実があれば、労働基準監督官は、是正勧告をすることとなります。

　是正勧告は、是正勧告書という書面を交付することによってなされますが、そこには、是正すべき違反事実と是正期日が記載されます。ただ、是正勧告は、行政処分ではなく行政指導ですので、それ自体に強制力はありません。しかし、労働基準法102条は「労働基準監督官は、この法律

第3章 時間外労働に関する事件簿　131

違反の罪について、刑事訴訟法に規定する司法警察官の職務を行う」と規定されており、是正命令に従わない場合には、労働基準法違反の事実が、労働基準監督官によって検察官に送致され、刑事罰に問われる可能性や、事案によっては労働基準監督官が自ら逮捕することもありますので、是正命令に従うのが一般的です。

　厚生労働省によると、2013年に労働基準監督署が是正勧告をした件数は11万2,873件ありましたが、書類送検された件数は1,043件であり、是正勧告の件数の1％にも満たない状況です。したがって、従来は、是正勧告に従ってさえいれば、何度、是正勧告を受けても社名が公表されることは事実上ありませんでした。つまり、残りの99％である11万社余りに上る企業の名前は、世間の目に触れることもなく見過ごされてきたわけです。

　2015年4月から東京、大阪の両労働局内に設置された「過重労働撲滅特別対策班」（いわゆる「かとく」）が、同年7月、靴の販売チェーン「ABCマート」の一部の店舗で、従業員4人に月100時間前後の残業をさせていたとする労働基準法違反の疑いで、法人としてのエービーシー・マートと、労務担当取締役および店舗責任者2人の計3人を東京地検に書類送検したとのニュースが注目を集めました（その後、法人としての同社は罰金50万円となり、同社の労務担当役員ら3人は「事実を認め反省している」との理由で不起訴処分となっています）。その際の報道によれば、同社に対しては、東京労働局が過去に同社店舗で長時間残業が横行しているとして是正勧告をしていたにも拘らず、これまで企業名は公表されてきませんでした。

　このように、違法な長時間労働を繰り返す企業が多く存在する現状に鑑み、そのような労働を強いることを広範に行っている場合には、企業名を早期に公表する新たな基準を厚生労働省が発表するに至ったわけです。企業名を公表してでも食い止め、長時間労働を削減していこうという強い決意の現れということです。

**図6-2　社名が公表されたエービーシー・マート（読売新聞、2015年7月3日）**

> # ABCマート　書類送検
> ### 東京労働局　違法残業の疑い
>
> 靴販売チェーン「ABC／マート」の9店舗で社員4人に違法な残業をさせたとして、東京労働局過重労働撲滅特別対策班は2日、運営会社「エービーシー・マート」（東京都渋谷区）と労務担当役員（51）ら3人を労働基準法違反容疑で東京地検に書類送検した。
>
> 東京労働局によると、同社は昨年4〜5月、「Grand Stage池袋店」（東京都豊島区）で男性社員2人を、同法が定める労働時間の上限（週40時間）を超えて働かせ、「ABC-MART原宿店」（渋谷区）でも男女社員2人を、労使協定で定めた残業時間（月79時間）を超えて残業させた疑い。

## 新基準の概要および具体的内容

　新基準の概要は、「長時間労働に係る労働基準法違反の防止を徹底し、企業における自主的な改善を促すため、社会的に影響力の大きい企業が違法な長時間労働を複数の事業場で繰り返している場合、都道府県労働局長が経営トップに対して、全社的な早期是正について指導するとともに、その事実を公表する」というものです。そして、都道府県労働局長による指導・公表の対象とする基準は、(1)「社会的に影響力の大きい企業」であること、かつ (2)「違法な長時間労働」が「相当数の労働者」に認められ、このような実態が「一定期間内に複数の事業場で繰り返されている」こととされています。

　(1) の「社会的に影響力の大きい企業」とは、具体的には、複数の都道府県に事業場を有している企業であって、中小企業基本法に規定される中小企業者に該当しないものであることとされています。

　(2) の「違法な長時間労働」とは、具体的には、①労働時間、休日、割増賃金に係る労働基準法違反が認められ、かつ②1か月当たりの時間外・休日労働時間が100時間を超えていることとされています。「相当数の労

働者」とは、具体的には、1箇所の事業場において、10人以上の労働者
または当該事業場の4分の1以上の労働者において、「違法な長時間労働」
が認められることとされています。「一定期間内に複数の事業場で繰り返
されている」というのは、具体的には、おおむね1年程度の期間に3か所
以上の事業場で「違法な長時間労働」が認められることとされています。

　これらの基準に該当すれば、前述のエービーシー・マートのように書
類送検を待つまでもなく、行政指導である是正勧告の段階で、企業名を
公表できることになります。企業にとって、この基準で社名を公表され
ると、まさに「ブラック企業」として世間に認知されてしまうことにな
り、企業イメージの悪化や人材確保が困難になることなどが予想されま
す。社名を公表されたくないならば、本気で改善せよという、企業に対
する強力なプレッシャーとなることが期待されるわけです。

## 新基準に期待

　先述のワタミは、従来の基準では厚生労働省の企業名公表の対象には
なっていませんでした。しかし、2014年1月に公表された「外部有識者に
よる業務改革検討委員会の調査報告書」において、2008年4月から2013
年2月までの間に労働基準監督官から24件の是正勧告、17件の指導票が
発出されていたと報告されています。また、それらの是正勧告書による
と、「労働者時間外労働協定における1日の限度時間を超えて労働者に対
して時間外労働を行わせたこと」「時間外労働協定の特別条項における月
の特別延長時間を超え、かつ、特別延長時間まで労働時間を延長できる
回数を超えて時間外労働を行わせたこと」「労働時間が8時間を超える場
合において、少なくとも1時間の休憩時間を労働時間の途中に与えてい
ないこと」「深夜業に常時従事する労働者に対して、6月ごとに1回、定
期に健康診断を実施していないこと」「法定時間外労働となる当該時間外
労働に対して2割5分又は5割以上の率で計算した割増賃金を支払ってい

ないこと」といった事項が指摘されていたとのことです。

　また、牛丼チェーン店すき家を運営するゼンショーの親会社かつ持株会社であるゼンショーホールディングスも、2014年度のブラック企業大賞で「要努力賞」を受賞していますが、従来の基準では厚生労働省の企業名公表の対象にはなっていませんでした。しかし、2014年7月に発表された「『すき家』の労働環境改善に関する第三者委員会の調査報告書」によれば、2012年度には13通、2013年度には49通の是正勧告書を受けていたということです。特に、「時間外労働に関する協定の限度時間を超えて労働させていること」が2012年度には12件、2013年度には33件も指摘されていました。

　ワタミにしてもゼンショーホールディングスにしても、従来の基準においては企業名公表の対象にはなっていませんでした。もちろん公表された事実だけからは、今回の基準における要件を充足していると断定できませんが、新基準では、是正勧告の段階で企業名が公表される可能性が高くなることは間違いなく、問題のある企業の実態がより早期に明らかになると考えられます。

　たびたび指摘しているように、ブラック企業と認定されてしまうと経営に大きな影響が出る可能性があることから、多くの企業では、企業名を公表されないよう労働環境を少しでも改善していこうという意欲が出てくると考えられます。この企業名公表が、今後、相当の効果を発揮することを期待したいものです。

## 「かとく」の活躍に期待

　企業名を公表されると、ブラック企業として世間に認知され、前述のワタミの例のようにイメージ悪化から人材確保が困難になるばかりか、業績にまで深刻な影響を受けることになりかねないリスクがあります。それを避けるため、違法な長時間労働を、今まで以上に隠蔽する企業が出

てくる可能性もあることから、労働基準監督官の増員や調査能力の向上が期待されています。特に、違法な過重労働を強いる企業の中には、パソコンに保存された労働時間のデータを改ざんするなど、悪質なケースも多いとのことであり、それに対応するための高度な捜査技術が必要となってきます。

エービーシー・マートの書類送検で一躍世間の注目を集めた、過重労働撲滅特別対策班、通称「かとく」では、専門機器を用いてデータの解析を行い、過重労働が認められる企業などに対する監督指導や検査を行っていくということです。エービーシー・マートの案件が、「かとく」による初めての書類送検でした。今後、今回の基準による企業名公表を含む加重労働対策において、大いに活躍が期待されるところです。

「かとく」による書類送検を受けて、エービーシー・マートは、「厚労省がブラック企業対策に乗り出して以来、初の書類送検事案であり、36協定違反という極めて基本的な法規範に対する違法行為であることから」として、2015年のブラック企業大賞にノミネートされています。

## 大阪でも「かとく」による書類送検

2015年8月には、大手セルフ食堂「まいどおおきに食堂」や「串家物語」などの飲食店の運営を手掛けているフジオフードシステムが、従業員に違法な長時間労働をさせ、残業代の一部を支払っていなかった疑いが強まったとして、大阪労働局は、労働基準法違反の疑いで、法人としての同社と店長ら16人を書類送検しています。同社は、2014年1月から3月、大阪府内と京都市内の計17店舗で働く正社員とパート計19人に対し、時間外労働（残業）の労使協定の限度時間を、最大で月88時間超えて労働させ、さらに、このうち正社員2人については、割増賃金（残業代）計約27万円を支払わなかったとされています。

これが、大阪労働局の「かとく」が書類送検した初の事案となります。

136　第3章 時間外労働に関する事件簿

フジオフードシステムは、「厚労省がブラック企業対策に乗り出して以来、大阪で初の書類送検、是正指導を受けても繰り返し長時間労働や割増賃金の不払いを続けていたため」として、エービーシー・マートと同様に、2015年ブラック企業大賞にもノミネートされました。

## 「かとく」の活躍が今後も続く？

　2016年1月には、ディスカウント大手のドン・キホーテが従業員に違法な長時間労働をさせたとして、東京労働局は、同社役員8人と同社を労働基準法違反の疑いで書類送検しています。この事案は、東京労働局の「かとく」により書類送検された2件目の事案となります。発表などによると、同社は2014年10月から2015年3月にかけ、都内5店舗の従業員6人に違法残業をさせた疑いが持たれており、労使協定で定めた「3か月120時間」を超える残業をさせ、最長では415時間45分の時間外労働があったということです。

　さらに、電通の新入社員が2015年12月に過労自殺した問題を受け、東京労働局は、2016年11月7日、労働基準法違反の疑いで、東京都港区の電通本社などを強制捜査しましたが、その際に捜査に入ったのも東京労働局の「かとく」でした。今後も、こうした重大事件において、「かとく」が活躍する場面を目にする機会が増えていくと思います。

　厚生労働省は、「かとく」が東京労働局、大阪労働局にしか設置されていない現状に鑑み、今後、すべての労働局に、長時間労働に関する監督指導等を専門に担当する「過重労働特別監督管理官」（仮称）を各1名配置する方針を打ち出しています。つまり、「かとく」の機能を全都道府県に拡大していくということです。

　「かとく」によって書類送検などされた場合、エービーシー・マートやフジオフードシステムの例を見ても、ブラック企業大賞にノミネートされてブラック企業というレッテルを貼られる可能性が高まることは確実

第3章 時間外労働に関する事件簿　137

です。ワタミの例を見ても、1度植え付けられた企業イメージを解消することは容易ではありません。電通は、就職人気企業ランキング上位の常連企業であり、おそらくマイナスの印象はそれほど持たれていなかったと思いますが、事件を契機に就活学生の評価がどのように変化するのか注目したいところです。

　相談者としては、ブラック企業というレッテルを貼られないようにするために、間違っても「かとく」に書類送検されることなどないよう、労働法制の遵守に努めるのは当然のことです。さらに、法律違反をしないだけでなく、ブラック企業と噂されている企業で世間から問題視されている行為や状況を日々チェックして、それらの要素を極力排除するように努めることも必要です。

　また、どんなに外部に対して体裁を整えても、実際に中で働く社員が、自分の職場をブラックと思っていたのでは意味がありません。連合のシンクタンクである「連合総合生活開発研究所」が実施した、民間企業に勤める会社員2,000人を対象としたアンケート調査（2016年10月）によると、自分の勤務先がブラック企業と考えている人が、3年前の前回調査と比べて7.4％も上昇し、全体の14.6％に及ぶことがわかりました。この傾向は、若い世代ほど高いとのことです。相談者自身も含めて、実際に働いている社員各人が、自分の職場をブラックではないと胸をはって言える職場環境作りがまずは求められるということかと思います。

# CASE7
## 実態が伴わない"名ばかり管理職"、残業代を請求できる？

### 【相談】

　「給料が安くて、毎日、残業続き。こんな会社もう辞めたい」。今日こそは辞表を出そうと思い出社したその日、社長室に来るように言われました。先制パンチでクビを言い渡されるのか？　身構えた私を社長はニコニコ顔で出迎えたのでした。50代後半のワンマン社長は、一代で従業員50人ほどの建築資材の製造販売会社を興したやり手です。スキンヘッドに鋭い眼光のワンマン経営者の口からは、意外な言葉が飛び出しました。

　「N山君、毎日、残業続きで大変だよな。来月から主任にするから」
途中入社から5年目にしての昇進です。社の規定では主任手当として3万円が支給されます。役職は総務課主任。自分の働きぶりが認められての昇進ですから、うれしくないわけがありません。東日本大震災や熊本地震の復旧工事関連で建築資材の取引も多く、連日、午後10時過ぎまで残業でしたが、まったく苦になりませんでした。

　そして月末、給与明細書が配られました。会社では封を開かずに帰宅して妻に渡したところ、明細を見た彼女は沈黙したままです。

　「役職が付いたのに、お給料が減るなんてことがあるの」と妻。
なんと、額が増えるどころか、減っていたのです。ヒラ社員時代の給与明細と比べたところ、残業代がカットされているではありませんか。

　「納得できません」。翌日、社長に問い質したところ、「管理職には残業代は支給されないんだ。効率よく仕事をして残業しないようにすればいいだけだ」ととりつく島もありません。

　労務関係のサイトで調べたところ、確かに、管理職になると残業代が出なく

なると書いてありました。ただ、私の勤務実態はヒラのままです。他の従業員より遅く出勤したり、早く帰ったり、自由にできる訳ではありません。また、労務管理を任されることもなく、ましてや会社の経営になどまったく関与していません。

　以前、ハンバーガーチェーン「マクドナルド」の店長が、「残業代を支払わないのは違法」として会社を訴えたことを報じる新聞記事を読んだ記憶があります。私の場合、管理職として、残業代を請求することはできないのでしょうか（実際の事例をもとに創作したフィクションです）。


## 「名ばかり管理職」とは

　この「名ばかり管理職」の問題は、ファストフード大手のマクドナルドの店長が会社に対して残業代の支払いを求めて提訴したマクドナルド判決（東京地裁・2008年1月28日）で一躍世間に知られるようになりました。が、実は、そのずっと以前から問題となっていたのです。同事件から25年前の1983年7月12日には、大阪地裁が、課長職にあった者が退職後に残業代を会社に請求した事案において、当該課長としての地位の実態に着目して、会社に残業代約220万円の支払いを命じています。

　その実態はともあれ、会社から一定の役職を与えられた社員が、会社に在籍しながら残業代の支払いを求めて争うのは勇気のいる行為であって、なかなか裁判所にまで持ちこまれて争われることはありません。おそらく、名ばかりであっても「管理職」である以上は仕方ないということで、多くは黙認されてきたのだと思われます。

　しかし、マクドナルド判決以降、厚生労働省が、平成20年（2008年）4月1日付「管理監督者の範囲の適正化について」と題する労働基準局監督課長発通達（基監発第0401001号）で、管理監督者（いわゆる「管理

職」）の範囲の適正化につき、適切な監督指導を行うよう都道府県労働局長あてに通達するなどし、大手企業もその流れを受けて「名ばかり管理職」問題の是正に動くようになりました。今では、多くの企業でそのような違法状態は解消されてきていると思われます。ただ、相談者のような企業が今でも存在しているのも事実であり、その多くは、いわゆる「ブラック企業」として、ネットなどで名前が挙がっている企業ということになるかと思います。

## 労働時間に関する原則

　労働時間に関しては、労働基準法上、従業員を就労させることのできる時間的限界が設定されていて、その限界を超えた場合や深夜に労働をさせた場合には「割増賃金」を支払わなければならないとされています。一般に「残業代」と言われるものは、残業によって生じる賃金を指す言葉であって、労働基準法に定められた前述の割増賃金がこれに相当することになります。

　他方、労働時間や、休憩および休日に関する労働基準法上の規制は、「監督若しくは管理の地位ある者」や「監視又は断続的労働に従事する者」などには適用されません（労働基準法第41条）。なぜなら、これらの者はその事業や業務の特殊性から労働時間等を一律に規制することが適当でない、あるいはその必要性が乏しいと考えられるためです。そして、残業代がつかない除外規定の中でも、実務上とりわけ争われやすいのが「監督若しくは管理の地位にある者」（管理監督者）に該当するかどうかです。相談者のように、一定の肩書を与えられ、役職手当も支給されるようになった場合に、会社が、管理職に就いた以上は残業代を払わなくても構わないと主張できるかどうかが問題となるわけです。

　なお、誤解されていることが多いのですが、こうした適用除外は「労働時間、休憩及び、休日に関する規定」のみであって、深夜業の関係規

第3章 時間外労働に関する事件簿　　141

定は適用が排除されるものではありません。そのため、労働時間等の適用除外を受ける者であっても、深夜労働をさせる場合には、深夜業の割増賃金を支払わなければならないことになります（最高裁・2009年12月18日判決）。

## 管理監督者とは

前述した厚生労働省の通達では、管理監督者について、「一般的には、部長、工場長等労働条件の決定その他労務管理について経営者と一体的な立場にある者であって、労働時間、休憩及び休日に関する規制の枠を超えて活動することが要請されざるを得ない、重要な職務と責任を有し、現実の勤務態様も、労働時間等の規制になじまないような立場にある者に限定されなければならないものである。具体的には、管理監督者の範囲については、資格及び職位の名称にとらわれることなく、職務内容、責任と権限、勤務態様に着目する必要があり、賃金等の待遇面についても留意しつつ、総合的に判断することとしているところである」としています。

## 支社長代理であっても管理監督者ではないとされた判例も！

管理監督者該当性を否定した裁判例は、後に詳述するように多数存在します。たとえば、銀行の支店長代理相当の職にある者につき、通常の出勤時間に拘束されて出退勤の自由がなく労働時間について裁量権を有しないこと、また、部下の人事考課や銀行の機密事項に関与した機会が一度もなく、経営者と一体的な立場にあるとはまったく言えないことから、管理監督者には当たらないとされた例があります（静岡地裁・1978年3月28日判決）。また、会社の本社主任および工場長等であった者につき、両者に支給されていた役職手当は時間外勤務手当の基礎とされていたこと、出社、退社の勤務時間等は一般従業員とまったく変わらなかったこ

142　第3章 時間外労働に関する事件簿

と、経営者と一体的立場にあったとは言えないこと等から、管理監督者に当たらないとされた例もあります（大阪高裁・1989年2月21日判決）。

## マクドナルド判決

　さらに、話題になった裁判例として、相談者も挙げているマクドナルド判決があります。

　同判決は、当該ファストフード店の店長の権限につき、「店長は、店舗の責任者として、アルバイト従業員の採用やその育成、従業員の勤務シフトの決定、販売促進活動の企画、実施等に関する権限を行使し、被告の営業方針や営業戦略に即した店舗運営を遂行すべき立場にあるから、店舗運営において重要な職責を負っていることは明らかであるものの、店長の職務、権限は店舗内の事項に限られるのであって、企業経営上の必要から、経営者との一体的な立場において、労働基準法の労働時間等の枠を超えて事業活動することを要請されてもやむを得ないものといえるような重要な職務と権限を付与されているとは認められない」とし、また、店長の勤務態様につき、「店長は、自らのスケジュールを決定する権限を有し、早退や遅刻に関して、上司であるOC（筆者注：「オペレーション・コンサルタント」の略）の許可を得る必要はないなど、形式的には労働時間に裁量があるといえるものの、実際には、店長として固有の業務を遂行するだけで相応の時間を要するうえ、上記のとおり、店舗の各営業時間帯には必ずシフトマネージャーを置かなければならないという被告の勤務態勢上の必要性から、自らシフトマネージャーとして勤務することなどにより、法定労働時間を超える長時間の時間外労働を余儀なくされるのであるから、かかる勤務実態からすると、労働時間に関する自由裁量性があったとは認められない」としています。さらに、店長に対する処遇につき「店長の賃金は、労働基準法の労働時間等の規定の適用を排除される管理監督者に対する待遇としては、十分であるとい

い難い」と判断し、結論としては、店長は管理監督者に当たらないと判示しています。

## 厚労省の示した判断要素

この判決を受けて、厚生労働省は、「チェーン店の形態により相当数の店舗を展開して事業活動を行う企業における比較的小規模の店舗においては、店長等の少数の正社員と多数のアルバイト・パート等により運営されている実態がみられるが、この店舗の店長等については、十分な権限、相応の待遇が与えられていないにもかかわらず、労働基準法第41条第2号に規定する『監督若しくは管理の地位にある者』つまり『管理監督者』として取り扱われるなど不適切な事案も見られる」として、2008年9月9日付の「多店舗展開する小売業、飲食業等の店舗における管理監督者の範囲の適正化について」と題する労働基準局長発通達（基発第0909001号）において、店長等の管理監督者性の判断要素を示しています。この通達は、多店舗展開する小売業、飲食業等の店舗における管理監督者に関しての判断要素を示したものですが、一般企業における「名ばかり管理職」の判断要素としても参考になると考えられますので、以下に、同通達で示されている判断要素を引用しておきたいと思います。

### ●「職務内容、責任と権限」についての判断要素

店舗に所属する労働者に係る採用、解雇、人事考課及び労働時間の管理は、店舗における労務管理に関する重要な職務であることから、これらの「職務内容、責任と権限」については、次のように判断されるものであること。

（1）採用

店舗に所属するアルバイト・パート等の採用（人選のみを行う場合も含む）に関する責任と権限が実質的にない場合には、管理監督者性を否

定する重要な要素となる。

（2）解雇

　店舗に所属するアルバイト・パート等の解雇に関する事項が職務内容に含まれておらず、実質的にもこれに関与しない場合には、管理監督者性を否定する重要な要素となる。

（3）人事考課

　人事考課（昇給、昇格、賞与等を決定するため労働者の業務遂行能力、業務成績等を評価することをいう）の制度がある企業において、その対象となっている部下の人事考課に関する事項が職務内容に含まれておらず、実質的にもこれに関与しない場合には、管理監督者性を否定する重要な要素となる。

（4）労働時間の管理

　店舗における勤務割表の作成又は所定時間外労働の命令を行う責任と権限が実質的にない場合には、管理監督者性を否定する重要な要素となる。


● 「勤務態様」についての判断要素

　管理監督者は「現実の勤務態様も、労働時間の規制になじまないような立場にある者」であることから、「勤務態様」については、遅刻、早退等に関する取扱い、労働時間に関する裁量及び部下の勤務態様との相違により、次のように判断されるものであること。

（1）遅刻、早退等に関する取扱い

　遅刻、早退等により減給の制裁、人事考課での負の評価など不利益な取扱いがされる場合には、管理監督者性を否定する重要な要素となる。ただし、管理監督者であっても過重労働による健康障害防止や深夜業に対する割増賃金の支払の観点から労働時間の把握や管理が行われることから、これらの観点から労働時間の把握や管理を受けている場合については管理監督者性を否定する要素とはならない。

（2）労働時間に関する裁量

第3章 時間外労働に関する事件簿　145

営業時間中は店舗に常駐しなければならない、あるいはアルバイト・パート等の人員が不足する場合にそれらの者の業務に自ら従事しなければならないなどにより長時間労働を余儀なくされている場合のように、実際には労働時間に関する裁量がほとんどないと認められる場合には、管理監督者性を否定する補強要素となる。

（3）部下の勤務態様との相違

管理監督者としての職務も行うが、会社から配布されたマニュアルに従った業務に従事しているなど労働時間の規制を受ける部下と同様の勤務態様が労働時間の大半を占めている場合には、管理監督者性を否定する補強要素となる。


## ●「賃金等の待遇」についての判断要素

管理監督者の判断に当たっては「一般労働者に比し優遇措置が講じられている」などの賃金等の待遇面に留意すべきものであるが、「賃金等の待遇」については、基本給、役職手当等の優遇措置、支払われた賃金の総額及び時間単価により、次のように判断されるものであること。

（1）基本給、役職手当等の優遇措置

基本給、役職手当等の優遇措置が、実際の労働時間数を勘案した場合に、割増賃金の規定が適用除外となることを考慮すると十分でなく、当該労働者の保護に欠ける虞れがあると認められるときは、管理監督者性を否定する補強要素となる。

（2）支払われた賃金の総額

一年間に支払われた賃金の総額が、勤続年数、業績、専門職種等の特別の事情がないにもかかわらず、他店舗を含めた当該企業の一般労働者の賃金総額と同程度以下である場合には、管理監督者性を否定する補強要素となる。

（3）時間単価

実態として長時間労働を余儀なくされた結果、時間単価に換算した賃

金額において、店舗に所属するアルバイト・パート等の賃金額に満たない場合には、管理監督者性を否定する重要な要素となる。特に、当該時間単価に換算した賃金額が最低賃金額に満たない場合は、管理監督者性を否定する極めて重要な要素となる。

## 具体的判決における判断要素

マクドナルド判決においても、「原告が管理監督者に当たるといえるためには、店長の名称だけでなく、実質的に以上の法の趣旨を充足するような立場にあると認められるものでなければならず、具体的には、①職務内容、権限及び責任に照らし、労務管理を含め、企業全体の事業経営に関する重要事項にどのように関与しているか、②その勤務態様が労働時間等に対する規制になじまないものであるか否か、③給与（基本給、役付手当等）及び一時金において、管理監督者にふさわしい待遇がされているか否かなどの諸点から判断すべきであるといえる」としています。

また、東京地裁立川支部・2011年5月31日判決は、コンビニエンスストアのチェーン店の店長の管理監督者性が争われた事案につき、「監督若しくは管理の地位にある者（管理監督者）には、労働時間、休憩及び休日に関する規定が適用されないとされたのは、管理監督者が労働条件の決定、その他労務管理について経営者と一体的な立場にあり、その職務内容、責任及び権限等の重要性に照らして、法所定の労働時間の枠を超えて事業活動をすることが要請され、その勤務態様も労働時間等の規制になじまない立場にある一方、一般の労働者と比し、相応の賃金を受け取り、また、自らの労働時間について厳格な規制を受けず、比較的自由な裁量が認められているなどの待遇面及び勤務実態を考慮すれば、例外的に、労働時間等に関する規定を適用しなくても、過重な長時間労働を防止しようとした法の趣旨が没却される虞れが乏しいことによるものと解される」とした上で、具体的な判断要素について次のように述べてい

第3章 時間外労働に関する事件簿　147

ます。

　「原告が管理監督者に該当するか否かの判断に当たっては、上記趣旨に
かんがみ、当該労働者が職務内容、責任及び権限に照らし、労働条件の
決定、その他の労務管理等の企業経営上の重要事項にどのように関与し
ているか、勤務態様が労働時間等の規制になじまず、また、自己の出退
勤につき一般の労働者と比較して自由な裁量が認められているか、賃金
等の待遇が管理監督者というにふさわしいか否かなどの点について、諸
般の事情を考慮して検討すべきものと解する。」

## 管理監督者ではないと判断された具体的肩書き

　参考までに、管理監督者該当性を否定した裁判例を、以下に挙げてお
きますが、非常に多種多様な肩書を持った社員の管理監督者該当性が裁
判において否定されていることがおわかりいただけると思います。中に
は、「支社長」の肩書の人まで管理監督者該当性が否定されている例があ
ることには驚かれる方も多いでしょう。かように、形式的な肩書だけで
決まるのではないということを十分に認識していただきたいと思います。
・地方銀行の「個人融資部調査役補（支店長代理相当）」（静岡地裁・1978
　年3月28日判決）
・広告、販売促進およびパブリックリレーションズ等の業務を行う会社
　の「アートディレクター」（東京裁判・1984年5月29日判決）
・生コンクリートの製造販売等を事業とする会社の「主任」（大阪高裁・
　1989年2月21日判決）
・タクシー会社営業センターの「係長」と「係長補佐」（京都地裁・1992
　年2月4日判決）
・書籍等の訪問販売を主たる業務とする会社の「販売主任」（東京地裁・
　1997年8月1日）
・カラオケ店の「店長」（大阪地裁・2001年3月26日判決）

・建設会社の「現場監督」(大阪地裁・2001年7月19日判決)
・学習塾経営会社の「営業課長」(札幌地裁・2002年4月18判決)
・ホテルの「料理長」(岡山地裁・2007年3月27日判決)
・留学や海外生活体験商品の企画、開発、販売等を業とする会社の「銀座支社支社長」(東京地裁・2008年9月30判決)

## 相談内容について

　本件相談者は、「主任」の肩書をもらい、主任手当として3万円を支給されていますが、勤務実態は肩書のなかった時代と何ら変わらず、他の従業員より遅く出勤したり早く帰ったり自由にできるわけでもなく、労務管理を任されたり、会社の経営に関与したりすることはないわけであり、管理監督者該当性が否定される典型的な例かと思われます。

　相談者としては、前記のような説明を前提にして、きちんと会社と交渉し、埒があかないなら、労働基準監督署や弁護士に相談することをお勧めします。

## 厚生労働省によるチェックリスト

　厚生労働省は、管理監督者に該当するか否かの基準をチェックリストとしてパンフレットにまとめていますので、ここまでの説明と重複しますが、引用したいと思います。皆さんも、疑問を持ったら、このリストでチェックして、自分が管理監督者に該当するかについて確認してみてください。

第3章 時間外労働に関する事件簿 ｜ 149

図7-1 厚生労働省による管理監督者該当基準のチェックリスト

 労働時間、休憩、休日等に関する規制の枠を超えて活動せざるを得ない重要な 職務内容 を有していること

労働条件の決定その他労務管理について、経営者と一体的な立場にあり、労働時間等の規制の枠を超えて活動せざるを得ない重要な職務内容を有していなければ、管理監督者とは言えません。

 労働時間、休憩、休日等に関する規制の枠を超えて活動せざるを得ない重要な 責任と権限 を有していること

労働条件の決定その他労務管理について、経営者と一体的な立場にあるというためには、経営者から重要な責任と権限を委ねられている必要があります。
「課長」「リーダー」といった肩書があっても、自らの裁量で行使できる権限が少なく、多くの事項について上司に決裁を仰ぐ必要があったり、上司の命令を部下に伝達するに過ぎないような者は、管理監督者とは言えません。

 現実の 勤務態様 も、労働時間等の規制になじまないようなものであること

管理監督者は、時を選ばず経営上の判断や対応が要請され、労務管理においても一般労働者と異なる立場にある必要があります。労働時間について厳格な管理をされているような場合は、管理監督者とは言えません。

 賃金等 について、その地位にふさわしい 待遇 がなされていること

管理監督者は、その職務の重要性から、定期給与、賞与、その他の待遇において、一般労働者と比較して相応の待遇がなされていなければなりません。

# CASE8
# 50時間もの残業代、年俸制だと請求できない？

**【相談】**

　「すぐにでも働いてもらいたいのです。来週から来られますよね」労務担当役員の山下氏は、私の履歴書に一瞬目を通しただけで机の上に投げ出すと、仕事の内容を説明し始めました。採用は決まりのようでした。転職先は東京都内にある従業員50人ほどの中小の部品メーカー。スマートフォン向けの特殊な部品がヒットし業績は好調で、即戦力となるベテランを募集していたのです。職種は経理と一般事務です。事務の仕事には派遣社員の若い女性を使い、経理も外注されているご時世です。安倍政権になって多少持ち直したとはいえ、リーマンショック後から続く長い不景気でリストラされた40歳を過ぎた中年男が、中小企業とはいえ正社員の事務職にありつけたのは幸運としかいいようがない…と、そのときは思いました。

　「賃金は年額450万円です」と山下氏。月給の額ではなく、給料の年額を告げられたのには、戸惑いました。

　「うちの会社は年俸制なんですよ。450万円を18等分した25万円が月給。夏冬のボーナスは、450万円から月給の12か月分300万円を引いた残り150万円の2分の1で、75万円です。よろしいですか」

　業績本位の外資系企業を真似たような給与体系に、一瞬、違和感を覚えました。でも、住宅ローンもあり、食べ盛りの子供を2人抱えている身です。いただける額が同じなら構わないと思い、「お願いします」と頭を下げました。その瞬間、山下氏が傍らに座っている眼光の鋭い白髪の社長と、意味ありげにうなずき合ったのが少し気になりました。

　さて、入社当初は仕事を余裕でこなしていました。前の会社で、伊達に経理

第3章 時間外労働に関する事件簿　151

マンとして年をくったわけではないのです。新しい職場でもなんとかやっていけると思っていました。ところが1か月ほどたったころ、同僚が体調を崩して退職したのです。彼も転職組でした。彼の仕事はそっくり私が引き受けることになりました。それから仕事量が急に増え、毎日、残業しないとこなせなくなりました。勤務時間は9時から18時までで昼休みが1時間の実質8時間ですが、21時近くまでパソコン画面とにらめっこです。昼食時も、コンビニのおにぎりを左手でほおばりながら、右手でマウスを操作することもあります。1日3時間程度の残業が続き、月の超過勤務時間は50時間にもなりました。

　事務職の補充を期待していましたが、増えるどころか、社長は「事務部門は人が多すぎる。仕事に無駄があるから残業している」と言い出す始末です。しかも、これだけ残業をしていても給料の額は25万円のままです。

　「残業代はどうなっているのですか」と私を採用した山下氏に直訴しました。すると、「残業代や諸手当込みで450万円の年俸というわけで…」と説明されました。

　とりつく島もない態度から、「辞めてもらっても構わない、代わりはいくらでもいる」という魂胆が透けて見えました。

　2人分以上の仕事量なのに給料は1人分です。到底、納得できません。年俸制を承知で入社した以上、残業代は請求できないのでしょうか。いくら働いても給与が同じという説明も受けていません。"タダ働き"分の賃金はもらいたいと思います（実際の事例をもとに創作したフィクションです）。

## ブームになった年俸制

　一時期、外資系を真似て、年俸制を採用する企業が続出しました。年功序列型の賃金体系よりも、欧米流の成果主義の賃金体系を志向する人が徐々に増えて、年齢・学歴・勤続年数等で給与が決定されるのではな

く、個人の業績や成果に応じて、相応の賃金を受け取る制度を採用することが、社員のやる気を促し、企業の活性化にもつながると考えられたからです。

　近時は、年俸制の問題点も意識されるようになり、導入企業も少なくなってきているようです。とはいえ、2014年度の厚生労働省による就労条件総合調査によれば、年俸制を採用している企業は、2010年度の13.4％に比べて減少しているものの、いまだに9.5％が採用しています。従業員1,000人以上の企業に限れば26.4％と、4分の1超が年俸制を採用しており、情報通信業、専門・技術サービス業、金融業などを中心として、多くの企業にそれなりに支持されていることがわかります。

図8-1　年棒制を採用している企業の規模と割合

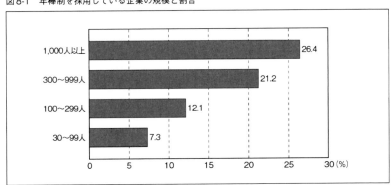

## 年俸制に対する誤解

　年俸制とは、年換算で賃金額を決定する賃金体系のことを意味し、特段の定めがなければ、年俸額は、あくまでも就業規則に定められた所定労働時間分の対価にすぎず、いくら働いても年俸額ですべてカバーされるという制度ではありません。年俸制の是非に関するアンケートなどをみると、年俸制に対する不満として「年俸制では残業代がつかない」と

図8-2　年棒制を採用している企業の業種別内訳

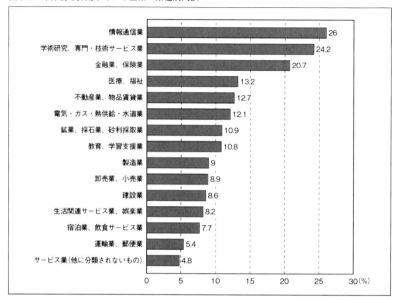

いう意見を見受けることがありますが、これは誤解に基づくものです。

　ブラック企業のところでも説明したように、労働時間に関しては、労働基準法上、従業員を就労させることのできる時間的限界が設定されていて、その限界を超えた場合や深夜に労働をさせた場合には「割増賃金」を支払わなければならないものとされています。そして、割増賃金の支払いを行わない場合には、6か月以下の懲役または30万円以下の罰金に処せられることになります。

## ありえない「残業代がはっきりしない年俸制」

　年俸制を採用している場合、会社から、「時間外、休日、深夜の割増賃金が年俸の中に当然に含まれている」との主張がなされる場合があり、会社としては、年俸制さえ採用すれば割増賃金を支払わなくてもよいと考えていることがあります。社員の側でもそのように考えている人が少

なからずいますが、それは明らかに誤りです。

　大阪地裁・2002年5月17日判決は、「年俸制を採用することによって、直ちに時間外割増賃金等を当然支払わなくともよいということにはならないし、そもそも使用者と労働者との間に、基本給に時間外割増賃金等を含むとの合意があり、使用者が本来の基本給部分と時間外割増賃金等とを特に区別することなくこれらを一体として支払っていても、労働基準法37条の趣旨は、割増賃金の支払を確実に使用者に支払わせることによって超過労働を制限することにあるから、基本給に含まれる割増賃金部分が結果において法定の額を下回らない場合においては、これを同法に違反するとまでいうことはできないが、割増賃金部分が法定の額を下回っているか否かが具体的に後から計算によって確認できないような方法による賃金の支払方法は、同法同条に違反するものとして、無効と解するのが相当である」とした上で、「被告（筆者注：年俸制を採用した企業）における賃金の定め方からは、時間外割増賃金分を本来の基本給部分と区別して確定することはできず、そもそもどの程度が時間外割増賃金部分や諸手当部分であり、どの部分が基本給部分であるのか明確に定まってはいないから、被告におけるこのような賃金の定め方は、労働基準法37条1項に反するものとして、無効となるといわざるを得ない」と判断しています。

　つまり、支払い給与において、「基本給」と「割増賃金に当たる部分」（予定割増賃金額）が明確に区分されて合意され、かつ労働基準法所定の計算方法による割増賃金額が、その予定割増賃金額を上回るときには、差額を当該賃金の支払期に支払うことが合意されている場合にのみ、その予定割増賃金部分を当該月の割増賃金の一部または全部とすることができるわけです。

　換言すれば、労働基準法どおりの計算による割増賃金として充当される額が明示され、または、充当されることになる額が容易に算定可能であることが必要なのであって、そうなっていない限り、会社は、年俸と

は別に割増賃金を支払う必要があることになります。

　相談者の場合、会社の担当者は、残業代や諸手当もすべて込みで年俸として450万円と決められていると説明しているようですが、そのような説明は通用しません。雇用時において、「月額支給額25万円のうちの5万円が、予定割増賃金部分であり、割増賃金が月額5万円を超えている場合には、その不足分を支給する」というような取り決めにでもなっていない限り、仮に年俸制であっても、割増賃金分の全額について会社は支払わなければならないのです。

## 年俸制度における割増賃金の計算

　相談者の場合、月給として年俸額を18等分した25万円が支給され、賞与として夏冬各18分の3の75万円が支給されることになっていますが、この点は、割増賃金の計算に対し、どのように影響するのでしょうか。

　割増賃金の計算は、「通常の労働時間又は通常の労働日の賃金の計算額を基礎としていますが、その 1時間当たりの金額の算定方法は、月給について言えば、その所定金額に対応する所定労働時間数で除した額とされています。これは、簡単に言えば、普通に働いて1か月に受け取る賃金額を1か月あたりの所定の労働時間で割った1時間あたりの金額を意味します。そして、一般に賞与は、その算定金額から外れることになります。つまり、年収は変わらなくても、賞与を高くして、そのぶん月額給与を低く抑えた場合、割増賃金の基礎となる1時間あたりの金額が低くなるという関係にあるわけです。

　この点、行政通達は、割増賃金の基礎となる賃金に算入しないことになっている「賞与」とは「支給額が予め確定されていないもの」をいい、支給額が確定しているものは「賞与」とはみなされないとしています。したがって、年俸制で毎月払と賞与部分を合計して予め年俸額が確定している場合の賞与部分は、支給額が予め固定しているわけですから「賞

与」に該当せず、賞与部分を含めた年俸額を算定の基礎として割増賃金を支払う必要があることになります。つまり、相談者の場合には、割増賃金を算出する際の基礎賃金は、年俸額の18分の1ではなく、12分の1の額となりますので注意が必要です。

## 外資系などの高額年俸で残業代込み認めた判例も

　以上のように、本相談事例の場合、相談者は、賞与のことは無視して、年俸額の12分の1を基に算定された基礎賃金に、前述の割増率を加算した1時間あたりの賃金から導き出される残業代（割増賃金）を会社に対して請求できることになります。

　会社としては、人件費削減の観点から年俸制を導入し、残業代を支払わずに、社員をいくらでも働かせようと考えたのかもしれませんが、そのような対応が許されないことは言うまでもありません。相談者は、前記のような説明を前提に、きちんと会社と交渉するべきです。

　最後に、本相談と同様に、割増賃金について何の取り決めも事前の説明もなく、給与に充当される割増賃金の額が明示されていない事案であっても、基本給に割増賃金が含まれているので、割増賃金の支払いをしなくてもよいと判示した判例がありますので、ご紹介しておきます。

　これは外資系証券会社の事案で、年間総額2,000万円を支払い、月給として毎月2,000万円の12分の1に相当する金員を支払うなどといった取り決めで入社した社員に関し、東京地裁・2005年10月19日判決は、「(1) 原告の給与は、労働時間数によって決まっているのではなく、会社にどのような営業利益をもたらし、どのような役割を果たしたのかによって決められていること、(2) 被告は原告の労働時間を管理しておらず、原告の仕事の性質上、原告は自分の判断で営業活動や行動計画を決め、被告はこれを許容していたこと、このため、そもそも原告がどの位時間外労働をしたか、それともしなかったかを把握することが困難なシステムと

第3章 時間外労働に関する事件簿　　157

なっていること、(3) 原告は被告から受領する年次総額報酬以外に超過勤務手当の名目で金員が支給されるものとは考えていなかったこと、(4) 原告は被告から高額の報酬を受けており、基本給だけでも平成14年以降は月額183万3,333円を超える額であり、本件において1日70分間の超過勤務手当を基本給の中に含めて支払う合意をしたからといって労働者の保護に欠ける点はないことが認められ、これらの事実に照らすと、被告から原告へ支給される毎月の基本給の中に所定時間労働の対価と所定時間外労働の対価とが区別がされることなく入っていても、労基法37条の制度趣旨に反することにはならないというべきである」と判示しています。

　もちろん、高給を取る外資系の会社に勤める社員の場合には、割増賃金に関する一般論が通用しないというわけではありませんが、裁判所は、労働基準法の割増賃金規定の制度趣旨である、「法定労働時間制及び週休制の原則の維持を図るとともに過重な労働に対する労働者への補償を行おうとする」という基本に鑑みて、実情に即した判断を行っていると言えるでしょう。

# 第4章 人事異動や退職に関する事件簿

# CASE9
## 嫌がらせ同然の上司による退職勧奨、法的に問題は？

**【相談】**

「社内にはあなたの居場所はありません。」その日も、部長はロビーに私を呼び出し、ミーティングとは名ばかりの嫌がらせの"口撃"を延々と始めました。「判断はあなたの自由ですが、いい話はこれから絶対にありません」「あなたは優秀ですから、転職市場でも有望です」「あなたの条件に合った再就職先はいくらでもあると思いますよ」

まじめ一辺倒で人当たりがいいと思っていた部長が、こんなにもボキャブラリーが豊富で饒舌な人間だったとは、このとき初めて知りました。好気の目を私たちに向ける社員や来客を気にする様子はみじんもなく、部長は一方的にしゃべり続けるのです。晒し者にされた私は、「ここで負けてたまるか」と反発する一方、「意地を張ってもしかたないかな」と心が折れかけてしまうのです。

私は、大手の家電メーカーに務めている50歳代の技術者です。入社したのは1980年代半ばで、バブル経済に突入する直前の頃。そのときは、仰ぎ見るような巨艦に乗り込んだ気分でした。半導体、PC、白物家電、液晶パネルと、会社は自社製品の販路を世界中に広げ、我が世の春を謳歌していました。

「定年までは、うちの会社が傾くことはないだろう」と思い込んでいました。会社が成長すれば、従業員も報われるいい時代でした。

ところが、バブル経済が崩壊して業績が低迷。さらに2008年のリーマンショックによって会社の売上げは最盛期の3分の1にまで落ちていました。新興国の台頭も打撃でした。「技術力のある日本メーカーには逆立ちしてもかないっこない」と見下していた韓国のサムスン電子、中国のハイアールといった家電メーカーに市場を奪われたのです。

160　第4章 人事異動や退職に関する事件簿

会社の業績は厳しいとはいえ、これだけの"巨艦"ですので、一応、最低限の利益は上げています。いきなり倒産するとか、整理解雇を言い渡される状況ではありません。ですので、新聞にときどき載る解雇を巡るトラブルについては人ごとのように考えていました。

　しかし、新社長が就任してからは事態が一変しました。「事業の選択と集中」をスローガンに、採算の悪い部門を片っ端から縮小・閉鎖し始めたのです。にわかに周囲が慌ただしくなり、とうとう私にも、部長が個人面談をしたいと言ってきたのです。「もしかすると…」思っていたところ、案の定、退職勧奨の話でした。

　部長は、退職した場合の優遇措置や退職支援制度について延々と説明しました。でも、私もこの年です。簡単に転職もできません。転職できたとしても、年収はかなり下がるでしょう。子供も高校生で、大学に行くと学費もさらにかかります。住宅ローンも残っています。そこで、私としては、退職勧奨を受け入れるつもりはまったくないものの、上司と事を荒立てるのも得策ではないと考えて、「会社の事情はどうであれ、今の時点で退職するつもりはないのですが…」と部長にやんわりと伝えました。

　「そうですね。みんな事情がありますから。ただ一応、役目として私は伝えただけですから」と部長はわかってくれた様子で、私は安心しました。ところが、それから部長はあきらめるどころか、執拗にロビーや会議室に私を呼び出して、同じことを繰り返し説明し始めたのです。

　「会社に残った場合、転勤などで希望する条件に合わないところに行くかもしれませんよ」「再就職斡旋会社の担当者と会ってみませんか」「今日は結論を出しませんが、じっくり検討してください」「これから定期的に話し合いましょう」「あなたが承諾してくれるまで、いつまでも説得を続けます」……

　やがて、私が首を縦に振りそうにないことがわかると、やり口はエスカレートしてきました。前の部署の先輩社員に、退職勧奨に応じるよう説得してほしいと頼んだのは序の口。共通の知人を介して妻を呼び出し、退職勧奨について意見を聞こうとまでしたのです。

ある日、上司は労務担当の常務の部屋に私を呼び出しました。口をへの字に結んだ常務が同席している場で、「退職勧奨の対象者が5名いるが、君からだけ退職願が出ていない。これについてどう思うか」と尋ねてきました。その場の雰囲気に萎縮した私は、やっとの思いで「もう少し勤めたい」というようなことを小声で言いました。「それだけでは理由にならない。理由はそれだけか」と部長。「そうです」と私は声を絞り出します。

　部長は、たたみかけるように、「企業人としての職業観をどう捉えていますか」とか、「わが社の企業憲章を第1項から10項まで言ってください」と嫌がらせのような質問をぶつけてきます。黙って見ていただけの常務もやっと口を開き「退職勧奨を受けた社員全員が、不本意ながらも退職している。君も会社のためにも考えを変えてはどうかね」と迫ってきました。

　私は我慢できず、「私をどうしてもクビにしたいのでしょうが、こんなやり方は不当ですよ」と言い返しました。

　部長は「べつに解雇を言い渡したわけじゃないんです。退職勧奨に応じるかどうかは、あなたの自由です。私は単に退職を促しているにすぎないので、法的にもまったく問題はありません」と開き直ってきました。堂々巡りの無間地獄です。

　このようなことが延々と続くかと思うと、精神的に耐えきれず、うつ状態が続いています。いっそのこと会社を辞めて楽になろうと思うこともありますが、やはり退職後の生活が心配です。実際に解雇されたのであれば、その解雇の適法性を巡って争うこともできると思います。しかし、私のように、会社側が解雇を言い渡したのではなく、退職をただ勧奨し続けるような場合には、部長の言うように法的には問題ないのでしょうか（実際の事例をもとに創作したフィクションです）。

## 退職勧奨が行われる背景と原則論

　2011年12月28日、東京地裁は、日本IBMの社員らが、2008年のリーマンショックの後、人権侵害の退職勧奨を受けたなどとして、1人300万円の慰謝料などを会社側に求めた訴訟において、原告側の請求を棄却する判決を言い渡しました。裁判所は、日本IBMによる退職勧奨について「違法性なし」の判断を行ったわけであり、当時は、新聞などでも大きな話題になりました。

　企業が、人件費を削減しようとする場合、日本では簡単に正社員を解雇することはできないことから、本件のように、あくまでも、社員の自由意思による退職を促すという退職勧奨（いわゆる「肩たたき」）が広く行われています。

　厚生労働省が2016年6月に公表した「平成27年度個別労働紛争解決制度の施行状況」によれば、退職勧奨に関する相談件数は、ここしばらく斬減傾向にありましたが、近年、再び増加する傾向を見せています。

図9-1　民事上の個別労働紛争相談件数の推移（退職勧奨）

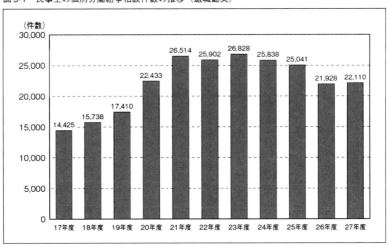

　退職勧奨は、勧奨対象となった労働者の自発的な退職意思の形成を働

きかけるための説得活動であり、これに応じるか否かは対象となった労働者の自由な意思に委ねられるべきものです。

したがって、会社側が社員に対して退職勧奨を行うにあたり、当該社員に対して実施する説得活動は、そのための手段や方法が社会通念上相当と認められる範囲を逸脱しない限りにおいて、会社による正当な業務行為とみなされます。そういう意味では、相談者の上司が述べているように「退職勧奨に応じるか否かは君の自由であって私は単に退職を促しているにすぎない」という発言そのものは間違っていません。

ただ、当然のことながら、労働者の自発的な退職意思を形成する本来の目的実現のために、社会通念上相当と認められる限度を超えて、当該労働者に対して不当な心理的圧力を加えたり、その名誉感情を不当に害するような発言を行ったりすることによって、自由な退職意思の形成を妨げるような、不当な行為ないし言動をすることは許されません。そのような限度を超えた退職勧奨行為はもはや違法であり、不法行為を構成することになります。

つまり、退職勧奨は、そのやり方によって、違法にも適法にもなり得るわけです。

## 裁判所が退職勧奨を違法と判断した事例

退職勧奨に関する著名な裁判例として、下関商業高校事件（最高裁・1980年7月10日判決）が挙げられます。この判決は、市立高校教諭に対し、10数回におよび行われた退職観奨につき、その態様があまりにも執拗であって、退職勧奨として許容される限度を超えて退職を強要したとして、精神的苦痛に対する慰謝料の支払いを命じた事例です。

最高裁は、原審である広島高裁の判断（1977年1月24日判決）をそのまま是認したのですが、広島高裁は、以下のように判示しています。

「本件退職勧奨についてみるに、前記認定のとおり、被控訴人ら（筆者

注：退職勧奨を受けた職員）は第1回の勧奨（2月26日）以来一貫して勧奨に応じないことを表明しており、特に被控訴人らについてはすでに優遇措置も打切られていたのにかかわらず、甲ら（筆者注：退職勧奨を行った学校関係者）は被控訴人Aに対しては3月12日から5月27日までの間に11回、同Bに対しては3月12日から7月14日までの間に13回、それぞれ市教委に出頭を命じ、甲ほか6名の勧奨担当者が1人ないし4人で1回につき短いときでも20分、長いときには2時間15分に及ぶ勧奨を繰り返したもので、…しかもその期間も前記のとおりそれぞれかなり長期にわたっているのであって、あまりにも執拗になされた感はまぬがれず、退職勧奨として許容される限界を越えているものというべきである。…加えて甲らは被控訴人らに対し、被控訴人らが退職するまで勧奨を続ける旨の発言を繰り返し述べて被控訴人らに際限なく勧奨が続くのではないかとの不安感を与え心理的圧迫を加えたものであって許されないものといわなければならない。」

　同様に、退職勧奨を違法とした著名な判決としては、東京女子医大判決（東京地裁・2003年7月15日判決）があり、次のように判示しています。

　「被告甲（筆者注：被告医大の教授）は、平成10年10月22日の脳神経外科の職員会議における書面配布により、原告（筆者注：退職勧奨を受けた助教授）を名指ししないものの、研究費を集めることができる人等の要件に該当しないスタッフは、定年までとどまる必要はなく、退職をすべきであると記載することにより、原告自身が自らのことを指していると認識できるような態様の文書を配布した。さらに、被告甲は、同年12月15日の忘年会における配布文書において、やはり原告の名指しは避けたものの、原告はもちろん、X学長やY教授にも対象者は原告であると認識できる内容の退職勧奨文書を配布し、同内容の挨拶を多くの被告大学脳神経外科関係者の前で行った。その内容は、スタッフの中には、学会にも出席せず、研究もせず、手術症例もほとんどないお荷物的存在がいること、死に体でこれ以上教室に残り生き恥をさらすというような

侮辱的な表現を用いたものであった。

　さらに、同月17日の被告大学脳神経センター医局室における被告甲と原告との口論の中で、医局メンバー等衆人環視の下で、原告に対し、勤務ぶりをなじったり、23年間も助教授をして教授にもなれないのはだめであるという趣旨の発言をして早期に辞職すべきであるという趣旨の発言をしたものである。…被告甲は、被告大学の脳神経外科の主任教授であり、原告は同教室の助教授であるから、被告甲が、原告の勤務ぶりについて問題点を指摘し、指揮監督を行うこと自体は、違法行為であるとはいえないし、上司として、その組織のために部下の退職勧奨をすることも、それ自体としては許容され得るといわなければならない。しかし、本件認定の被告甲の行為は、古くからの知己も含む衆人環視の下で、誰にでも認識できるような状況下で、ことさらに侮辱的な表現を用いて原告の名誉を毀損する態様の行為であって、許容される限界を逸脱したものである。

　また、同月17日の被告大学脳神経センター医局室における被告甲と原告とのやり取りは、前記認定事実のとおり、売り言葉に買い言葉の口論の中で、相互の攻撃も含むものであったと認められるが、被告甲は、原告にとって上司の立場にあることを考えれば、助教授からの降格をにおわせたり、ことさらに名誉を毀損する態様の行動は違法な行為であると評価せざるを得ない。そして、以上の被告甲の行為は、原告に対して精神的苦痛を与えるだけでなく、原告の医師としての、又は教育者としての評価を下げ得るものであって、多大な損害を与え得る違法性の高い行為である。そこで、以上の行為について、被告甲は、原告に対し、不法行為による損害賠償義務を負うという結論になる。」

## 冒頭の日本IBM判決について

　以上に対し、冒頭に述べた、退職勧奨を違法ではないと判断した東京

地裁判決は以下のように述べています。

「本件では、被告（筆者注：日本IBM）は、退職勧奨の対象となる社員に対し、当該社員が退職勧奨の対象となった理由（平成20年のPBC評価が低い見通しであることとその根拠等、当該社員の業績不良の具体的事実）を説明したり、また、本件企業文化を標榜する被告に現状のまま在籍した場合には低い評価をうけることとなるがそれに甘んずることなく更なる業務改善に努めることが要求される旨認識させたりする一方で、特別支援プログラムが立案された経緯や、充実した退職支援の具体的内容を詳しく説明し、退職勧奨に応じるよう説得することとなる（その説得活動そのものは何ら違法なものではない）。

業績不振の社員がこうした退職勧奨に対して消極的な意思表示をした場合、それらの中には、これまで通りのやり方で現在の業務に従事しつつ大企業ゆえの高い待遇と恩恵を受け続けることに執着するあまり、業績に係る自分の置かれた位置付けを十分に認識せずにいたり、業務改善を求められる相当程度の精神的重圧（高額の報酬を受ける社員であれば、なおさら、今後の更なる業績向上、相当程度の業務貢献を求められることは当然避けられないし、業績不良により上司・同僚に甚だ迷惑をかけている場合には、それを極力少なくするよう反省と改善を強く求められるのも当然である）から解放されることに加えて、充実した退職支援を受けられることの利点を十分に検討し又は熟慮したりしないまま、上記のような拒否回答をする者が存在する可能性は否定できない。また、被告は、退職者に対して、ほとんど利益を提供しない企業に比べて充実した退職者支援策を講じていると認められ、また、被告自身もそのように認識しているがゆえに、当該社員による退職勧奨拒否が真摯な検討に基づいてなされたのかどうか、退職者支援が有効な動機付けとならない理由は何かを知ることは、被告にとって、重大な関心事となることは否定できないのであり、このことについて質問する等して聴取することを制約すべき合理的根拠はない。

そうすると、被告は、退職勧奨の対象となった社員がこれに消極的な意思を表明した場合であっても、それをもって、被告は、直ちに、退職勧奨のための説明ないし説得活動を終了しなければならないものではなく、被告が、当該社員に対して、被告に在籍し続けた場合におけるデメリット（被告の経営環境の悪化のほか、当該社員の業績不良による会社又は上司・同僚らの被る迷惑が残ること、当該社員が待遇に相応した意識改革・業績改善等のための一層の努力を求められること等）、退職した場合におけるメリット（充実した退職者支援を受けられること、当該支援制度は今回限りであること、業績改善等を要求される精神的重圧から解放されること等）について、更に具体的かつ丁寧に説明又は説得活動をし、また、真摯に検討してもらえたのかどうかのやり取りや意向聴取をし、退職勧奨に応ずるか否かにつき再検討を求めたり、翻意を促したりすることは、社会通念上相当と認められる範囲を逸脱した態様でなされたものでない限り、当然に許容されるものと解するのが相当であり、たとえ、その過程において、いわば会社の戦力外と告知された当該社員が衝撃を受けたり、不快感や苛立ち等を感じたりして精神的に平静でいられないことがあったとしても、それをもって、直ちに違法となるものではないというべきである。

　当該社員が被告に対して退職勧奨に応ずることによる有利不利の諸事情を比較検討した上で退職勧奨に応じない選択をしたこと、更なる説明ないし説得活動を受けたとしても退職勧奨に応じない意思は堅固であり、この方針に変更の余地のないこと、したがって、退職勧奨のための面談には応じられないことをはっきりと明確に表明し、かつ、被告（当該社員の上司）に対してその旨確実に認識させた段階で、初めて、被告によるそれ以降の退職勧奨のための説明ないし説得活動について、任意の退職意思を形成させるための手段として、社会通念上相当な範囲を逸脱した違法なものと評価されることがあり得る、というにとどまると解するのが相当である。」

## 近時のほかの判例

　一方、日本IBM判決以後も、退職勧奨を違法とする判決が出ています。

　宣伝会社との間で雇用契約を締結していた女性社員が、うつ病から復職した後、退職勧奨を受け、うつ病が悪化し、再度休職を余儀なくされ、休職期間満了により退職とされた事案において、京都地裁・2014年2月27日判決は、「原告に対する退職勧奨については、合計5回の面談が行われ、第2回面談は約1時間、第3回面談は約2時間及び第5回面談は約1時間行われている。そして、第2回面談では、D（筆者注：被告会社総務部長）は、原告が、退職勧奨を拒否した場合、今後被告としてどのように対応するのか聞いたところ、退職勧奨に同意したら自己都合退職になる、そうでない場合は解雇である、解雇の条件の通常の業務に支障をきたしているというのにあてはまると思う旨述べ、また、原告が、休職という手段はなく、選択肢としては合意するか解雇かの2つなのかと尋ねたところ、Dは、基本はそうなる、会社として退職勧奨するのはそういうことである旨述べるなどしており、退職勧奨に応じなければ解雇する可能性を示唆するなどして退職を求めていること、第2回面談及び第3回面談で、原告は自分から辞めるとは言いたくない旨述べ退職勧奨に応じない姿勢を示しているにもかかわらず、繰り返し退職勧奨を行っていること、原告は業務量を調整してもらえれば働ける旨述べたにもかかわらずそれには応じなかったこと、第2回面談は約1時間及び第3回面談は約2時間と長時間に及んでいることなどの諸事情を総合的考慮すると、退職勧奨を行った理由が原告の体調悪化に起因するものであること、第5回面談で原告は被告代表者に退職勧奨はするが解雇はしないということを確認したことなどを勘案しても、被告の原告に対する退職勧奨は、退職に関する労働者の自由な意思形成を促す行為として許容される限度を逸脱し、労働者の退職についての自由な意思決定を困難にするものであったと認められ、原告の退職に関する自己決定権を侵害する違法なものと認める

のが相当である」として、30万円の慰謝料支払いを認めています。

## 退職勧奨が違法になるかどうかは微妙な判断

これまで取り上げてきたいくつかの判決の内容を見てもわかるように、退職勧奨が違法になるか適法になるかの判断は非常に微妙です。事案ごとに、「退職勧奨の回数」「その期間」「勧奨担当者の言動」「勧奨担当者の人数」「退職における優遇措置の有無」等を検討して、総合的な判断をするしかありません。

このように、明確に違法とは判断できないことから、近時、雇用調整の手法として、一時社会問題となった「追い出し部屋」のような露骨な手法をとるのではなく、個別に低評価の社員を呼び出して退職勧奨を行う企業が増えています。社内外に非公表で進めるため、対象者が誰かわからず、社員同士で団結できないことから、誰にも相談できずに孤立し、精神的に追い込まれるのが特徴です。

2016年2月には、人材会社が企業に対し、法律に触れない退職勧奨のやり方のノウハウを提供して対象者を退職に追い込み、その退職後の再就職支援で利益を得るというスキームが実施されていることが国会でも問題になりました。厚生労働省は、このような事態を受けて、2016年4月以降、事業縮小や再編で離職を余儀なくされた人の再就職を支援する国の助成金（労働移動支援助成金）について、人材会社が人員削減の指南と再就職支援の両方に関与した場合、助成金の支給対象から外すことにしています。労働者を守るための助成金が、リストラの原資になり、リストラを誘発しかねない状況を重く見たものです。

また、厚生労働省は、2016年3月14日、「企業が行う退職勧奨に関して職業紹介事業者が提供するサービスに係る留意点について」とする書面を人材会社宛てに出しています。そこには、次のように記載されています。

図9-2　国の助成金がリストラを誘発しかねない

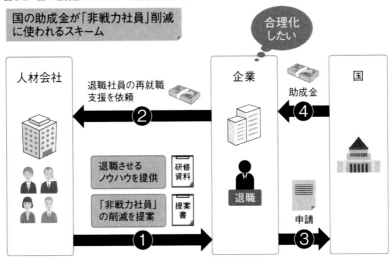

「再就職支援を行う職業紹介事業者が、再就職支援と合せて、又は、独立して提供するサービス（無償のものを含む）等について、退職強要と疑われるような事案があると、国会審議等において指摘があったところです。再就職支援を行う職業紹介事業者は、リストラにより離職を余儀なくされる労働者などの円滑な再就職を支援することが使命であり、積極的に退職者を作り出すようなことは職業紹介事業の趣旨に反します。企業が行う退職勧奨については、全体として被勧奨者の自由な意志決定が妨げられる状況であった場合には、当該退職勧奨行為は違法な権利侵害となる旨の裁判例があります。ついては、再就職支援を行う職業紹介事業者にあっては、企業の労働者に対して、その自由な意志決定を妨げるような退職強要を実施したり、退職強要に該当する行為についてマニュアルを企業に提供したりすることは、違法行為を招くものであり、許されません。また、退職強要に至らないものであっても、再就職支援を行う職業紹介事業者が、企業に対して積極的に退職勧奨の実施を提案したり、企業の労働者に対して直接退職勧奨を実施することも、適切ではあ

りません。」

## 相談者の場合

　相談の事案においては、会社が退職勧奨を行うこと自体や、退職におけるメリット、デメリットを説明すること等は許容されるでしょう。しかし、社員や来客の目があるにもかかわらず、執拗にロビーや会議室に呼び出して同じことを繰り返し説明したり、退職勧奨を受け入れるまでいつまでも説得を続けると明言したり、さらには、近親者の影響力を期待してその者に働きかけたりしたこと（このような行為について、金沢地裁・2001年1月15日判決は「原告が退職勧奨に応じるか否かは、あくまで原告の自由な意思によるべきであるのに、原告の近親者の原告に対する影響力を期待して、原告が退職勧奨に応じるよう説得することを依頼することは退職勧奨方法として社会的相当性を逸脱する行為であり、違法であると評価せざるを得ない」と判示しています）などの事情からして、裁判になった場合に違法と判断される可能性は高いと思われます。そして、違法と判断された場合には、当該退職勧奨は不法行為に該当しますので、会社側に損害賠償責任が発生することになります。

　なお、相談者は、退職勧奨に応じることを1度断っているにもかかわらず、会社はその後も退職勧奨を行っています。この点、日本IBM判決においては、「退職勧奨の対象となった社員が消極的な意思を表明した場合であっても、会社側が、直ちに、退職勧奨のための説明ないし説得活動を終了しなければならないものではない」としている反面、「当該社員が、退職勧奨に応ずることによる有利不利の諸事情を比較検討した上で退職勧奨に応じない選択をしたこと、更なる説明ないし説得活動を受けたとしても退職勧奨に応じない意思は堅固でありこの方針に変更の余地のないことを明確にし、退職勧奨のための面談には応じられないことをはっきりと表明し、かつ会社側に対してその旨を確実に認識させた段階

以降の退職勧奨は違法と評価されることがあり得る」としています。

　したがって、相談者としては、事態の進展状況によっては、上司に遠慮などせず、日本IBM判決の指摘するような形で、退職勧奨のための面談には応じられないことを、会社（上司）に対して、証拠に残る形で明確に表明することを検討してもよろしいかと思います。

# CASE10
## 関連会社への出向命令、無効になる場合とは

【相談】

　「こんな計画、とても無理です」。机の上に置かれた「リバイバル計画」という文書の中身を見て、私は思わず声をあげてしまいました。私は中堅製造機器メーカーの人事課長。中国企業との価格競争で当社は業績の低迷が続き、先日開催された取締役会で「リバイバル計画」が決まりました。リバイバルと謳っていますが、要はリストラです。私は上司である取締役総務部長からさっそく呼び出しを受け、人員削減までの道筋を詰めるよう命じられました。当社では、数年前にも数百人規模の人員整理を伴うリストラを実施したのですが、そのときは希望退職者が予定数に達したこともあり、無事に終了しました。しかし、今回の人員削減は、2度目でしかも前回より規模が大きいこともあって、希望退職者が予定数に達しない可能性が非常に高いと思いました。それで「無理です」と正直に答えたのです。

　これに対して総務部長は「今回のリストラにおいては、まず、人事課がリストラの候補者を選んで、直属の上司から希望退職に応じるように勧めてもらう。応じればそれでよし。応じなければ関連会社への出向を命じる。これにより本社の経費は圧縮されるわけだ。さらに、出向した社員に、新しい能力を開発するという名目でこれまでとまったく違う業務をさせれば、自分から退職したいと言い出すに決まっている。この線で計画をまとめてくれ」と強い口調で迫ってきました。私はどうすることもできず、ただじっと机の上の紙を見ていました。

　今回、リストラの対象になるのは私と同じ世代の社員です。家族ぐるみの付き合いがある人も少なくありません。私は、「いやな役割だな」と思いながら、リストラの実行計画を作成し始めたのですが、他社の事例を調べているうちに

第4章 人事異動や退職に関する事件簿

気になる情報を見つけました。あるメーカーで、技術系社員として採用され、研究開発に携わっていた社員の事例です。彼は上司に希望退職に応募するよう求められたのですが、これを拒否したところ、子会社への出向を命じられた上に、製品の箱詰めなどの単純作業に従事させられました。この件は裁判になり、裁判所は出向命令を無効と判断したというのです。当社の就業規則の中には、「業務上の必要がある場合には出向を命じ得る」といった、出向に関する明確な諸規定がありますが、このまま総務局長が描いたとおりの計画を実行に移した場合、当社の出向命令も無効とされてしまう可能性があるのでしょうか（実際の事例をもとに創作したフィクションです）。

## リコーによる出向命令が無効に

2013年11月13日、「リストラで出向、無効」「リコーの出向命令無効」などという見出しの報道がされました。業績悪化による人員整理を理由に、子会社への出向を命じられた、大手事務機器メーカーであるリコーの男性社員2名が、出向無効の確認などを同社に求めた訴訟で、東京地裁が12日、「命令は原告の自主退職を期待したもので人事権の濫用だ」と指摘して、出向命令を無効とする判決を言い渡したのです。

報道によれば、リコーは、2011年に国内外で社員1万人を削減するリストラ計画を発表して、1,600人を目標に希望退職を募りましたが、現実には、リストラ対象者を選定した上で退職勧奨を行い、退職勧奨に応じなかったリストラ対象者を、技術・開発職から箱詰作業等の肉体労働や荷受・数量確認・開梱等の単純作業を行う部署に、出向や配置転換したということであり、退職勧奨を拒んで子会社に出向させられた社員の一部が裁判を提起したとのことです。

東京地裁は、「出向命令権に法律上の根拠がある場合であっても、使用

第4章 人事異動や退職に関する事件簿　175

者は、これを無制約に行使しうるものではなく、出向命令権の行使が権利濫用に当たる場合には、当該出向命令は無効となる」とした上で、出向先における作業は立ち仕事や単純作業が中心で、個人の机もパソコンも支給されることなく、それまで一貫してデスクワークに従事してきた原告らのキャリアや年齢に配慮した異動とは言い難く、身体的にも精神的にも負担が大きい業務であることが推察されると認定し、本件出向命令は、退職勧奨を断った原告らが翻意し、自主退職に踏み切ることを期待して行われたものであって、人事権の濫用として無効であるとしたものです。

　リコーは東京高裁に控訴しましたが、2014年7月18日に和解が成立し、提訴した社員らは事務系職場に復帰することとなりました。また、この和解を受けて、リコーは、係争中の社員ばかりでなく、係争中でないとしても同時期に出向命令を出した社員に対して、その希望を聞いた上で再配置する意向を固めたということです。

## 事件が契機となり「ブラック企業大賞」にノミネート

　リコーは、この事件を契機として、2014年の「ブラック企業大賞」にノミネートされました。同社は、リストラを実現するために、企業にとって最も重要な社会的信用をき損させてしまったわけです。本事件は、企業のリストラに伴う、いわゆる「追い出し部屋」問題に対して警鐘を鳴らすものであり、安易な出向命令の利用が、企業におけるリスクとなり得ることを社会に知らしめたと言えるかと思います。

　サラリーマンであれば、長い会社生活の中で、転勤辞令と同様に、他社への出向を命じられることは一般的なことかと思われます。ただ、それによって、生活や職場の環境が変わることは言うまでもなく、対象者の生活設計に大きな影響を与えることになります。他方、出向にあたっては、必ずしも本人の意向が尊重されないという実態もあります。独立

行政法人の労働政策研究・研修機構による「労働条件の設定・変更と人事処遇に関する実態調査」(2005年5月) によれば、図10-1のように、本人の意向に関係なく出向を命じるケースがほぼ半数を占めていることがわかります。特に、企業規模が大きいほどその傾向は顕著です。そうした背景もあり、出向をめぐる紛争は頻繁に発生しています。

図10-1　出向をめぐる本人の意向の尊重の程度

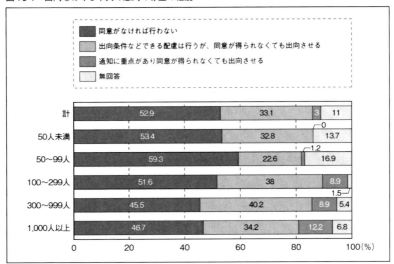

## 出向命令とは

「出向命令」とは、簡単に言えば、現在の使用者（出向元）の従業員としての地位を維持しながら、他の使用者（出向先）の指揮命令の下で長期にわたり就労させる人事異動のことを言うとされています。

ある調査によれば、従業員1,000人以上規模の企業の88.4％、300人以上999人以下の企業の74.0％が出向者の送り出し、または受入れに関わっているとのことであり、系列会社等への出向は、主に大企業を中心に非常に広く行われています。出向は転勤と同様に、企業戦士の宿命と言え

るかもしれません。ただ、一般に、出向は転勤と同様の感覚で語られることが多いものの、労務提供の相手方が変わるという点で本質的な違いがあり、必ずしも法的にまったく同じように取り扱うことはできません。

## 社員の承諾その他これを法律上正当づける特段の根拠

労働契約は、社員が会社の具体的な指揮命令に服することを前提としており、労務提供の相手方が変わってしまう出向命令が、何の制約もなく自由に許されるはずもありません。

本件におけるリーディングケースである、東京地裁・1966年3月31日判決は、雇傭契約の一身専属的特質からいって、「当該労働者の承諾その他これを法律上正当づける特段の根拠なくして労働者を第三者のために第三者の指揮下において労務に服させることは許されない」と判示しています。つまり、原則として「社員の承諾」が必要ということです。他方、承諾以外であっても、「その他これを法律上正当づける特段の根拠」がある場合には、出向命令が許されるわけであり、たとえば、就業規則上の明文規定などがそれに該当すると一般に解されています。

この点については、最高裁・2003年4月18日判決も、個別同意なく、社員に出向を命じることができるとして、次のように判示しています。

「（1）本件各出向命令は、被上告人（筆者注：会社）が八幡製鐵所の構内輸送業務のうち鉄道輸送部門の一定の業務を協力会社であるA社に業務委託することに伴い、委託される業務に従事していた上告人ら（筆者注：社員）にいわゆる在籍出向を命ずるものであること、（2）上告人らの入社時及び本件各出向命令発令時の被上告人の就業規則には、『会社は従業員に対し業務上の必要によって社外勤務をさせることがある。』という規定があること、（3）上告人らに適用される労働協約にも社外勤務条項として同旨の規定があり、労働協約である社外勤務協定において、社外勤務の定義、出向期間、出向中の社員の地位、賃金、退職金、各種の

出向手当、昇格・昇給等の査定その他処遇等に関して出向労働者の利益に配慮した詳細な規定が設けられていること、という事情がある。以上のような事情の下においては、被上告人は、上告人らに対し、その個別的同意なしに、被上告人の従業員としての地位を維持しながら出向先であるＡ社においてその指揮監督の下に労務を提供することを命ずる本件各出向命令を発令することができるというべきである。」

## 明確な形で規定されていることが必要

ただ、就業規則などに、単に「出向」という用語が現れていればそれだけで良いというわけではなく、出向義務の存在に関しては、明確な形で規定しておく必要があります。

東京高裁・1972年4月26日判決は、就業規則には、従業員の休職について別に定める休職規程によるとだけ定め、休職規程によれば、休職に該当する場合の1つとして「他社出向」その他特命による業務処理のために必要があるときに特命休職を命ずることを定めて、休職期間、休職期間中の給与、復職について簡単に定めているにすぎないという事案において、出向につき、就業規則に根拠を求めるとしても、「就業規則に明白に出向義務を規定する必要がある」と判示しており、同判決の上告審である最高裁もこれを認めています（1973年10月19日判決）。つまり、就業規則などに、出向の存在を当然の前提としたような規定があるだけでは足りないのであって、社員の出向義務に関して、明確な形で規定しておく必要があるとされたわけです。

## 規定があっても必ず出向が認められるわけではない

現在では、かつての判例の事例のように、就業規則において、従業員の出向義務について明文の規定が存在しないケースなどほとんどなく、多くの企業では、出向命令・出向義務に関する明確な規定が設けられて

いると思います。ただ、明確な形で規定さえ設けられていれば、社員の承諾があったということになり、出向命令が常に有効とされるわけではありません。

大阪高裁・1990年7月26日判決は、「改正就業規則において新たに出向に関する規定をもうけたことは、従業員にとって労働条件の不利益な変更にあたるというべきであるとしても、右規定は、労働組合との協議を経て締結された本件労働協約に基づくものであるのみならず、その内容において、出向先を限定し、出向社員の身分、待遇等を明確に定め、これを保証しているなど合理的なものであって、関連企業との提携の強化をはかる必要が増大したことなど、控訴人の経営をめぐる諸般の事情を総合すれば、出向に関する改正就業規則及び出向規程の各規定はいずれも有効なものというべきであり、その運用が規定の趣旨に即した合理的なものである限り、従業員の個別の承諾がなくても、控訴人の命令によって従業員に出向義務が生じ、正当な理由がなくこれを拒否することは許されないものと解するのが相当である」としながらも、「控訴人のなした本件出向命令には、その業務上の必要性、人選上の合理性があるとは到底認められず、むしろ、協調性を欠き勤務態度が不良で管理職としての適性を欠くと認識していた被控訴人を、出向という手段を利用して控訴人の職場から放逐しようとしたものと推認せざるを得ない。…本件出向命令は業務上の必要があってなされたものではなく、権利の濫用に当たり、同命令は無効というべきである」としています。

また、長野地裁松本支部・1989年2月3日決定も、「会社には、右労働協約及び就業規則の各規定のほかには、出向の諸条件について具体的に定めた規定は見当たらないところであるが、右労働協約及び就業規則の各規定は、会社において債権者（筆者注：出向命令を受けた社員）に対し、労働契約の内容として明示した労働条件の範囲内にあるものとして系列会社への出向を命ずることのできる特段の根拠となるものと解するのが相当である」とした上で、「本件出向命令は、本件配紙ミスを契機と

して債権者の再教育の必要性からなされたものではあるが、その再教育のために、松本工場を離れて遠隔の地の東日本ハイパックにおいてこれをなさざるを得ない合理的理由が見当たらないばかりか、本件出向命令は債権者にとって家庭生活上重大な支障を来たし、極めて過酷なものであるにも拘らず、その点につき会社はなんら配慮した形跡がなく、さらに前記認定の債権者のみならず、他の従業員らの作業ミスに対する会社の従前の対応の仕方、会社から系列会社への出向事例にみられるその目的と人選の内容等を総合考慮すれば、本件出向命令は、その余の点につき判断するまでもなく、会社及び債権者間の労使の関係において遵守されるべき信義則に違反した不当な人事であり、権利の濫用に当たり無効のものと云わざるを得ない」と判示しています。

## 出向命令が有効となる条件

こうした裁判例などから導かれるのは、出向にあたっては、原則として社員の同意が必要ですが、就業規則などに明確な出向命令・出向義務が規定されている場合は、これらの規定が労働契約の内容となることから、原則として、出向命令は有効となる、ただし、出向命令自体に正当な根拠があるとしても、それが権限濫用と認められるような場合には無効となる、ということかと思われます。この権限濫用の点については、2008年3月1日に施行された労働契約法第14条が、「使用者が労働者に出向を命ずることができる場合において、当該出向の命令が、その必要性、対象労働者の選定に係る事情その他の事情に照らして、その権利を濫用したものと認められる場合には、当該命令は、無効とする」と明確に規定しています。

これらの判断基準としては、（1）出向命令に業務上の必要性があり、出向者の選定に合理性があるか、（2）出向先での労働条件が就業規則等で明確にされていたり、採用時に出向について説明があり社員の同意を得

ていたり、同種の出向が行われて社員が受容していたりすることによって、出向が労働契約の内容に含まれているか、(3)出向の定義、出向期間、出向中の社員の地位、賃金、退職金、各種の出向手当、昇格・昇給等の査定その他、処遇等に関して出向者の利益に配慮しているか、などが挙げられると考えられます。

## リコーの裁判でも、会社の出向命令権は肯定

さて、冒頭で指摘したリコーに関わる裁判ですが、東京地裁・2013年11月12日判決は、従来からの判例と同様に、次のように判示して、出向命令自体には法律上の根拠があるとしています。

「出向は、労務提供先の変更を伴うものであり、出向する労働者が労働条件その他の待遇に関する基準において不利益を被る虞れがあることに鑑みれば、使用者が労働者に出向を命ずるに当たっては、当該労働者の同意その他出向命令を法律上正当とする明確な根拠を要するというべきである。なお、この点について、原告ら(筆者注:出向を命じられた社員)は、出向により就労環境等の労働条件全般が大きく変更することを理由に、出向には労働者の個別具体的な同意が必要である旨主張するが、労働者の同意がない場合であっても、これに代わる明確かつ合理的な根拠があれば、使用者には出向命令権があると解すべきであるから、原告らの主張は採用できない。そこで、被告(筆者注:リコー)に出向命令権があるか否かについて検討するに、被告の就業規則には、業務の都合等により社員の能力や適性に応じた異動(出向を含む)を命ずる場合がある旨の定めがあり、国内の関連会社の出向に関する規定である国内派遣社員規定にも、出向先における労働条件及び処遇について配慮する内容の規定が設けられている。…加えて、原告らと被告との労働契約において、職種や職務内容に関し特段の限定がないこと、原告らは、被告に入社するに際して、就業規則その他服務に関する諸規則を遵守する

こと、業務上の異動、転勤及び関係会社間異動の命令に従うこと等を約束する誓約書を差し入れていること、国内派遣社員規定及び関連会社管理規定において、リコーロジスティクスが出向先として予定された企業であることが具体的に明記されていること等も併せ鑑みれば、本件では、労働者の個別の同意に代わる明確かつ合理的な根拠があるというべきである。したがって、本件出向命令には法律上の根拠があるというべきであり、被告は、原告らに対し、リコーロジスティクスへの出向を命じる出向命令権があるというべきである。」

## 出向命令は人事権の濫用と判断

　東京地裁は、その上で、次のように述べて、出向命令が人事権の濫用として無効であると判断しました。

　まず、裁判所は、「出向命令権に法律上の根拠がある場合であっても、使用者は、これを無制約に行使しうるものではなく、出向命令権の行使が権利濫用に当たる場合には、当該出向命令は無効となる（労働契約法14条）。そして、権利濫用に当たるか否かの判断は、出向を命ずる業務上の必要性、人選の合理性（対象人数、人選基準、人選目的等の合理性）、出向者である労働者に与える職業上又は生活上の不利益、当該出向命令に至る動機・目的等を勘案して判断すべきである」と、すでに説明した従来の判例の一般論を指摘しました。その上で、「平成23年4月当時、被告グループの経営環境が悪化していたこと、競合他社と比較して、被告グループの固定費の割合が高かったことは、認定事実のとおりであり、…2兆円規模で売り上げても、税引前利益が450億から570億円程度しか出せない構造となっていた事実を認めることができる。上記に鑑みれば、固定費削減の具体的な方策の一つとして、作業手順や人員配置を見直し、それによって生じた余剰人員を外部人材と置き換えること（事業内製化）で人件費の抑制を図ろうとすることには、一定の合理性があるというべ

きである」として、本件出向命令の業務上の必要性は肯定しました。

　ただし、本件出向命令における人選の合理性（対象人数、人選基準、人選目的等）については、「被告における余剰人員の人選が、基準の合理性、過程の透明性、人選作業の慎重さや緻密さに欠けていたことは否めない。…余剰人員の人選は、事業内製化を一次的な目的とするものではなく、退職勧奨の対象者を選ぶために行われたものとみるのが相当である」と判断しました。さらに、原告らに与える職業上または生活上の不利益につき、「リコーロジスティクスにおける作業は立ち仕事や単純作業が中心であり、原告ら出向者には個人の机もパソコンも支給されていない。それまで一貫してデスクワークに従事してきた原告らのキャリアや年齢に配慮した異動とはいい難く、原告らにとって、身体的にも精神的にも負担が大きい業務であることが推察される。また、A及びB（筆者注：会社の人選担当者）との面談においても、本件希望退職への応募を勧める理由として、生産又は物流の現場への異動の可能性がほのめかされていたこと、原告らと同様に余剰人員として人選され、本件希望退職への応募を断った者（原告らを含め152人）は、全員が出向対象とされ、リコーロジスティクスを含む生産又は物流の現場への出向を命じられたこと等の事実に鑑みれば、本件出向命令は、退職勧奨を断った原告らが翻意し、自主退職に踏み切ることを期待して行われたものであって、事業内製化はいわば結果にすぎないとみるのが相当である」と断じました。

　その上で、「以上に鑑みれば、本件出向命令は、事業内製化による固定費の削減を目的とするものとはいい難く、人選の合理性（対象人数、人選基準、人選目的等）を認めることもできない。したがって、原告らの人選基準の一つとされた人事評価の是非を検討するまでもなく、本件出向命令は、人事権の濫用として無効というほかない」との結論を導き出したのです。

## 出向者の利益に配慮して慎重に

　リコーは控訴しましたが、冒頭で述べたように、2014年7月18日に東京高裁で和解が成立し、原告らは事務系職場に復帰することとなりました。リコーは、この事件によって、冒頭のようにブラック企業として名前が取り上げられることとなり、社会における信用の低下を招いてしまったわけです。企業においては、経営環境が悪化し事業の見直しを迫られ、社員に対する出向命令が必要な状況であるとしても、社員の立場に十分な配慮が必要だということです。

　相談者の会社においても、出向に関する明確な諸規定があるとのことですから、社員に出向命令を出すこと自体に問題はないと思われます。ただ、リコーの事案を十分に検証し、出向命令における人選の合理性や、対象者に与える職業上または生活上の不利益について配慮した上で実施しないと、裁判で出向命令が無効とされてしまう可能性があることを十分に認識すべきと思います。

　本来、出向は、新しい技術を習得するためや、逆に社員が持っている技術を伝えるために行われたり、グループ内の人材交流のために実施されたりすることもあり、必ずしも否定的にだけとらえられるべきものではありませんが、テレビドラマなどでは、往々にしてネガティブなイメージで表現されている印象があります。企業としては、社員の出向に対する受け止め方にも十分に配慮して、出向命令を出す際には、出向命令が権利の濫用と判断されないよう、出向者の利益に配慮しながら慎重に行うべきであると考えられます。

# CASE11
# 転勤辞令、「子どもの通学」理由に拒否できる？

【相談】

　私はとある中堅商社の人事部長を務めています。本店は東京で、北海道から鹿児島まで全国30か所に支店、出張所があります。今年就任した社長が地方のテコ入れを打ち出したこともあり、来年の人事異動は大変なことになりそうです。そんな中、先日こんなことがありました。

　横浜支店に勤務する中堅社員Ａが会議のため本店に来たので、「コーヒーでも」と言って休憩室に誘い、「横浜でのプロジェクトもそろそろ一段落したころだろう。来年２月から所長として鹿児島出張所に行ってくれないか」と打診したのです。Ａが黙っているので、「君はなかなかのやり手だと幹部も評価している。小なりといえども一国一城の主になって成果を出せば、次はいよいよ本店だ」とたたみかけました。ところが、Ａの答えは私の予想を裏切るものでした。

　「実は今年４月に息子が私立の中学に入学したんです。その中学校はカリキュラムも充実しているので、転校なんて考えられません。今は家族との時間を大切にしたいので、単身赴任なんてとても無理です。転勤はお断りします」と言ってきたのです。

　家庭を大切にする今の風潮はわかっているつもりです。でも我が社の就業規則には、「業務の都合により異動を命ずることがあり、社員は正当な理由なしに拒否できない」と明記されており、従業員、特に営業担当者の転勤は頻繁に行われています。それにＡは、入社時に勤務地を限定するような特別の取り決めをしたわけではありません。

　Ａはこれまで営業部員としてさまざまな勤務地で勤務してきたのに、急にこ

186　　第４章 人事異動や退職に関する事件簿

のようなことを言われて当惑しています。ほかの社員は家庭環境に関係なく人事異動を受け入れていることもあり、今回のことが前例になると、会社の人事が滞ってしまうおそれもあります。会社による転勤の辞令について、法律上、社員は争うことができるのか、これまでの例とあわせて教えてください（実際の事例をもとに創作したフィクションです）。

## 転勤＝企業戦士の宿命？

　サラリーマンであれば、長い会社員生活の中で「転勤」という配置転換を命じられることは一般的なことですが、それによって、生活や職場の環境が変わることは言うまでもなく、対象者の生活設計も大きな影響を受けることになります。

　既婚女性を対象としたある調査によると、配偶者が転勤になった場合に同行しないと回答した人が約3割を占めたとのことであり、その理由としては、相談にも出てくる「子供の学校を変えたくない」というもののほか、「自分の仕事がある」「現在住んでいる地域から離れたくない」「持ち家がある」などといった回答が多くを占めています。

　以前であれば、会社からの転勤の辞令に対して拒否するという選択肢などはまったくなく、また家族もたとえ内心は望んでいないとしても一緒に転勤先に同行するというのが日本企業では当たり前でしたが、そういった状況は徐々に変わってきているということかと思います。

　不動産情報サイト・アットホームによる、20〜50代のサラリーマン男性を対象とした調査では、「もし転勤辞令が出たら、実際あなたはどうしますか？」との質問に対して、条件に関係なく承諾すると回答したのは約3割に過ぎませんでした。また、「どんな条件なら、会社からの転勤辞令を承諾しますか？」との質問に対しても、「家賃補助が出る」「昇給す

第4章 人事異動や退職に関する事件簿　　187

る」などの経済的対価を求める回答が多数を占め、「転勤先の仕事にやりがいがある」などといった回答を圧倒しており、転勤に対する意識の変化がうかがわれます。

図11-1　転勤辞令に対するサラリーマンの対応

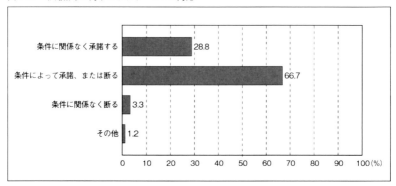

図11-2　転勤辞令を承諾する条件

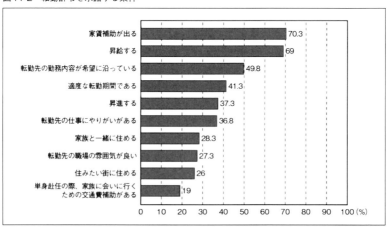

今回は、古くから企業戦士の宿命などと言われながらも、徐々に受け止め方について意識の変化が見られる転勤命令が、法的にはどこまで許されるかについて、法律面から説明してみたいと思います。

## 配置転換とは

　同一企業内で、労働者の職種や職務内容、または勤務場所のいずれか
または両方について、長期にわたって変更する人事異動のことを「配置
転換」（配転）といいます。そのうち、勤務場所の変更を伴うことを「転
勤」と言います。

　配置転換は、(1) 企業の特定部署に欠員が生じたり、特定部署の業務が
増大して現在の人員では対応できなくなったような場合に随時その補充
のために実施されたり、(2) 定期人事異動の一環として、労働者のキャ
リアに応じての昇進等を伴って実施されたり、(3) 雇用調整措置として、
不採算部門に生じた余剰人員を採算の見込まれる部門に異動させること
などを目的として実施されたりします。

　企業は、経営上、組織を効率的に運用するとともに、多種多彩な能力
や経験を有した人材を育成する必要があることから、適切な「配置転換」
を行う必要があります。ただ、そのような必要が認められるとしても、
転居を伴う配転、すなわち転勤命令は、社員（およびその家族）の生活
関係に極めて大きな影響を与えることから、従来より、さまざまな紛争
を引き起こしてきました。

## 特段の事情がない限り、権利の濫用にならない

　裁判所は、就業規則の根拠規定などを通して、転勤命令権が労働契約
法上の根拠を有することを前提とした上で、その効力に関して「権利濫
用法理」により制限されるとしています。

　この点に関するリーディングケースとしては、最高裁・1986年7月14
日判決が挙げられます。この事案は、全国的規模の会社の神戸営業所に
勤務する大学卒・営業担当従業員が、母親、妻および長女と共に堺市内の
母親名義の家屋に居住しているという事実関係の下で、同従業員に対す
る名古屋営業所への転勤命令が権利濫用になるかどうかが争われたもの

です。1審、2審判決が、いずれも、本件転勤命令の業務上の必要性はそれほど強いものではないのに対し、本件転勤命令は従業員に相当の犠牲を強いることになるとし、転勤命令は権利の濫用に当たり、同命令を拒否したことを理由とする懲戒解雇を無効としました。それに対し、最高裁判所は、原判決を破棄して差し戻し、審理のやり直しを命じています。

　この判決は、当該転勤命令が労働者に与える家庭生活上の不利益は、転勤に伴い通常甘受すべき程度のものであるとして、本件転勤命令が権利の濫用に当たると言うことはできないと判示しています。以下、最高裁判決の一部を引用したいと思います。

　「上告会社の労働協約及び就業規則には、上告会社は業務上の都合により従業員に転勤を命ずることができる旨の定めがあり、現に上告会社では、全国に十数か所の営業所等を置き、その間において従業員、特に営業担当者の転勤を頻繁に行っており、被上告人は大学卒業資格の営業担当者として上告会社に入社したもので、両者の間で労働契約が成立した際にも勤務地を大阪に限定する旨の合意はなされなかったという前記事情の下においては、上告会社は個別的同意なしに被上告人の勤務場所を決定し、これに転勤を命じて労務の提供を求める権限を有するものというべきである。…使用者は業務上の必要に応じ、その裁量により労働者の勤務場所を決定することができるものというべきであるが、転勤、特に転居を伴う転勤は、一般に、労働者の生活関係に少なからぬ影響を与えずにはおかないから、使用者の転勤命令権は無制約に行使することができるものではなく、これを濫用することの許されないことはいうまでもないところ、当該転勤命令につき業務上の必要性が存しない場合又は業務上の必要性が存する場合であっても、当該転勤命令が他の不当な動機・目的をもってなされたものであるとき、若しくは労働者に対し通常甘受すべき程度を著しく超える不利益を負わせるものであるとき等、特段の事情の存する場合でない限りは、当該転勤命令は権利の濫用になるものではないというべきである。右の業務上の必要性についても、当該

第4章 人事異動や退職に関する事件簿

転勤先への異動が余人をもっては容易に替え難いといった高度の必要性に限定することは相当でなく、労働力の適正配置、業務の能率増進、労働者の能力開発、勤務意欲の高揚、業務運営の円滑化など企業の合理的運営に寄与する点が認められる限りは、業務上の必要性の存在を肯定すべきである。」

## 勤務地が限定される場合

この最高裁判決が、判決文の中で、「労働契約が成立した際にも勤務地を大阪に限定する旨の合意はなされなかったという前記事情の下において」とあえて指摘しているように、労働契約上、勤務地が限定されている場合、労働者が同意をしない限り、転勤を命じることは原則としてできません。また、書面などによる明確な限定がないとしても、採用面接の際に採用担当者に対して、家庭の事情で転勤できない旨を明確に述べて採用担当者も勤務地を限定することを否定しなかったこと、採用担当者が本社に採用の稟議を上げる際に転勤を拒否していることを伝えたのに対して本社からは何らの留保を付することなく採用許可の通知が来たこと、また会社が、転勤があり得ることを労働者に明示した形跡もないなどの事情の下では、雇用契約において勤務地を限定する旨の合意が存在したと認定した裁判例もあります（大阪地裁・1997年3月24日判決）。

なお、従業員のキャリアを、転勤を予定する社員コースと転勤を予定しない社員コースとに分けて従業員にそのいずれかを選択させるといったコース別雇用制度や勤務地限定社員制度などでは、明示の勤務地限定の特約が認められると考えられます。また、アベノミクスの一環として、政府が導入を進めている「限定正社員」（職種、勤務地、勤務時間などを限定した正社員）のうち、勤務地を限定された限定正社員にも同様の特約が認められると考えられます。他方、本社採用の幹部候補社員の場合には、勤務場所が特定されていないとして、全国どこにでも勤務する旨

の合意が成立していると解されています。

　ただ、このような幹部候補社員に限らず、現地の工場で働く人にも他の地方への転勤義務が認められる場合もあります。

　たとえば、食品容器製造販売会社の従業員で茨城県の関東工場に勤務していた人が、会社から広島県福山市の本社工場への不当な転勤命令により退職を強要されたと主張して、得べかりし賃金、慰謝料および会社都合退職金との差額の損害賠償を請求した事件の控訴審判決（東京高裁・2000年5月24日）は、「被控訴人ら（筆者注：従業員）の本社工場への転勤は、控訴人（筆者注：会社）の経営合理化方策の一環として行われることになった関東工場の生産部門の分社化に伴って生じる余剰人員の雇用を維持しつつ、新製品であるPS製品の開発・製造のために本社工場に新設されたPS-4課及び同5課等の新規生産部門への要員を確保するべく、控訴人の組織全体で行われた人事異動の一環として計画されたものであって、控訴人の置かれた前記のような経営環境に照らして合理的なものであったと認められる。そして、被控訴人らを転勤要員として選定した過程に格別不当な点があったとは認められない。関東工場の近くに生活の本拠を持ち、関東工場の従業員として採用された被控訴人らが遠方の広島県福山市へ転勤することについては、それを容易に受け入れられない各人それぞれの事情があることは、それなりに理解できなくはないけれども、本件全証拠をもってしても、被控訴人らが勤務先を関東工場に限定して採用されたとの事実を認めるに足りないし…規則上も、『会社は業務上の必要があるときは転勤、長期出張を命ずることがある、この場合、社員は正当な理由なくこれを拒むことができない』旨明記されているのであって、被控訴人らもこれを承知した上で勤務してきたものと認められる。そして、被控訴人らが転勤に応じられない理由として述べた前記のような個別事情（筆者注：被控訴人らからは、妻の母親を週1回病院に連れて行っていること、50歳に達し福山での生活や仕事が不安であること、妻の兄夫婦に跡継ぎがなく転勤中の兄夫婦の家に住んで

いるため空き家にするわけにはいかないこと、妻が病気で子供も幼いこと、などが主張されています）も、それ自体転勤を拒否できる正当な理由に当たるとまでいうことができるものではない」とし、転勤義務があると認めています。

なお、勤務地の限定は、転勤がないことから、ワークライフバランスという観点から労働者にメリットは大きいと言えますが、他方で、限定されていることから、勤務地である事業所閉鎖などの場合には、解雇のリスクを伴うことに注意が必要です。

## 権利濫用法理（労働契約法第3条5項）

勤務地の限定に関する合意が認められない場合、前述の最高裁判決のとおり、企業は、原則として従業員の個別の同意なしに、業務上の必要に応じ、その裁量により従業員の勤務場所を決定し、転勤を命じて労務の提供を求めることができることになります。しかし、使用者の転勤命令権は無制約に行使することができるものではなく、これを濫用することは許されないとして、実際の転勤命令の有効性については、「権利濫用」に該当するか否かで判断することとされています。

労働契約法第3条5項でも、「労働者及び使用者は、労働契約に基づく権利の行使に当たっては、それを濫用することがあってはならない」と規定されており、権利濫用となる転勤命令権の行使は無効となるわけです。

では、転勤命令が権利濫用とならないためにはどのような要件が必要となるでしょうか。この点については、前述の名古屋営業所への転勤命令の妥当性に関する最高裁判決が指摘しているように、「当該転勤命令につき業務上の必要性が存しない場合又は業務上の必要性が存する場合であっても、当該転勤命令が他の不当な動機・目的をもってなされたものであるとき、若しくは労働者に対し通常甘受すべき程度を著しく超える不利益を負わせるものであるとき等、特段の事情の存する場合でない」

ということが必要となります。

## 業務上の必要性があること

まず、転勤命令には「業務上の必要性」がなければなりません。ただし、最高裁判決は、「業務上の必要性についても、当該転勤先への異動が余人をもつては容易に替え難いといった高度の必要性に限定することは相当でなく、労働力の適正配置、業務の能率増進、労働者の能力開発、勤務意欲の高揚、業務運営の円滑化など企業の合理的運営に寄与する点が認められる限りは、業務上の必要性の存在を肯定すべきである。本件についてこれをみるに、名古屋営業所のＡ主任の後任者として適当な者を名古屋営業所へ転勤させる必要があったのであるから、主任待遇で営業に従事していた被上告人を選び名古屋営業所勤務を命じた本件転勤命令には業務上の必要性が優に存したものということができる」としており、裁判所は、業務上の必要性について、比較的容易に認めています。

## 不当な動機・目的がないこと

次に、転勤命令が「他の不当な動機・目的をもってなされたもの」ではないことが必要です。この点は、裁判所でもよく争点となるところです。

前橋地裁・2011年11月25日判決は、大学や専門学校を運営する学校法人にバス運転手として就労していた人が、学校法人の経営悪化からバス運転業務が事業委託されることになった事業委託先への転籍を拒否したところ、自宅から50km以上、元の職場から60km以上離れた学校法人が運営する温泉宿泊施設への転勤を命じられたという事案において、「本件配転命令は、結局、Ａ（筆者注：事業委託先）への転籍を拒否した原告（筆者注：バス運転手）に対し、上述したような不利益を負わせて、任意に退職させるなどの不当な動機・目的をもってなされたものであると認めるのが相当である。したがって、本件配転命令は、権利の濫用に当た

194　第4章 人事異動や退職に関する事件簿

り、無効であるというべきである」と判示しています。

## 通常甘受すべき程度を超える不利益が生じないこと

さらに、従業員に対して、「通常甘受すべき程度を超える不利益」を負わせる転勤命令は権利の濫用となります。ただ、裁判所は、家庭生活上の不利益は、転勤に伴い通常甘受すべき程度のものとして、配置転換命令は権利濫用に当たらないとする傾向にあると思われます。

たとえば、従業員数約2,000人の会社の東京都目黒区所在の技術開発本部に勤務する女性従業員に対し、同八王子市所在の事業所への転勤命令がされた事案において、「同従業員が他の会社に勤務する夫および保育園に通う長男と共に同品川区所在の借家に居住しており同所から右事業所へ通勤するには最短経路で片道約1時間45分を要するといった事実関係の下においては、転勤によって同従業員の負うことになる不利益は必ずしも小さくはないが、なお通常甘受すべき程度を著しく超えるとまではいえず、当該転勤命令が権利の濫用に当たるとはいえない」とした判例があります（最高裁・2000年1月28日判決）。この事案では、配転先が同じ東京都内であり、必ずしも転居を必要とするわけではなく通勤も可能です（他社に勤務する夫も八王子近辺から通勤することは可能）。他方、幼児を育てる共働きの夫婦にとっては、保育園への送迎の関係で負担が特に大きくなることから、配転拒否の正当性が果たして認められるのかが争われたわけですが、最高裁は、配置転換命令は権利濫用には当たらず有効と認めたわけです。

## 家族の療養・看護の必要性がある場合

なお、「通常甘受すべき程度を超える不利益」を判断するにあたって、家族の療養・看護等の必要性があることが問題となる事案もあります。この場合には、転勤命令を権利濫用として無効とした裁判例が比較的多

く見られます。

　札幌地裁・1997年7月23日決定は、帯広工場勤務の社員が札幌本社工場への転勤命令を受けた事案において、「債権者（筆者注：転勤命令を受けた社員）は、妻、長女、長男、二女と同居しているところ、長女については、躁うつ病（疑い）により同一病院で経過観察することが望ましい状態にあり、二女については脳炎の後遺症によって精神運動発達遅延の状況にあり、定期的にフォローすることが必要な状態であるうえ、隣接地に居住する両親の体調がいずれも不良であって稼業の農業を十分に営むことができないため、債権者が実質上面倒をみている状態にあることからすると、債権者が一家で札幌市に転居することは困難であり、また、債権者が単身赴任することは、債権者の妻が、長女や二女のみならず債権者の両親の面倒までを1人で見なければならなくなることを意味し、債権者の妻に過重な負担を課すことになり、単身赴任のため、種々の方策がとられているとはいえ、これまた困難であると認められる。そして、債権者が右のような家庭状況から、札幌への異動が困難であることに加えて、帯広工場には、協調性という付随的要件に欠けるが、その他の要件を満たす者が他に5名もいることを考慮すると、これらの者の中から転勤候補者を選考し、債権者の転勤を避けることも十分可能であったと認められるから、債務者（筆者注：会社）は、異動対象者の人選を誤ったといわざるをえず、債権者を札幌へ異動させることは、債権者に対し通常甘受すべき程度を著しく超える不利益を負わせるものであるというべきである」としています。

　また、東京地裁・2002年12月27日決定は、Y社の東京本社に勤務するXが、大阪支社への転勤命令を、共働きの妻がいること、2人の子が重度のアトピー性皮膚炎で東京都内にある治療院に週2回通院していること、および将来的に両親の介護の必要があること等を理由に拒否したという事案において、「改正育休法26条は、『事業主は、その雇用する労働者の配置の変更で就業の場所の変更を伴うものをしようとする場合にお

いて、その就業の場所の変更により就業しつつその子の養育又は家族の介護を行うことが困難となることとなる労働者がいるときは、当該労働者の子の養育又は家族の介護の状況に配慮しなければならない』と定め、労働者の子の養育や家族の介護の状況に対する配慮を事業主の義務としているところ、事業者の義務は『配慮しなければならない』義務であって、配転を行ってはならない義務を定めてはいないと解するのが相当である。しかしながら、改正育休法の制定経緯に照らすと、同条の『配慮』については、『配置の変更をしないといった配置そのものについての結果や労働者の育児や介護の負担を軽減するための積極的な措置を講ずることを事業主に求めるものではない』けれども、育児の負担がどの程度のものであるのか、これを回避するための方策はどのようなものがあるのかを、少なくとも当該労働者が配置転換を拒む態度を示しているときは、真摯に対応することを求めているものであり、既に配転命令を所与のものとして労働者に押しつけるような態度を一貫してとるような場合は、同条の趣旨に反し、その配転命令が権利の濫用として無効になることがあると解するのが相当である。

　本件についてみると、債務者（筆者注：会社Y）は、債権者（筆者注：転勤命令を受けた社員X）の大阪への異動について、金銭的配慮を講じる旨の申し出をしているものの、本件転勤命令を再検討することは一度もなかったのであり、A総務部長の債権者への打診の経緯や本件組合との交渉の経緯からすると、債務者は、債権者に大阪支社への転勤を内示した段階で、すでに本件転勤命令を所与のものとして、これに債権者が応じることのみを強く求めていたと認められる。したがって、債務者の債権者に対する対応は、改正育休法26条の趣旨に反しているといわざるを得ない。ひるがえって、本件転勤命令の業務上の必要性をみるに、本件では人員不足のために絶対に3名の補充が必要であったというわけではなく、債権者本人のための教育的配慮も相当程度あったのであるから、業務上の必要性が、やむを得ないほど高度なものであったとはいえない。

第4章 人事異動や退職に関する事件簿　197

以上を総合すると、債権者について生じている、共働きの夫婦における重症のアトピー性皮膚炎の子らの育児の不利益は、通常甘受すべき不利益を著しく超えるものであるというのが相当である」として、本件転勤命令は、業務上の必要性が存するけれども、債権者に対し通常甘受すべき程度を著しく超える不利益を負わせるものであるという特段の事情があることから、本件転勤命令は権利の濫用であるとして無効とし、債権者は、本件転勤命令に従って就労する義務がない、としています。

　ちなみに、この決定文の中に出てくる「育休法」とは、「育児休業、介護休業等育児又は家族介護を行う労働者の福祉に関する法律」のことであり、2009年に改正され、家庭的責任を有する労働者への保護・配慮規定が整備されています。2008年3月に施行された労働契約法第3条3項でも、「労働契約は、労働者及び使用者が仕事と生活の調和にも配慮しつつ締結し、又は変更すべきものとする」として、ワークライフバランスに配慮された規定が置かれており、今後、これらの法律に配慮することなく行われた配置転換命令は、権利濫用とされる可能性が従来より高くなると考えられます。

## 「子供が私立学校に通っており転校は難しい」だけでは無理

　相談者の会社でも、特定社員に対して、横浜支店から鹿児島出張所への転勤を内示したところ、その社員が「子供が私立学校に通っており、転校は難しいので、仮に私が転勤となると単身赴任となってしまう」という家庭の事情を理由に転勤を拒否してきたとのことです。また、その社員は入社時に勤務地を限定するような特別の取り決めをしているわけでもなく、入社してからこれまで、さまざまな勤務地で営業部員として勤務してきたということです。

　冒頭でご紹介した最高裁・1986年7月14日判決では、全国的規模の会社の神戸営業所勤務の大学卒営業担当従業員が、母親、妻および長女と

共に堺市内の母親名義の家屋に居住しているといった事実関係の下で、転勤命令が権利の濫用に当たるということはできないと判示していることからしても、転勤拒否の理由が本当に「子供が私立学校に通っており、転校は難しいので、仮に私が転勤となると単身赴任となってしまう」という事情だけなのであれば、従来の裁判の傾向からみて、転勤に伴い通常甘受すべき程度のものとされて、当該転勤命令が権利濫用に当たることはないだろうと考えられます。つまり、相談にある転勤命令は、会社の裁量権の範囲内と考えられるわけです。その意味では、問題となっている社員が、会社からの転勤命令が権利濫用だと主張して争うのは難しいと思われます。

　ただ、相談者としては、本当にそれだけが転勤拒否の理由なのかについて十分に確認することは必要です。

　前述した札幌地裁・1997年7月23日決定（長女が躁うつ病の疑い、二女が脳炎の後遺症で精神運動発達遅延の状況などである事案）において、当該社員は、その事情を会社にあらかじめ説明しておらず、その点につき、裁判所は、決定文の中で「債権者は、右のような家庭状況を、転勤の内示を受けるまで債務者に申告せず、却って、長女、二女及び両親に何らの問題もないのごとき家族状況届を提出し、債務者をして転勤の人選を誤らせており、その対応には遺憾な点が存するが、結局、本件転勤命令が出される1ヶ月以上前には債務者に対し家庭状況を申告し、転勤には応じ難い旨伝えていることを考慮すると、債権者の右対応によって右認定が左右されるものではない」と判示しています。社員の側からすれば、このような深刻な家庭内の事情はなかなか勤めている会社には報告しにくいものであり、後からそのような事情が出てくることもあり得ますから、単なる社員のわがままと切り捨てるのではなく、十分な事情聴取をして、誠意ある対応を行うことは必要ではないかと思われます。

# 第5章 組織の不祥事に関する事件簿

# CASE12
## ライバル企業の社員の引き抜き、どこまで許される？

【相談】

　私は、広告代理店で法務部長として、法律に関すること全般を扱っています。業務は、たとえば、当社が結ぶ契約の中身を点検したり、新規事業を始める際に法律上の問題がないかを調べたりといったことですが、それ以外に社員の行動にも目を光らせています。

　そんな私の最近の心配のタネといえば、営業課に不穏な空気が流れていることです。

社内の人脈を使って探りを入れたところ、近く退職する営業課長のＡに同調して我が社を去る社員が続出するかもしれないとのことでした。Ａは創業以来の生え抜きで、社内外に広い人脈を持ち、我が社の発展に力を尽くしてきました。ライバル社から恐れられる存在だったのですが、多少自信過剰になったのでしょう。社の許可なく経済系の週刊誌の取材を受けて、デカデカと載った記事が社長の逆鱗に触れてしまったのです。Ａは地方支店への異動を内示されましたが、それを蹴って退社の道を選びました。

　部下の面倒見がよかったＡは、社内の人望も厚く、行動をともにしたいという社員がいても不思議ではありません。気になるＡの転職先ですが、破格の条件でライバル社に移籍するというのがもっぱらのウワサです。さらに、Ａが社内の人材をごっそり引き抜いて大量移籍ということにでもなれば、我が社とライバル社の力関係は逆転、我が社の営業部隊が成り立たなくなってしまう可能性さえあります。

　この時代、優秀な社員の引き抜きはよくあることとはいえ、これまでコストをかけ育ててきた人材が流出していくのを黙って見ているしかないのでしょう

か。社員の引き抜きについて、法律はどのような制限を課しているのか、また、会社としてどのような対策を立てられるのか教えてください（実際の事例をもとに創作したフィクションです）。


## 藤田社長の「激怒」が話題に

　2014年10月、サイバーエージェントの藤田晋社長が、競合企業に引き抜かれたある社員に対して「激怒」し、しかも社長が怒っているという噂が社内に拡散するよう意図的に怒ったことを報告した内容のコラムが話題になりました。

　そのコラムの中で、藤田社長は、「辞めた社員のことを憎く思って激怒したわけではありません。正直言えば『かわいそうなことをした』と思っています。それでも大勢の社員を率いる立場として、組織の未来のために、あえて毅然とした態度をとったのです」と、その意図についても語っています。藤田社長によれば、2000年頃、他社社員の引き抜きを行った際に、業界2位以下の会社は寛容だったのに対して、業界1位の会社は「出入り禁止」とばかりにカンカンに怒り、その企業は今でも業界首位を堅持しているという事例を挙げ、「長い目で見れば、社会に対しても社員に対しても、良い会社とは永続性のある強い会社のことだと思っています。そのためには、優秀な人材を競合には渡さない、という毅然とした態度も必要だということに、そのとき気づきました。それから私は、不寛容と言われようが、社員が同業に引き抜かれた場合は『激怒する』という方針を決めたのです」とも書いています。

　これに関し、当時、社長が社員個人を、対象者を特定できるような形で批判したことについて疑問を呈する意見や、経営者としての率直な考えに賛意を示す意見など、賛否がネット上で入り乱れ、しばらくは世間

第5章 組織の不祥事に関する事件簿　203

の話題になっていました。

　藤田社長は著名なインターネット企業の経営者であり、常時、さまざまな情報を積極的に発信し続けており、今回の発言についても、ネット上でどのような反響を招くかについて当然想定した上での確信的な行動だったと思われます。藤田社長が、このような事態を引き起こすことを覚悟してまであえて指摘して、その後の同様の行為に対して警告を発したように、ネット業界に限らず、社員の引き抜きはビジネスの現場で頻繁に発生し、企業はその対策に頭を悩ませています。

図12-1　競合他社からの社員の引き抜きの状況

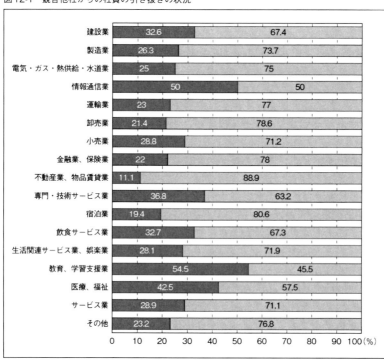

　経済産業省が2012年に全国の企業を対象に行った実態調査によれば、

競業他社からの引き抜きについては、藤田社長の経営する企業が属する情報通信業や、医療福祉、専門・技術サービス業、教育学習支援業などで、多く発生していることがわかります。

## 社員の転職は原則自由

そもそも社員の転職は自由に認められるのでしょうか。憲法第22条1項は、「何人も、公共の福祉に反しない限り、居住、移転及び職業選択の自由を有する」と規定しています。つまり、従業員が転職すること自体は、「職業選択の自由」により認められており、会社が阻止することは原則として許されません。

この点に関しよく問題となるのが、就職時や退職時において、「会社を退社してから〇年間は、競業する企業への就職をしません」といった条項がある誓約書を提出している社員が、当該会社を退職する場合、その誓約書での取り決め事項が有効なものとして機能するのかという点です。

奈良地裁・1970年10月23日判決は、「一般に雇用関係において、その就職に際して、あるいは在職中において、本件特約（筆者注：「Aは雇用契約終了後満2年間B社と競業関係にある一切の企業に直接にも間接にも関係しないこと」との特約）のような退職後における競業避止義務をも含むような特約が結ばれることはしばしば行われることであるが、被用者に対し、退職後特定の職業につくことを禁ずるいわゆる競業禁止の特約は経済的弱者である被用者から生計の道を奪い、その生存をおびやかす虞れがあると同時に被用者の職業選択の自由を制限し、又競争の制限による不当な独占の発生する虞れ等を伴うからその特約締結につき合理的な事情の存在することの立証がないときは一応営業の自由に対する干渉とみなされ、特にその特約が単に競争者の排除、抑制を目的とする場合には、公序良俗に反し無効であることは明らかである」とした上で、「この合理的範囲を確定するにあたっては、制限の期間、場所的範囲、制

限の対象となる職種の範囲、代償の有無等について、債権者の利益（企業秘密の保護）、債務者の不利益（転職、再就職の不自由）及び社会的利害（独占集中の虞れ、それに伴う一般消費者の利害）の3つの視点に立って慎重に検討していくことを要する」としています。

かように、たとえ競業企業への転職を明確に禁じた旨の誓約書などを会社に提出しているとしても、それによって競業企業に転職できないということには必ずしもなりません。社員における職業選択の自由の保証は、それほど重要であるということです。

## わずか6か月間の制限であっても無効とされた判例も

大阪地裁・2000年6月19日判決では、X社が、同社を退職後、X社と競業関係にあるY社へ就職した元従業員らに対し、X社との雇用契約上退職後6か月間は同業他社などへの就職を禁止されていたにもかかわらず、これに違反したとして、またX社に損害を与える意図をもって、十分な事前通知期間を置かず引継ぎもせずに競業関係にあるY社へ違法に移籍したとして、損害賠償を求めた事案において、「使用者が、従業員に対し、雇用契約上特約により退職後も競業避止義務を課すことについては、それが当該従業員の職業選択の自由に重大な制約を課すものである以上、無制限に認められるべきではなく、競業避止の内容が必要最小限の範囲であり、また当該競業避止義務を従業員に負担させるに足りうる事情が存するなど合理的なものでなければならない」とした上で、「元従業員らのX社での業務は、単純作業であり、X社独自のノウハウがあるものではなかった。また本件規定は、…単にX社の取引先を確保するという営業利益のために従業員の移動そのものを禁止したものである。そしてX社における従業員Aの年収は約366万円（税込み）、従業員Bの年収は約323万円（税込み）と決して高額なものではなく、また退職金もなく、さらに本件規定に関連しX社は従業員に対し何らの代償措置も講

じていなかった。以上を総合考慮するならば、本件規定が期間を6か月と限定し、またその範囲を元の職場における競業他社への就職の禁止という限定するものであったとしても、従業員らの職業選択の自由を不当に制約するものであり、公序良俗に反し無効であると言わざるを得ない」と判示しています。

このような事案では、どの程度の期間なら有効なのか、どのような代償措置を取れば有効なのかなど、さまざまな難しい問題があり、裁判の場で争われることも多いのですが、明確な基準はありません。いずれにしても、企業が、社員の転職を制限することは簡単ではないということです。

では、基本的に社員の転職が自由であるという前記の理屈から、社員に転職を促して引き抜く行為も同様に自由であると言って良いのでしょうか。

## 企業による社員引き抜きは原則自由

終身雇用制度という慣行が崩壊し、転職する者も珍しくなくなった最近では、企業が、優秀な人材を他企業から引き抜くことも一般的に見られるようになりました。そして、社員の転職自体が基本的に認められているのと同様に、企業が他の企業の社員を引き抜くという行為は、道義的問題を別にすると、社員個人に退職の自由、職業選択の自由が保障されており、また、競合企業にも営業の自由があることを考えれば、自由競争の原則の下において、ただちに違法行為になることは通常ありません。

しかし一方で、引き抜かれる企業にしてみれば、優秀な人材を引き抜かれるといった人的損失にとどまらず、営業秘密や個人情報が流出する虞れもあり、競合している企業に転職した社員が従来担当していた顧客と取引を始めることにより、企業の営業に大きな影響を与えることも考えられます。

第5章 組織の不祥事に関する事件簿　207

## 極めて背信的な方法で引き抜いた場合には違法

そこで、裁判所は、基本的に、企業間における従業員の引き抜き行為のうち、単なる転職の勧誘にとどまるものは違法とはいえないが、その域を越えて社会的相当性を逸脱し極めて背信的な方法で引き抜いた場合には違法となり得るという判断をしています。

東京地裁・1991年2月25日判決は、英会話教材販売会社の営業本部長が、配下のセールスマン24名を組織ごと引き抜いて、競合企業に転職させたという事例につき、引き抜いた側の企業に対し、「ある企業が競争企業の従業員に自社への転職を勧誘する場合、単なる転職の勧誘を越えて社会的相当性を逸脱した方法で従業員を引き抜いた場合には、その企業は雇用契約上の債権を侵害したものとして、不法行為として右引抜行為によって競争企業が受けた損害を賠償する責任がある」と判示し、さらに「引き抜いた競合企業が、企業間のセールスリクルート自粛を統一見解として明示する同業者団体に加入し、これを遵守しなければならない立場にありながら、英会話教材販売会社の営業本部長と接触し、内密に行われる集団的移籍の方法を協議し、移籍勧誘のための場所作りに積極的に関与し、同本部長によってその場に連れ出されたセールスマンらに競合企業の説明をするなどの事実関係のもとにおいては、引き抜いた競合企業は、引き抜き行為によって対象企業が被った損害を賠償する責任がある」として、引き抜き後1か月間の減収分から、引き抜かれた営業部長の寄与分を控除した金額の賠償を命じています。

また、大阪地裁・2002年9月11日判決も、労働者派遣業を営むＸ社の従業員であったＡ、Ｂらが、Ｘ社在職中および退職後にわたって、同業のＹ社と共謀しＸ社の派遣スタッフを大量に引き抜いたとされる事案において、前記の東京地裁の判決と同様に、「単なる転職の勧誘の範囲を超えて社会的相当性を逸脱した方法で従業員を引き抜いた場合には、引き抜き行為によって同業他社に生じた損害を賠償すべき」とした上で、Ｙ社

は、AおよびBと共謀して、単なる転職の勧誘の範囲を超え、社会的相当性を著しく逸脱した引き抜き行為を行ったと認定し、3か月分に当たる粗利額、すなわちX社が派遣先企業から受領した売上高（派遣料）から、当該派遣スタッフに対して支給されていた、税金等の法定控除前の賃金総支給額に当該派遣スタッフにかかる各種保険料（労災保険、雇用保険、健康保険、厚生年金等の保険料）のうちX社負担分を加えた額を控除した金額を、損害として認定しています。

## 損害の範囲は限定的に認められる

　大阪地裁の上記判決は、次のようにも述べています。

　「一般に従業員は勤務する企業を自由に退職し、又は他企業に転職することが認められるのであるから、従業員が任意に退職又は転職することにより従前勤務していた企業に損失が生じたとしても、その企業はこれを甘受すべきものである。その企業としては、従業員を適宜補充するなどして、自助努力により損失を最小限にとどめるべきであり、これを当該従業員に負担させることはできないのであって、一時期に多数の従業員が退職又は転職した場合であっても、このことに変わりはないというべきである。仮に従業員が他の従業員や同業他社からの違法な引き抜き行為によって退職したものであっても、最終的に引き抜き行為の対象となった従業員が自由な意思に基づいて企業を退職したのであれば、これによって企業に生じた損害がすべて当該引き抜き行為と相当因果関係がある損害ということもできない。」

　すなわち、違法な引抜き行為が存在し、それによって退職した場合であっても、引抜かれた企業に発生したすべての損害について賠償責任を負うわけではないということです。

　東京地裁・2014年3月5日判決でも、企業の属性（労働派遣業者）に着目して、次のように判示しています。

第5章 組織の不祥事に関する事件簿　209

「そもそも、労働者は、職業選択の自由の一環として、退職し又は他社に転職する自由があり、企業は、労働者が自由な意思に基づいて退職ないし他社に転職することを認めなければならないし、これによって従前勤務していた企業に損失が生じたとしても、これを甘受しなければならないし、ことに、原告のように労働者派遣を業として行っている会社において、派遣労働者は労働条件が有期であったり、派遣先が決まらない間は待機中として有給休暇の消化をやむを得なくされるなど、正社員に比べるとその労働条件が不安定になっており、派遣労働者がより良い労働条件を求めて、転職することは当然の理である。さらにいえば、原告のように労働者派遣を業としている会社において、派遣労働者の退職によって損失を生じる可能性がある場合には、当該派遣労働者の労働条件を改善して引き留めを図ったり、他の派遣労働者を適宜補充するなどの自助努力により損失を最小限にとどめることができるし、取引先の喪失についても、同様に新たな契約締結交渉等の努力を行うことができるところである。本件において、原告が、かかる自助努力をどの程度行ったかは定かではないが、本来であれば自助努力によって回避可能な損失を漫然と被告らに負担させることは相当でない。」

ほかにも、「原告代表者の行為を原因として生じた原告の社内の混乱に嫌気がさして自発的に原告を辞めていったもの」（東京地裁・1994年11月25日判決）や、「○○ゼミナール（筆者注：原告が経営していた学習塾）の一部の講師が被告の計画に賛同して△△塾（筆者注：被告が開設した学習塾）に移ったと認められる」（大阪地裁・1989年12月5日判決）などと認定して、損害賠償を認めなかった判決も見受けられます。

## 在籍中の従業員が、他社への引き抜きを行った場合

では、現在在籍中の従業員が、引き抜きを行った場合はどうなるのでしょうか。相談者のケースにおいて、会社の営業課長が、自身の退職前

に、直属の優秀な部下について、自分が新たに移る会社への引き抜き行為を行っていたような場合です。

　この点、裁判所は、従業員が単なる転職の勧誘をしたにとどまる場合は、雇用契約上の誠実義務に反するものではないと考えています。つまり、すでに説明した他社による引き抜きの場合と同様に、単なる転職の勧誘をしたにとどまる場合は、雇用契約上の誠実義務に反するものではないが、社会的相当性を逸脱して極めて背信的な方法で行われた場合には例外的に雇用契約上の誠実義務違反に該当するとし、社会的相当性を逸脱した引き抜き行為であるか否かは、諸般の事情を総合的に考慮して判断すべきである、としているのです。

　前述の英会話教材販売会社での事例において、東京地裁は、「およそ会社の従業員は、使用者に対して、雇用契約に付随する信義則上の義務として、就業規則を遵守するなど労働契約の債務を忠実に履行し、使用者の正当な利益を不当に侵害してはならない義務（以下「雇用契約上の誠実義務」という）を負い、従業員が右義務に違反した結果使用者に損害を与えた場合は、右損害を賠償すべき責任を負うというべきである。ところで、本件のように、企業間における従業員の引き抜き行為の是非の問題は、個人の転職の自由の保障と企業の利益の保護という二つの要請をいかに調整するかという問題でもあるが、個人の転職の自由は最大限に保障されなければならないから、従業員の引き抜き行為のうち単なる転職の勧誘に留まるものは違法とはいえず、したがって、右転職の勧誘が引き抜かれる側の会社の幹部従業員によって行われたとしても、右行為を直ちに雇用契約上の誠実義務に違反した行為と評価することはできないというべきである。しかしながら、その場合でも、退職時期を考慮し、あるいは事前の予告を行う等、会社の正当な利益を侵害しないよう配慮すべきであり（従業員は、一般に2週間前に退職の予告をすべきである。民法第627条1項参照）、これをしないばかりか、会社に内密に移籍の計画を立て一斉、かつ、大量に従業員を引き抜く等、その引抜きが

第5章 組織の不祥事に関する事件簿　｜　211

単なる転職の勧誘の域を越え、社会的相当性を逸脱し極めて背信的方法で行われた場合には、それを実行した会社の幹部従業員は雇用契約上の誠実義務に違反したものとして、債務不履行あるいは不法行為責任を負うというべきである。そして、社会的相当性を逸脱した引き抜き行為であるか否かは、転職する従業員のその会社に占める地位、会社内部における待遇及び人数、従業員の転職が会社に及ぼす影響、転職の勧誘に用いた方法（退職時期の予告の有無、秘密性、計画性等）等、諸般の事情を総合考慮して判断すべきである」と判示しています。

　その上で、「営業本部長Ａは、Ｘ社の営業において中心的な役割を果していた幹部従業員で、しかも本件引き抜き行為の直前までＸ社の取締役でもあったうえ、配下の部課係長及びセールスマンとともに、Ｘ社が社運をかけた企画を一切任されていたのであるから、Ａとともにそれら従業員が一斉に退職すれば、Ｘ社の営業の基盤である当該企画の運営に重大な支障を生ずることは明らかで、しかもＡはこれを熟知する立場にあったにもかかわらず、本件引き抜き行為に及んだうえ、その方法も、まず個別的にマネージャーらに移籍を説得したうえ、このマネージャーらとともに、Ｘ社に知られないように内密に本件セールスマンらの移籍を計画・準備し、しかもセールスマンらが移籍を決意する以前から移籍した後の営業場所を確保したばかりか、あらかじめその営業場所に備品を運搬するなどして、移籍後直ちに営業を行うことができるように準備した後、慰安旅行を装って、事情を知らないセールスマンらをまとめて連れ出し、本件ホテル内の一室で移籍の説得を行い、その翌日には打合せどおり本件ホテルに来ていた競合Ｙ社の役員に会社の説明をしてもらい、その翌日から早速Ｙ社の営業所で営業を始め、その後にＸ社への退職届けを郵送させたというものであり、その態様は計画的かつ極めて背信的であったといわねばならない」として、「本件セールスマンらに対する右移籍の説得は、もはや適法な転職の勧誘に留まらず、社会的相当性を逸脱した違法な引抜行為であり、不法行為に該当すると評価せざるを得な

い」と判断し、Aについて、「原告との雇用契約の誠実義務に違反したものとして、本件引抜行為によって原告が被った損害を賠償する義務を負うというべきである」としています。

裁判所が認定したAの行為は、まるで経済小説に出てきそうな話ですが、さすがにここまでやると違法になるということです。

## 退職した元従業員による引き抜き

上記に対し、元従業員による引き抜き行為はどうでしょうか。相談のケースにおいて、営業課長が、退社までは何もしなかったが、退社して従業員としての地位を失った後から、社員の引き抜き行為を行うような場合です。

この場合、すでに会社を離れているわけであり、雇用契約上の誠実義務は問題とならず、原則として、前述した他社による引き抜きの場合と同様に考えられます。つまり、元従業員による引き抜き行為は、単なる転職の勧誘にとどまる場合には、自由競争の原則から違法な行為とはなりませんが、例外的に、単なる転職の勧誘を越えて社会的相当性を逸脱した方法で従業員を引き抜いた場合には、損害を賠償する責任があるとされます。

それに対し、就業規則などで、退職後の競業避止義務の規定が定められている場合や、当該社員から、競業避止義務を定めた誓約書の提出を受けているような場合には、引き抜き行為は競業避止義務違反として違法となる場合が出てきます。

東京地裁・1990年4月17日判決は、就業規則で退職後3年以内に限って競業避止義務を課されていた学習塾の幹部職員が、学年度途中で従業員を引き連れて退職し、その近くに新たな学習塾を開校して、講師の大半を引き抜くとともに、生徒の多くを新たな学習塾に入会させたという事例において、「年度の途中で事前に十分な余裕がないまま講師陣の大

第5章 組織の不祥事に関する事件簿　213

半が辞任すれば、学習塾の経営者がこれに代わるべき講師の確保に苦慮することとなり、生徒に大きな動揺を与え、相当数の生徒が当該学習塾をやめるという事態を招来しかねないというべきところ、幹部職員らの行為は、一方で会員（生徒）の教育・指導に当たっていた従業員及び講師の大半の者が、原告（筆者注：引き抜きにあった学習塾）においてその代替要員を十分確保する時間的余裕を与えないまま一斉に退職するに至ったという事態を招来させたものであり、他方では原告の従業員として職務を行っていた際に職務上入手した情報に基づき、会員（生徒）中約220名に対し、その住所に書面を送付して被告（筆者注：引き抜きを行った学習塾）への入会を勧誘して、125名を入会させるに至ったものであって、原告の就業規則上の競業避止義務に違反したもの」として、損害賠償請求を認めています。

## 勧誘・引き抜き行為に対して会社側の対抗手段

　以上述べてきたように、社員の引き抜きについては、憲法が定めている「職業選択の自由」とも関連して、制限するのはなかなか難しいのが現状です。だからこそ、藤田社長は、あえて意図的に「激怒」し、それをメディアに載せることによって、さまざまな批判も覚悟の上で、引き抜きの対象となる社員や、引き抜きを行おうとする他企業を牽制したと推測できます。

　もっとも、企業の側としても一切何らの対抗策も取れないかというと、そのようなことはなく、（1）勧誘・引き抜き行為の差止め、（2）損害賠償請求、（3）退職金の不支給・減額・返還請求といった対抗策を講じることが考えられます。特に、これまでに紹介した、損害賠償請求が認められた一連の裁判例に出てきたような悪質なケースの場合には、これらの対抗策を講じる必要が出てきます。

　まず、（1）会社としては、勧誘・引き抜き行為の差止めを行うことが

考えられます。そのための方法としては、勧誘・引き抜き行為の禁止についての仮処分の申し立てを検討することになります。仮処分とはメインの裁判の前提として迅速に暫定的な権利救済を行う手続きであり、通常の裁判のように、手続きに何年も時間がかかるのでは権利救済が難しくなるような場合に、利用されるものです。

また、(2)会社は勧誘・引き抜き行為を行った者に対して、損害賠償請求をすることもできます。ただし、前述のように、違法な引抜き行為が存在し、それによって退職者が発生した場合であっても、すべての損害について賠償責任が認められるわけではありません。

さらに、(3)違法な引き抜き行為が行われた場合、当該行為を実行した社員に対する退職金の返還請求や不支給が認められる場合もあります。

東京地裁・2011年5月12日判決は、部下の従業員に対して新会社に移るよう積極的に勧誘を行った従業員に対し、会社側が懲戒解雇とした上で退職金の返還を求めた事案において、「それまでの勤続の功を抹消してしまうほどの著しく信義に反する行為があったと認めるのが相当である」と判示して会社側の退職金返還請求を認めています。また、大阪地裁・2005年11月4日判決は、多数の従業員が同業他社に転職することが組織的に実行された集団退社事件において、当該従業員らからの退職金請求につき、「原告らが、…転職を勧誘することによってこの集団的な退職行為を推し進めようとした行為は、社会的に相当な範囲にとどまるものということはできず、前記の誠実義務に反する行為に当たり、原告の長年の勤続の功労を抹消してしまうほどの不信行為に当たる」として、会社による退職金の不支給を認めています。

相談者としては、以上のような対抗手段の存在をAに示唆し、違法な引き抜き行為を行わないよう厳しく牽制するとともに、万が一引き抜きが行われた場合、ただちに法的な対抗手段をとることができるように、しっかりと準備しておけばよいと思います。

第5章 組織の不祥事に関する事件簿

# CASE13
# 内部通報で報復人事、配転の取り消しは可能？

【相談】

　その部屋に入ったとたん、不覚にも目が潤んできました。最上階の北側にある窓のない空間。真ん中には椅子とテーブル。カビとホコリが混じった臭い。入社20数年目にして噂に聞いていた"謹慎部屋"に初めて入りました。「パーソナルルーム」と呼ばれているそうです。営業本部の第一線の課長から企画開発部付の課長を命じられた現実を思い知らされました。部下は1人もいません。それどころか、電話もありません。

　「定年までさらし者になるか、辞表を出すか、戦うか。どっちにしろ、この会社での俺のキャリアは終わった」私は覚悟を決めなくてはなりませんでした。

　大手電機メーカーに入社以来、販売部門で製品を売り込んできました。成績も上がり、同期の中で最初に係長、課長に抜てきされました。ここまでは順調に出世の階段を上ってきたと思います。「もうそろそろ部長か」、そう思った私に、コンプライアンスの落とし穴が待っていたのです。断っておきますが、私はコンプライアンスに反する行為をしたわけではないのです。むしろその逆です。

　あるとき、課長級資格者（参事補）を対象にした人事研修がありコンプライアンスについてレクチャーされました。

　「皆さんはいずれ部長、そして取締役として何十人、何百人の部下を持つでしょう。部下が利益至上主義で暴走し法令違反をしないように目を光らせておかなければなりません。一歩間違えると、儲けた金額以上に取り返しのつかないダメージを受けることになります。雪印食品のように、連結売上高が1,000億円を超える企業が、輸入牛肉を国内牛肉に偽装したという、たった1度の不

祥事の発覚からわずか3か月で会社解散に追い込まれることもあるのです。」コンプライアンス室が呼んだ講師の弁護士さんは、こう強調していました。

　それからしばらくして、研修で法令違反として教えられたいくつかの事例のうちの1つと、そっくりの事態が営業本部で展開していることを知りました。取引先の会社から、取引商品について専門知識のある非常に優秀な社員を、社外秘の秘密情報を手土産に私の会社に転職させようというのです。しかし、そんなことをすれば不正競争防止法に違反する可能性があるばかりか、取引先との関係も悪化し業界での評判も落とす可能性があります。私は、会社のコンプライアンス室に事の一部始終をメールで通報しました。

　その結果、密かに進められていた引き抜き計画は中止されました。取引先の会社にも転職計画が発覚しましたが、謝罪して事なきを得て、一件落着のはずでした……。ところが、コンプライアンス室は私への返信メールを、私の上司や人事部長にもBCCで送っていました。私が通報したことがすべて筒抜けだったのです。引き抜きを画策していた上司は「顔をつぶされた」と激怒したそうです。報復されるのは火を見るよりも明らかでした。突然、私に辞令が出され、パーソナルルーム行きが決まったのです。外部の得意先に連絡することも、すべて会社の許可が必要とされました。

　以来、まともな仕事を与えられず、ボーナスも減らされました。ひどい仕打ちです。このまま"座敷牢"で朽ち果てるのでしょうか。会社のためを思い、内部通報というサラリーマンにとっては非常にリスクの高い選択をしたにもかかわらずです。「一寸の虫にも五分の魂」です。会社の仕打ちは許せません。知り合いの弁護士に相談したところ、私のような内部通報者を保護する法律があり、会社は通報者を解雇したり、不利益に扱ったりすることは禁じられていると教えられました。

　私の今回の配転は、私にとって不利益なものであり、この法律に違反するのではないでしょうか（実際の事例をもとに創作したフィクションです）。

## 公益通報者保護法　制定の背景

　2000年代初頭に、企業内部からの通報（いわゆる内部告発）を契機として、国民生活の安心や安全を損なうような企業不祥事（三菱自動車のリコール隠し事件、雪印食品の牛肉偽装事件、東京電力の原発トラブル隠し事件等）が相次いで明らかになりました。表13-1は、消費者庁による「公益通報者保護制度の概要」（2015年6月16日）に掲載されている不祥事の例ですが、世間を賑わした多くの事件が、内部告発に端を発していることがわかります。

表13-1　通報を契機として明らかになった安全・安心を損なう主な不祥事の例

| 事業者概要（時期） | 発端（通報の経路） | 不正の内容 | 是正結果 |
|---|---|---|---|
| 自動車メーカー<br>（2000年6月頃） | 社員<br>⇒旧運輸省 | リコール隠し | 道路運送車両法違反<br>⇒行政措置、刑事告発 |
| 大学病院<br>（2001年12月） | 病院内部<br>⇒大学理事長、患者遺族 | 医療事故隠蔽、カルテ改ざん | 証拠隠滅罪等<br>⇒逮捕 |
| 食品メーカー<br>（2002年1月） | 取引先<br>⇒県警本部 | 牛肉・豚肉の偽装 | JAS法等違反<br>⇒行政措置 |
| 食品メーカー<br>（2002年3月） | 匿名<br>⇒生協 | 鶏肉の偽装 | JAS法等違反⇒行政措置<br>不正競争防止法違反⇒逮捕 |
| 香料メーカー<br>（2002年5月） | 匿名<br>⇒東京都食品監視課 | 違法な物質を使用して香料を製造 | 食品衛生法違反<br>⇒行政措置 |
| 外食産業<br>（2002年5月） | 社員<br>⇒農林水産省 | 違法な物質を使用して肉まんを製造 | 食品衛生法違反<br>⇒行政措置 |
| 食品メーカー<br>（2002年8月） | 関係者<br>⇒農林水産省 | 牛肉の偽装 | 詐欺罪<br>⇒刑事告発 |
| 電力会社<br>（2002年9月） | 発電所検査業者元社員<br>⇒旧通産省 | 自主点検作業記録に関する不正 | 電気事業法等違反<br>⇒行政措置 |

　こうした企業不祥事による国民への被害拡大を防止するためには、通報行為自体が正当な行為として、企業による解雇などの不利益な取り扱いから保護される必要があります。そこで、そうした企業における法令違反行為を労働者が通報した場合に、当該労働者を不利益な取り扱いから保護し、企業のコンプライアンス経営を強化するため、2006年4月1日に「公益通報者保護法」が施行されました。労働者が、公益のために通報を行ったことを理由として、解雇などの不利益な取り扱いを受けるこ

とがないように、どこへどのような内容の通報を行えば法的に保護されるのかという制度的なルールを、法律によって明確にしたわけです。

　同法制定以前から、裁判において内部告発の正当性が問題になることはあったのですが（大阪地裁堺支部・2003年6月18日判決など）、裁判所は、「総合的な判断の結果」として内部告発が正当であったというような認定をしがちでした。ただ、「総合的判断」という基準だけでは、内部告発をしようとする人が、本当に自分が守られるのかどうかはっきりわからず、どうしても萎縮してしまって実行に移せないという問題点が指摘され、保護の具体的基準の明確化が求められるようになり、本法律が施行されたわけです。

　なお、内部通報、内部告発、公益通報など、似たような用語が出てきますが、「内部通報」は、従業員が勤務先の指定している社内外の窓口に通報するものであるのに対し、「内部告発」は、そうした指定の窓口ではなく、行政機関やマスコミなどに通報することを意味するのが一般的です。そして、内部通報か内部告発かに関わらず、公益通報者保護法の定める一定の要件を満たしたものは、「公益通報」として法的に保護されることになります。

## 公益通報者保護法の内容

　公益通報者保護法は、労働者が、事業者内部の法令違反行為について、(1) 事業者内部、(2) 行政機関、(3) 事業者外部に対し、それぞれ所定の要件を満たした公益通報を行った場合に、公益通報をしたことを理由とする解雇の無効、その他不利益な取り扱いを禁止することなどを定めています。

　同法で「公益通報」とは、「(a) 労働者（正社員はもちろん、派遣労働者、アルバイトなども含まれます）が、(b) 不正の目的でなく、(c) 労務提供先等について、(d) 通報対象事実が (e) 生じ又は生じようとする

第5章 組織の不祥事に関する事件簿　219

旨を（f）「通報先」に通報すること」と定義されており、通報先に応じて保護要件が異なってきます。

（1）の事業者内部に通報する場合には、労働者が、「通報対象事実が生じ又は生じようとしていると思料する場合」で足りるのに対して、（2）の行政機関に対する通報の場合には、通報対象事実が生じまたは生じようとしていると「信ずるに足りる相当の理由」がなければなりません。

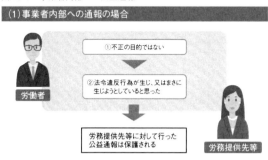

図13-1　事業者内部への公益通報

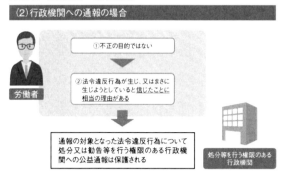

図13-2　行政機関への公益通報

さらに、（3）の新聞社、消費者団体などのような外部に通報する場合には、①事業者内部や行政機関に通報すると不利益な取り扱いを受ける

と信じる相当の理由がある場合、②事業者内部へ通報すると証拠が隠滅されるなどの虞れがある場合、③事業者から事業者内部または行政機関に通報しないことを正当な理由がなく要求された場合、④書面により事業者内部へ通報してから20日以内に調査を行う旨の通知がない場合または正当な理由なく調査を行わない場合、⑤個人の生命・身体への危害が発生、または発生する急迫した危険があると信じる相当の理由がある場合、といった要件のいずれかを満たす必要があるとされています。

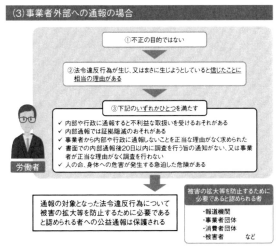

図13-3　新聞社、消費者団体など外部への公益通報

そして、保護されるための要件を満たした場合、通報者である労働者は、次のような保護を受けられます。
（1）解雇の無効（通報をしたことを理由として事業者が行った解雇は無効となります）。
（2）解雇以外の不利益取扱いの禁止（通報をしたことを理由とする、降格、減給、訓告、自宅待機命令、給与上の差別、退職の強要、もっぱら雑務に従事させること、退職金の減額・没収といった不利益取扱いも禁

止されます）。

（3）労働者派遣契約の解除の無効等（派遣労働者が派遣先の法令違反行為を通報したことを理由とする労働者派遣契約の解除は無効であり、派遣労働者の交代を求めることも禁止されています）。

## 相談者のケースは保護の対象

　相談者のケースを、公益通報者保護法の「公益通報」の定義に当てはめてみましょう。相談者は、当然（a）労働者に該当します。また、引き抜き計画がそのまま進められれば不正競争防止法に違反する可能性があるばかりか、取引先との関係も悪化し業界での評判を落とす可能性もあることを危惧して通報したのですから、（b）不正の目的によるものではありません。さらに、勤務する会社に関することですから、（c）労務提供先についてですし、不正競争防止法に違反する可能性のある取引先社員の転職計画が進められていたのですから、（d）通報対象事実が（e）生じようとする旨の通報となります。そして、勤務先である会社は、当然（f）通報先に該当します。

　そして、通報先が事業者内部の場合には、労働者が、「通報対象事実が生じ又は生じようとしていると思料する」だけで足り、「信ずるに足りる相当の理由」までは必要ありません。したがって、すべての保護要件を満たしていることになり、相談者のケースは、まさに公益通報者保護法で規定している公益通報を行った結果、不利益な取り扱いを受けたということになりそうです。

　同法は、公益通報をしたことを理由とする解雇の無効・その他不利益な取り扱いをすることを禁止していますので、会社からのこのような仕打ちは許されないことになります。相談者としては、この法律のことを持ち出して会社と交渉し、交渉が不調に終わった場合には、訴訟を提起して、配転命令は無効であり企画開発部付の課長として勤務する雇用契

約上の義務などないことを確認するとともに、不利益な取り扱いが不法行為を構成するとして、会社や上司などに対して損害賠償請求を求めていくことができると思われます。

## オリンパス内部通報事件

以上のように、法律的には、いわゆる内部告発者を保護するための体制は整ったものの、その流れに水を差し、法律の実効性に対して疑問を呈したのが、有名なオリンパスの内部通報事件です。これは、オリンパスの社員が、2007年に社内のコンプライアンス窓口に対して上司の不正な行為を通報したことで、必要のない配転命令などの報復を受けたとし、当該配転命令の効力を争うとともに、この配転および配転後に退職に追い込もうと嫌がらせを行ったことが不法行為に当たるとして、慰謝料等を、会社および上司らに対して請求した事案です。

第1審の東京地裁は、2010年1月15日、不利益な配転を受けたとする原告（通報者）の請求を棄却しました。東京地裁は、原告の通報を公益通報者保護法にいう「通報対象事実」に該当する通報ではないとし、配転後に賞与が若干減額されているものの（2年間で23万9,100円）、勤務地は変わらず、配転命令による不利益はわずかなものであるなどとして、配転命令が原告の主張する報復目的とは容易に認定し難いと判断したのです。

この判決は、社会の各層から、さまざまな厳しい批判を浴びるとともに、原告に対する応援メッセージがメディアを通じて発信されたりしました。当時、筆者も報道で訴訟の結果を知り、裁判所の判断の不当性に驚いた記憶があります。

最終的には、2011年8月31日、東京高裁が、控訴人（通報者）の請求を認め、配転命令の無効を確認し、精神的苦痛や賞与の減額分などを損害と認めて、オリンパスおよび上司に対して220万円を支払うように命

じる逆転勝訴判決を下しました。東京高裁は、通報に反感を抱いた担当
部長が業務に関係なく必要のない配転をしたもので動機は不当と認定し、
内部通報による不利益な取り扱いを禁じた社内規定に反し、人事権の濫
用に当たると判断しています。

　この第2審判決は、2012年に最高裁で確定しましたが、通報者はその
後も元の営業職には戻れず、子会社への転籍や出向を求められたため、
「判決後も不当な扱いが続いている」として同年9月に損害賠償を求めて
再び提訴しています。その後、2016年2月、会社側が1,100万円を支払う
ことで和解に至り、ようやく全面解決したと報じられています。

　最初に言い渡された東京地裁の判決は、誰もが何となく思っていた「内
部通報者が必ずしも保護されるとは限らない」という現実を、社会全体
に強烈に印象づけたのであり、その後の内部通報制度への悪影響は計り
知れないと思われます。

　実は、2011年、オリンパスが巨額の損失を10年以上の長期にわたって
隠し続けた末、不正な粉飾決算で処理した事件が明らかになったのは、
社員による、外部のフリージャーナリストへの内部告発が発端でした。
そして、その内容がある月刊誌で報道されたことから、元会長らの逮捕
に至る重大事件に発展したわけです。報道によれば、当初この社員は会
社の不正経理に気づき、内部通報制度を利用しようと考えたそうですが、
先に述べたように、内部通報制度で不利益を被った社員がいることを知
り、その利用を諦めたということです。オリンパスの社内で、きちんと
制度が機能していれば、あれほどの大きなダメージを受けずに済んだか
もしれず、因果応報ということかもしれません。


## 秋田書店の景品水増し事件

　このほかにも内部通報制度に注目が集まった事件があります。2013年
8月に発覚した秋田書店の「景品水増し問題」です。この事件は、消費

者庁が、雑誌の読者プレゼントで当選者数を水増ししたのは景品表示法違反（有利誤認）にあたるとして『ドカベン』や『ブラック・ジャック』などの漫画を掲載してきた『少年チャンピオン』で知られる秋田書店に対し、再発防止などを求める措置命令を出したものです。

　事案自体は極めて単純なもので、雑誌に付いたアンケートはがきを送ると、抽選で家電製品や雑貨が当たるとしていたにもかかわらず、発送人数は記載した当選者数よりも少なく、1人も発送しないこともあったとのことです。つまり、懸賞でDVDプレーヤーが2名に当たると雑誌で表示しながら、実際には1名だけしか当選者を出さなかったといった行為が、「対象商品の取引条件について、実際のものよりも取引の相手方に著しく有利であると一般消費者に誤認されるもの」であるとして景品表示法違反と判断されたわけです。

　当初この話題は、よくある景品表示法違反事件の1つとして受け止められていましたが、その後別の問題がクローズアップされるようになりました。この不正を社内で告発していた女性社員を、秋田書店が2012年2月に懲戒解雇していたことが判明したからです。報道によれば、この女性は、社内で不正をやめるように訴えたにもかかわらず、逆に「プレゼントを発送せずに盗んだ」などとして懲戒解雇されたということです。

　ネット上では多数の批判の声が上がり、企業の内部通報制度の意義が問われるという事態にまで発展しました。元女性社員は、秋田書店に対して解雇の撤回と損害賠償を求めて訴訟を起こし、2015年10月に秋田書店が女性に和解金を支払うことで和解が成立したと報道されています。女性は懲戒解雇の取り消しを求めていましたが、その点は和解条項に明確に記載されず、「合意退職」という形に落ち着いたとのことです。

## 内部通報制度の形骸化

　今や内部通報制度は上場企業の大部分で導入され、中央省庁や都道府

県のすべてが導入しています。2015年3月に金融庁と東京証券取引所が取りまとめ、同年6月から適用が開始されている上場企業の企業統治の指針「コーポレートガバナンス・コード」においても、「上場会社は、その従業員等が、不利益を被る危険を懸念することなく、違法または不適切な行為・情報開示に関する情報や真摯な疑念を伝えることができるよう、また、伝えられた情報や疑念が客観的に検証され適切に活用されるよう、内部通報に係る適切な体制整備を行うべきである」（原則2－5）と規定して、内部通報制度の整備を求めています。

　ところが、近年、企業の不祥事において、内部通報制度があっても形ばかりとなっていて機能していなかった事例が数多く見られています。公益通報者保護法の見直しについて議論してきた消費者庁の有識者検討会が2016年3月にまとめた報告書も、「法の認知度は十分とはいえず、国民生活の安全・安心を損なう近時の不祥事においても内部通報制度が機能せず事業者の自浄作用が発揮されなかった事案がみられる」と指摘し、その具体例として、東芝の不正会計問題と東洋ゴム工業の免震ゴムの性能データ改ざん問題が挙げられています。

　東芝の不正会計問題は、2015年7月、第三者委員会の調査によって過去7年間で経営トップを含めた組織的な関与があり1,500億円以上の利益がかさ上げされていたことが発覚したものです。その後、会計監査人からの指摘や内部通報により、過大計上の額は計約2,200億円にまで拡大しました。この第三者委員会の報告書によれば、東芝では、従来から社内、社外の双方に内部通報窓口が設置されており、通報者の匿名性も守られる仕組みとなっていました。しかし、問題が発覚するまでは不正会計に関する内部通報はなく、一方で社外への内部告発が相次いでいました。報告書は、「内部通報制度等による自浄作用が働かなかったのは、会社のコンプライアンスに対する姿勢について、社員の信頼が得られていないことも一因」と指摘し、制度を見直して十分活用すべきだとしています。

　東洋ゴム工業が、免震装置に用いるゴムの性能データを改ざんしてい

た問題では、2015年6月に社外調査チームが報告書を公表しています。それによると、東洋ゴム工業には内部通報制度があり、社内の監査部や社外の顧問弁護士・専門業者あてに通報、相談ができるようになっていました。ところが、免震ゴムの性能データ改ざんについては、複数の従業員が問題を把握していたにもかかわらず制度は利用されませんでした。さらに同社は内部通報制度を活かすどころか、内部通報で偽装が公になるリスクを想定して、通報する虞れのある関係者リストを作り、通報があった場合の対応シナリオを策定しておくことが提案されていたことが明らかになっています。

## 公益通報者保護法、認知度は3割

　消費者庁が2013年に公表した、公益通報者保護法の運用状況などの実態についてアンケート調査した結果の報告書からも、同法が十分に機能しているとは言い難い現実が浮かび上がっています。注目すべきポイントを以下にまとめてみました。

(1) 公益通報者保護法を認知している労働者は、全体の30.9％（パートアルバイト等の正社員以外に限定すると　23.3％）。

(2) 民間事業者で、内部通報制度を導入しているのは46.3％。

(3) 通報窓口の設置場所については、「社内のみに設置」が38.0％。さらに、社外に通報窓口を設置していない理由を尋ねたところ、「社内窓口があれば十分である」（48.3％）の割合が最も高く、「適当な設置先がない」（22.3％）、「コストがかかる」（21.5％）が続いています。

(4) 通報する場合に、まずどこに通報するかを尋ねたところ、「労務提供先（上司を含む）」の割合は52.7％で最も高かったものの、「行政機関」が41.9％、「その他外部（報道機関等）」が5.4％でした。さらに、まず行政機関またはその他外部（報道機関等）に通報すると回答した人に、労務提供先へ最初に通報しない理由を尋ねたところ、「労務

提供先から解雇や不利益な取り扱いを受ける虞れがある」（43.3％）、「通報しても十分に対応してくれないと思う」（42.6％）、「通報を受け付ける窓口がない」（29.1％）となっています。

(5) 労務提供先の相談窓口に、「通報したことがある」または「相談したことがある」と回答した者に対して、通報・相談したことを理由として、不利益な取り扱いを受けたことがあるかを尋ねたところ、「解雇されたり、不利益な取り扱いを受けたことはない」の割合は57.1％で最も高かったものの、他方、「不利益な取り扱いを受けた」「事実上の嫌がらせを受けた」はいずれも21.4％、「解雇された」が7.1％もありました。

## ヒアリングで目立つ懐疑的な意見

　同報告書によれば、ヒアリング調査においても、以下のように、社内での通報制度の利用に対する社員の懐疑的な意見が目立ちます。
「社内に一応ホットラインがあるが、現在勤務しているのはあまり大規模な部署ではないので、誰が通報したかわかってしまう。また、担当者を信用していないので、社内の窓口には通報する気にはなれない。」
「内部通報制度はあるが、不利益な取り扱いの禁止に関しては会社を信用していない。巧妙な形で不利益な取り扱いが行われるはず。通報をするのは、辞めてもよいと決断したときになるだろう。」
「内部通報制度はあるが、中途半端に使うと自分で自分の首を絞める結果になる。以前、自分自身が通報受付関連部署にいて、実態を知っているだけに、社内に制度はあっても、取り扱う人たちを信用できない。当社では内部的なものは信用できない。」

## 弁護士からも疑問が呈せられる

　報告書には、社員の意見以外に弁護士の意見も掲載されていますが、

同様に、次のような、内部通報制度の実効性に疑問を呈するものが見受けられます。

「大企業の内部通報制度には、社長等の経営陣につながるところと、監査役につながるところがある。経営陣につながるところは、組織的な不正を是正できるようになっていないことが多いように思う。」

「企業も行政機関も窓口は設けているが、担当者に理解がないため、通報がきちんと処理されず、通報した人がかえって二次的被害を受けるという実例が多いというのが実感。」

このように、社員ばかりではなく社外の専門家ですら懐疑的な意見を述べざるを得ない、内部通報制度の現状を反映してか、調査によれば、過去1年間に通報窓口（社内・社外）に寄せられた内部通報件数が「0件」という回答が45.9％と、約半数を占めており、多くの企業で、内部通報窓口を設置しても利用されていないという状況になっています。

筆者もいくつもの企業の内部通報窓口になっていますが、これまで、ほとんど通報を受けたことはありません。もちろん、通報するような事実が存在しない、もしくは社内の通報窓口が機能していることが理由であると受け止めていますが、前述の調査結果などを見る限り、内部通報制度自体への信頼性の欠如が背景にある可能性も考えられることから、研修などを通じ、内部通報制度の信頼性を高める努力をしています。

## 検討委員会は法改正を提言

公益通報者保護法の施行から10年以上が経過しました。もちろん、内部通報によって長年の不祥事が明らかになったケースもありますが、前述したように、内部通報の仕組みが形骸化しているケースや、オリンパスの社員のように、通報者が組織から報復されるケースも少なくありません。現行法においては、不正を通報する行政機関の窓口は各業界を監督する省庁や自治体に設置されていますが、通報が放置されたり、省庁

第5章 組織の不祥事に関する事件簿　229

間でたらい回しにされたりするケースも後を絶たないと言われています。

このため、先に触れた消費者庁の検討委員会の報告書は、消費者庁で一元的に通報を受け付け、内容によって情報を各省庁に振り分けて、対応状況の報告を求めたり、他の行政機関の所管事案について同庁が調査したりする仕組みを作るよう求めました。

一方、以前から課題とされており、検討委員会で議論になったものの、結論を先送りした課題も少なくありません。現行法は、通報・告発を理由にした解雇や降格など不利益な処遇を禁じていますが、違反企業などへの罰則はありません。検討委員会は「刑事罰の導入が必要との意見が多かった」としながらも、「罪を負うべき対象者が絞りにくい」とする慎重論や、「抑止力のためだけに刑事罰を導入することはできない」との反対論も併記しました。

また、現行法は保護対象を労働者に限っており、退職者や会社役員、取引先などは保護の対象となりません。しかし、実際、雪印食品による牛肉偽装を告発したのは取引先の経営者でしたし、退職者が通報後に事業者から損害賠償を求められたケースも出てきています。この問題については、通報の促進に向けて保護の範囲を広げる必要があるとの意見がある一方で、一律の規制を行うことで予想外の悪影響が生じるという意見もあり、結論は出ませんでした。公益通報者保護法には、施行後5年の見直し規定が設けられています。制度の実効性を高めるため、見直し作業を急ぐ必要があります。

## 内部通報を有効にする制度を

会社員が、自分の所属する会社のためを思って内部通報を行ったにもかかわらず、それを理由として解雇されるような事態が発生したのでは、内部通報など誰も行わなくなります。そして、その結果、不祥事が内部にとどまり続け、マグマのように蓄積されていき、それがどこかの時点

で露呈すれば、企業は壊滅的なダメージを被ることになります。事態が軽微なうちに自浄作用を働かせれば、僅かなダメージで済んだにもかかわらず、内部で長期間蓄積された末に爆発すれば、会社はその存続すらも危ぶまれる重大なダメージを負うことになるわけです。

　著名な例を挙げれば、雪印食品は、会社自体が消滅するという事態にまで至りました（2002年1月偽装発覚、2002年4月会社解散）。他方、内部通報をした社員がその意図に反して会社から不利益を与えられたような場合、オリンパス事件を見れば明らかなように、当該社員はその地位を回復するため訴訟を提起せざるを得なくなり、関係者のすべてが、訴訟負担も含めて、大変な労力と犠牲を強いられてしまいます。企業は、内部通報が自浄作用を発揮するための契機であるととらえて、内部通報が有効に機能する制度を整える努力を真剣に行う必要があると考えられます。

　具体的には、(1) 通報者の秘匿性の確保や権利の保障、不利益を被った場合の対応ルールを明文化するなど、通報者を徹底して保護する、(2) 社外取締役や監査役など、経営陣から独立した機関への通報ラインを増やす（こちらはコーポレートガバナンス・コードの補充原則2－5にも規定されています）、(3) 内部通報を受けた後、早期に通報内容の全容を把握できるような社内調査体制を整備する、などがあります。

## 社員1人ひとりの意識改革が必要

　そして、何より、経営陣も含めた社員全員の意識改革が欠かせません。不正行為を発見した場合に通報しないことや、通報を放置したり隠したりすることが、会社に対して大きな損害を与える結果になる（最終的には雪印食品のように会社が消滅する）と同時に、社員1人ひとりが重大な不利益を被ることになるという認識を徹底する必要があります。

　雪印食品は2002年4月末に会社解散となりましたが、当時の新聞には、

「雪印食品31日幕引き、再就職わずか120人」との見出しとともに、「解雇される800人のうち、再就職が決まったのは約120人のみ。社員たちの胸中には今も『雪印』への愛着と無念の思いが交錯する」などといった記事が掲載されました。この事件では、食品偽装で社員5人が有罪判決を受けましたが、わずか5人の悪事が原因で、何百人もの社員が職を失ったわけです。この事件は、商品を保管していた倉庫会社社長による内部告発に端を発しているわけですが、心ある社員が、内部で本件を指摘してきちんと自浄作用を発揮できていれば、会社が消滅するまでの事態には発展しなかったと思われます。

　社員1人ひとりが、不祥事を見て見ぬふりをするのではなく、放置すれば、自分も含めたすべての社員に跳ね返ってくることを十分理解し、勇気ある行動を取るべきですし、企業は、そうした社員の声をきちんと受け止めて、しっかりとした対応を行うことが必要です。

# CASE14
## 社内情報で妻や他人名義で株売買、インサイダー取引になる？

**【相談】**

「ちょっと話があるんだが…」

同期の山田が声をかけてきたのは、社員食堂でランチメニューを選んでいるときでした。山田は定食を載せたトレーを手に、私と同じテーブルに移動し、こう切り出しました。

「あの話どうなった。社長室にいる君が知らないことはないだろう。動きだけでも教えてくれないかな」

当社は、昨年夏ごろに、賞味期限切れの食材で菓子を製造していたことが発覚し、コンビニやスーパーから商品が撤去される事態に至りました。にもかかわらず、創業以来、同族経営が続いてきた典型的なファミリー企業のために、オーナー一族が多数を占める役員間での近親憎悪的な対立もあり、不祥事への対応が遅れ深刻な経営危機に陥っていました。

そんな当社に救いの手を差し伸べようとしていたのが大手製パン会社のＡ社です。ちまたでは、Ａ社は当社の菓子ブランドに目を付けており、いずれ、業務上の提携を行い、当社からＡ社を引受先とする第三者割当増資を行い、当社に対する支配力を強化していくのではないかと噂されていました。この事実が正式に発表されれば、当社の信用は高まり、株価は上昇するはずです。山田がその情報を得て、何らかの利益を得ようとしていることは明らかでした。確かに最近幹部が慌ただしく動いているのは知っていましたが、情報統制が厳しく、私のところまではその情報は届いていませんでしたので、「何も知らない」と伝えると、山田は「何かわかったら教えてくれ」とだけ言って離れていきました。

私は、自分の机に戻り、重要事項であればプレスリリースを発表するだろう

第5章 組織の不祥事に関する事件簿 | 233

と考えて、社内ネットワークから開示関連のフォルダーを検索してみました。IR（投資家向け広報）や広報担当ではなくても、社長室所属の社員ならアクセス権限はフリーで、フォルダーを自由に開けるのです。やがて、ある見慣れないフォルダーの中から、当社が、業務提携及び資本参加に向けてＡ社との間の協議に入ることを決定した旨のプレスリリース資料を発見しました。

　私はただちに山田に連絡してそのことを伝えたところ、山田は、「俺は買うつもりだが、君も買ったほうがいい。絶対にもうかる」と言って、株取引を勧めてきました。「インサイダー取引になるかも」と尻込みする私に、山田は、「なんなら、俺の友人名義の証券口座を使ってもいいし、君の妻名義で買うことも考えればいい、そうすれば何の問題もない」と強く迫ってきました。

　山田の勧めるやり方は、本当にインサイダー取引にならないのでしょうか？（実際の事例をもとに創作したフィクションです）


## 身近になった株取引

　インターネットの普及によって、株式投資はずいぶん身近になりました。最近ではパソコンだけでなく、携帯電話やスマホを使った取引も主流になりつつあります。また、かつて資産運用といえば多額の資金が必要なイメージでしたが、近年の投資単位引き下げの動きにより多くの企業の株式が数万円で取引できるようになり、さらにはNISA（少額投資非課税制度）もスタートし、初心者が少額の資金で株式投資をする機運が盛り上がっています。一般のサラリーマンはもちろんのこと、主婦、学生にも株式投資が広まっています。ただ、そこには思わぬ落とし穴も潜んでいます。その１つが「インサイダー取引」です。

　インサイダー取引とは、端的にいうと、株価に重大な影響を与えるほどの情報を公表前に入手し、その会社の株などを売買することをいいま

す。ライブドアによるニッポン放送株大量買い占め情報を堀江貴文氏から聞き、ニッポン放送株193万株を買い付けたというインサイダー取引疑惑で、村上ファンド元代表の村上世彰氏が2006年6月に逮捕された事件は、まだ皆さんの記憶に残っていると思います。その後の裁判で、村上氏は有罪判決を受け、2011年6月6日、最高裁は上告を棄却し、懲役2年執行猶予3年、罰金300万円と追徴金約11億4900万円の有罪判決が確定しています。

インサイダー取引は、「金融商品取引法」(旧証券取引法) によって規制されており、村上氏が受けたように、懲役刑も含む罰則規定まで存在していますが、どのような取引がインサイダー取引に該当するのかは必ずしも明確ではなく、今回の相談のケースのように、悪しき誘惑をしてくる山田氏のような人物が後を絶たないわけです。

以下、今回のケースがインサイダー取引に該当し、規制の対象となるのかどうか考えてみたいと思います。

## インサイダー取引とは

インサイダー取引とは、上場会社等 (上場会社とその親会社や子会社等) の役員、従業員、主要株主等の「会社関係者」または「会社関係者から重要事実の伝達を受けた者 (情報受領者)」が、その会社の株価に重大な影響を与える「重要事実」を知りながら、その重要事実が「公表」される前に、会社が発行する「株式等の取引を行う」ことです。このような取引が行われると、一般の投資家との間の不公平が生じ、証券市場の公正性・健全性が損なわれる虞れがあるために、金融商品取引法において規制されているわけです。

インサイダー取引に該当するか否かは、取引を行う主体が規制の対象者か否か、対象者となる場合には、その対象者が知った情報が規制の対象であるインサイダー情報か否かが主に問題になります。

第5章 組織の不祥事に関する事件簿　235

図14-1　インサイダー取引における４つのキーワード

## 会社関係者の範囲

　まず規制対象になるのは「会社関係者」ですが、それには、当該上場会社やその親会社および子会社等の役職員（契約社員、派遣社員、アルバイト、パート等も含まれます）で、その業務を通じ未公開の重要情報を知った者等が該当します。退職などによって会社関係者でなくなった後でも、1年間は、会社関係者と同様にインサイダー取引規制の対象となるので注意が必要です。今回のケースでは、相談者自らが現に所属する上場会社に関する情報が問題となっているのですから、相談者は会社関係者に該当することになります。

　この「会社関係者」は結構広い概念です。前記のほかに、「上場会社等の帳簿閲覧権を有する者」（総株主の議決権の3％以上を有する株主等）、「上場会社等に対して法令に基づく権限を有する者」（許認可の権限等を有する公務員等）、「上場会社等と契約を締結している者または締結交渉中の者」（取引先、会計監査を行う公認会計士、増資の際の元引受会社、顧問弁護士等）なども含まれます。たとえば、2009年にNECエレクトロ

ニクスとルネサステクノロジの合併、エルピーダメモリによる第三者割当増資等を知った経済産業省幹部が、情報公開前にNECエレクトロニクスとエルピーダメモリの株式を購入したという事案では、同幹部は懲役1年6月、執行猶予3年、罰金100万円、追徴金約1,000万円の判決を受けました（東京地裁・2013年6月28日判決）。このケースは、前記「上場会社等に対して法令に基づく権限を有する者」に該当するものです。

## 重要事実とその公表

　次に、規制対象となり得る「重要情報」かどうかという点ですが、当該情報は、投資者の投資判断、すなわち会社の株価に重大な影響を与えると想定される会社情報でなければなりません。

　具体的には、株式等の発行、資本金・資本準備金・利益準備金の額の減少、自己株式の取得、剰余金の配当、株式分割、株式交換、株式移転、合併、事業譲渡、会社分割、解散、新製品または新技術の企業化、業務上の提携、主要株主の移動、上場の廃止の原因となる事実、決算情報（売上高、経常利益、純利益、剰余金の配当等について、公表された業績予想値に比較し、新たに算出した予想値または当該事業年度の決算において一定以上の差異が生じたこと）などが法律で定められています。

　今回のケースのＡ社との間の業務提携といった情報は、基本的に重要事実に該当することになります。なお、これらの重要事実でも、投資家に与える影響が軽微なものとして一定の事項に当たる場合は、インサイダー取引の規制対象とはなりませんが（軽微基準と言います）、ここでは割愛します。

　以上より、相談者が、自社に関わるＡ社との間の業務提携等の情報を知って、その公表前に自社の株式取引を行えば、基本的にインサイダー取引に該当すると考えられます。

　なお、実務的には、重要事実が「公表」されたか否か（公表前の重要

第5章 組織の不祥事に関する事件簿　237

情報といえるかどうか）も重大な意味を持ちます。具体的には、①重要事実に係る事項が記載された有価証券報告書などが公衆縦覧に供されること、②2社以上の報道機関に公開してから12時間以上の周知期間が経過すること、③金融商品取引所へ通知し、ホームページに掲載されることが「公表」とされています。

図14-2　インサイダー取引はこのように行われる

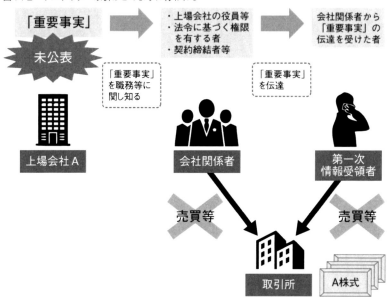

## 刑事罰と課徴金

　実際にインサイダー取引が摘発された場合、どうなるのでしょうか。刑事罰としては、5年以下の懲役もしくは500万円以下の罰金、またはその併科が科されます。法人の代表者等が違反行為をした場合は、その行為者を罰するほか、その法人に対しても5億円以下の罰金刑が科されると規定されています（両罰規定）。つまり、最悪の場合、逮捕されて刑務

所に入ることになる可能性があるのです。前述の村上氏は、最終的に執行猶予付き判決となり刑務所に行かずに済みましたが、第1審の東京地裁判決では懲役2年の実刑判決が言い渡されています。さらには、インサイダー取引で得た財産はすべて没収追徴されてしまいます。刑事事件にまではならないとしても、行政上の措置として、証券取引等監視委員会より、違反行為によって得た経済的利益相当額の課徴金が課せられることになります。

　インサイダー取引が摘発されたケースでは、報道でも会社名が公表されるのが通例です。会社の信用に重大な影響を及ぼし、株価が下落することもあり得ます。また、懲戒解雇などの処分を受けることによって失職する可能性もあります。たとえば、2012年に同僚から得た内部情報で子会社株のインサイダー取引をしたソニーの社員に対して、課徴金として289万円を納付するように命じる課徴金納付命令が出されましたが、同社は取引をした社員と情報提供した社員の双方を懲戒解雇しています。

## 本人名義の売買でなくても"レッドカード"

　では、相談者の知人である山田氏が指摘する「自分の名義の口座で株式の売買を行わなければ大丈夫だ」との話は本当でしょうか。結論としては、山田氏の説明は完全に誤りです。自己の名義で取引を行っていない場合でも、インサイダー取引に該当します。前述の経済産業省幹部の事件でも、取引は妻名義の口座で行われていました。

　インサイダー取引においては、取引を誰の名義で行うのか、誰の計算によるのか、誰に効果が帰属するのかを問いません。他人名義で行った場合（家族や知人の名義で取引を行った場合）、他人の計算で行った場合（投資顧問会社のファンドマネージャーが未公表の重要事実を知って一任勘定取引で売買をする場合）、他人に効果が帰属する場合（代理人が取引を行った場合）も、インサイダー取引規制の対象に含まれると解さ

第5章 組織の不祥事に関する事件簿　239

れているわけです。

　証券取引等監視委員会は、重要事実等の公表前にタイミングよく売買している者を対象に調査を行っており、口座名義人のみならず、勤務先等の関係者に対しても幅広い調査を行っているとのことですので、安易に「自分名義の口座を使わなければ大丈夫」と思うと痛い目にあうことになります。図14-2は、違反行為者が使用した口座の状況ですが、他人名義の口座による取引が相当数を占めていることがわかります（証券取引等監視委員会による平成28年7月「金融商品取引法における課徴金事例集」より）。

図14-3　インサイダー取引に使われた口座

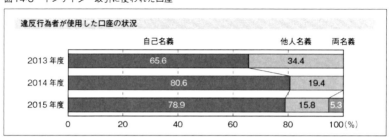

　また、相談者が名義だけ妻の名前を借りるのではなく、相談者から情報を聞いた妻が、自分の預金を使って株式を取引した場合、今度は妻の行為自体がインサイダー取引となります。金融商品取引法は、前述のように、会社関係者から重要事実の伝達を受けた者を「情報受領者」として規制の対象としているからです。言うまでもなく、相手が妻のような家族ではなく、ただの知人、友人でも同じことです。

　証券取引等監視委員会の調べによると、第一次情報受領者（家族、知人等）によるインサイダー取引に関する勧告件数は、2009年からは会社関係者（社員、パート等）を上回っています。2014年度は31件中、第一次情報受領者が77.4％を占め、2015年度も19件中、第一次情報受領者が68.4％を占めています。第一次受領者の内訳を見ると、親族や友人同僚

が大半を占めており、特に近年は友人同僚の比率が激増しています（証券取引等監視委員会による平成28年7月「金融商品取引法における課徴金事例集」より）。

図14-4　違反行為者および第一次情報受領者の内訳

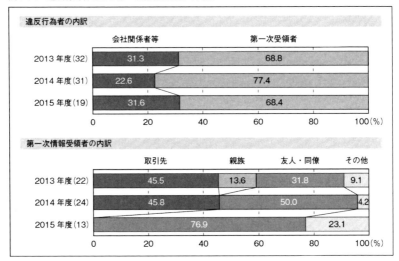

　相手が誰であっても、「ついうっかり会社の重要情報をしゃべってしまった」というのはもちろん駄目であり、日常会話においても、情報源になる人が十分に注意しないと、自分だけではなく、知人友人にも思わぬトラブルを引き起こす可能性があるということです。

## 情報提供者も規制の対象に

　相談者が山田氏の誘いに乗らず何もしなかったとしても、山田氏が株式の売買を行った場合はどうなるのでしょうか。従前、インサイダー取引規制は、一定の未公表の重要事実等を知った会社関係者が株券等の売買等を行うことを禁止するものであり、重要事実等を他人に漏洩する行為自体は、インサイダー取引の共犯（教唆犯、幇助犯）に該当し得るもの

の、独立の規制対象とはされていませんでした。しかし、情報受領者によるインサイダー取引を防止するためには、不正な情報の漏洩自体をいかに防止するかが重要になるとの意識が形成され、また共犯による取り締まりはその立証の点から困難がつきまとうことから、2013年の金融商品取引法の改正では情報伝達行為や取引推奨行為が規制の対象となりました。これは、前述したように最近のインサイダー取引事案では、会社関係者等からの情報受領者が違反行為を行っている場合が多く、また上場会社の公募増資に際し、主幹事証券会社からの情報漏洩に基づくインサイダー取引事案が社会的に非難を浴びたことが背景となっています。

　具体的には、①未公表の重要事実を知っている会社関係者が、②公表前に取引をさせることによって、他人に利益を得させ、または損失の発生を回避させる目的で（主観的要件）、③情報の伝達または取引の推奨を行うことを禁止しています。

　違反に対する刑事罰は、④当該行為により公表前の取引が行われた場合に限定して、従来のインサイダー取引違反と同様の5年以下の懲役、または500万円以下の罰金（法人は5億円以下の罰金）が科されます。なお、取引行為がなかったとしても、禁止規定に違反していれば金融商品取引法違反になり、行政処分の対象になります。課徴金の定めもあり、情報を提供したのが証券会社の場合は、その月の仲介手数料額の3倍等、その他の者であれば、取引を行った情報受領者の利益の2分の1などとなっています。さらには、違反行為者の氏名公表制度も設けられました。

　なお、禁止されるのは、あくまでも「公表前取引によって利益を得させ、損失を回避させる目的」がある場合です。情報伝達・取引推奨行為全般を規制対象とした場合には、企業の通常の業務や活動に支障が生じるためです。よって、単純に株式の購入を勧めるような場合は該当しませんし、いわゆるIR活動によって自社への投資を促すような一般的な推奨を行っても規制対象とはなりません。「情報伝達」だけでなく、「推奨行為」も処罰されるのは、「私のことを信じて、きっといいことがあるか

らＡ社株を買っておきなよ」、「理由は言えないが、今Ａ社株を買ってお
くともうかる」などというケースを防ぐためです。

2015年10月には、光通信の子会社のTOB（株式公開貸付け）に関連
した未公表の重要事実を伝えたとして、伝達を行った男性に対して課徴
金が課されています。

## 損失や少額利益でも違法のケースも

インサイダー取引については、規制のわかりにくさもあって、ちまた
に誤解があふれています。重要情報を利用して利益を得ようという目的
がなければ問題ない、利益が出ずに損をした場合には問題にならないと
いった話もありますが、これらはいずれも誤りです。

前記のように、規制対象となる「重要事実」を知っている「会社関係
者」が、重要事実の「公表前」に株式の売買等を行えば、それだけでイン
サイダー取引となるのであって、どのような思惑で取引したのかや、結
果として利益が出ているかどうかはまったく関係ありません。

今回のケースでいえば、相談者が、山田氏の誘いを断って株取引をしな
かったとしても、Ａ社との業務提携の公表前に、会社の株価がヨーロッ
パの経済危機の影響で急落しているのを見て、慌てて保有している自社
の株式を売却した場合、Ａ社との間の業務提携は株価を上昇させる要因
であり、その重要事実を知っていることと株式の売却には何らの因果関
係もありませんが、それでもインサイダー取引に該当してしまうのです。
また、相談者が株式を購入したところ、株価の上昇要因と一般に思われて
いる、Ａ社との業務提携が実際に公表されてみたら、ほかのさまざまな
経済要素から、かえって株価が下がって損失を被ったような場合であっ
ても、同様にインサイダー取引に該当するのです。

インサイダー取引と言われると、何となく、「不当に利益を得る取引」
というイメージがあると思いますが、そうではないことをよく認識し、

第5章 組織の不祥事に関する事件簿 | 243

思わぬ落とし穴にはまらないように注意する必要があると思います。

　すでに述べたように、証券取引等監視委員会では日ごろから、株価が急騰・急落したり、投資家判断に影響を及ぼしそうな重要事実が発生した銘柄が出たりした場合、売買記録や売買した人物について分析や審査をしています。もはや、「金額が小さいから調査されないだろう」とか「借名口座なのでインサイダー取引と気づかれないだろう」というような時代ではないということです。

　証券取引等監視委員会が発表している課徴金事例集によると、4万円の課徴金が課せられた事例も掲載されています。つまり、インサイダー取引によってわずか4万円の利益を上げただけでも摘発されているわけです。

## インサイダー取引に問われないために

　以上述べてきたように、相談のケースでは、相談者が山田氏にそそのかされて実行しようとしていることはインサイダー取引に該当する可能性が高く、断念すべきです。山田氏の誘いに乗らなくても、山田氏が株式の売買を行えば、相談者自身が処罰される可能性もあるため、山田氏を説得して株の売買をやめさせる必要があります。

　今回のケースにおけるインサイダー情報は、A社との業務提携でしたが、他にはどんなケースがインサイダー取引に該当するのでしょうか。

　たとえば、取引先B社の社員から「今度C社と合併する」という話を聞き、株を買った場合、株を買った人は「情報受領者」としてインサイダー取引に問われます。情報を漏らした取引先の社員も、利益を得させようという意図があれば、罪に問われるかもしれません。同僚から「得意先が倒産し、うちの会社も損失を計上することになる」と聞いたとします。入社以来、持株会でこつこつと自社株を買っていたため、損失を回避しようと株を売却した場合、これもインサイダー取引に該当します。

自身はインサイダーにあたると思って株は売却しなかったけれど、株を保有している友人に「理由は言えないけれど、とりあえず株を売ったほうがいい」と勧め、友人も理由は知らずに株を売却したとします。この場合、重要事実を知った上で損失を回避させる意図で取引を推奨したとして、インサイダー取引に問われます。

　他方、居酒屋で隣の席から「近いうちにE社が倒産するらしい」という話が聞こえてきたとします。偶然にもその株を保有していて、売却したといった場合は、規制の対象にはなりにくいと考えられます。情報の発信者に「伝達」の意思がなく、「伝達を受けた」とは認められにくいためです。

　また「うちの会社、今度すごい新商品を開発するんだよ」と酒席で友人に何気なく漏らした、「今度D社と業務提携が決まって、仕事が忙しくなりそう」と家族との日常会話で話した、こんな事例も情報が「公表」される前で、それを聞いた人が株の売買を行えば、相手はインサイダー取引に問われてしまいます。

　以上、いろいろと述べてきましたが、インサイダー規制が非常に複雑であることはおわかりいただけたと思います。まずは、何がインサイダー取引に該当するのかという、インサイダー規制に関する理解が不可欠です。各企業には、インサイダーに関するルールを定めた規定類が設定されていると思いますので、よくわからなかったらその規定を読むなり、担当部署や詳しい人などに確認をとるべきです。また、たとえ相手が親しい間柄であっても、公表前と思われる会社の情報を安易に口にしないことが重要です。前述のように、何気ない一言によって、家族や友人、知人がインサイダー取引の疑いをかけられる虞れもあるのですから。

第5章 組織の不祥事に関する事件簿

# 6

## 第6章 経営に関する事件簿

# CASE15
# 当社も上場？　企業にとってのIPOの意味とは？

【相談】

　私はアップルの創業者スティーブ・ジョブズ氏を尊敬しています。2005年、大学生だった私は米スタンフォード大学の卒業式で行われたジョブズ氏のスピーチを聞き、大変感銘を受けました。それからの私の人生を変えたといっても過言ではありません。最後にスピーチを締めくくった「ステイ・ハングリー、ステイ・フーリッシュ」という言葉は、私の座右の銘として今も胸に刻まれています。

　大学を卒業後、大手企業へは進まず、技術の独自性に定評のあったIT系の中小企業に入りました。社員も50名程度であり、社長の顔が見える家族的な企業です。当然のことながら、大企業のように、各人が自分の担当だけをこなせば良いわけではなく、あらゆることを経験してきましたし、自分の発案した事業が現実化したこともあります。途中、会社の経営が思わしくない時期もあり、やはり大企業に入っておけば良かったかもしれないと悩むこともありました。そんなとき、いつもジョブズ氏のスピーチを思い出しました。将来をあらかじめ見据えて点と点をつなぎ合わせることなどできない、できるのは後からつなぎ合わせることだけ、だから今やっていることがいずれ人生のどこかでつながって実を結ぶだろう、と。

　やがてインターネットの普及の後押しもあって、会社は軌道に乗り、それなりの利益を上げるようになって、社員の数も増えました。アベノミクスで株式市場に活況の兆しが見え始め、私の会社も、証券会社からIPO（新規株式公開）の誘いを受けるようになりました。そんな折、社長から、IPOの担当を命じられました。個人的にはIPOにはあまり興味がなかったのですが、アップルだっ

248　第6章 経営に関する事件簿

て、最初は小さな会社だったけど、今では世界でも有数の上場企業になっていると思い返し、その職務を引き受けました。

　2015年11月4日の日本郵政グループの株式上場は、1987年のNTT以来の大型上場として話題となったこともあって、今や、お茶の間でもIPOという言葉を耳にするようになり、この言葉は市民権を得たようです。ただ、相変わらず、個人的には、IPOのイメージは漠然としたものに過ぎません。私のところのような新興企業がIPOをした場合の、メリットとデメリットを教えていただけますか。また、IPOの決断において何を重視すべきか、さらには、いざIPOを行おうと決意した場合に、気を付けておくべきことがあれば知っておきたいです（実際の事例をもとに創作したフィクションです）。


## 日本郵政グループ上場に湧いた市場

　2015年11月、日本郵政、ゆうちょ銀行、かんぽ生命の郵政3社（日本郵政グループ）の新規株式公開（IPO）が話題になりました。上場前には、異例のテレビ広告まで実施されて、ネット上でも、「当選」とか「儲かる」といった、まるで宝くじを連想するような言葉があふれていました。相談者が指摘するように、日本郵政グループの上場は、1987年のNTT以来の大型上場ということで盛り上がりました。当時、NTT株の公募価格が119万7,000円であったのに対して、初値が160万円、さらにその後、318万円まで上昇し、申込み抽選で当たった人は、わずか2か月余りで資産を2倍半に増やしました。社会現象になったNTT株を巡る騒動が、未だに多くの人の記憶に残っていたのだと思います。

　さて、日本郵政グループ上場のニュースが世間であふれる中で、普段耳慣れない「IPO」という言葉が、メディアに頻繁に登場し、注目が集まりました。その後も、多くの人が活用しているLINEや知名度の高いJR

九州の上場などもあり、すっかりIPOという言葉は市民権を得たようです。今回は、このIPOの説明とともに、相談者が所属しているような中小の新興企業がIPOをした場合のメリットとデメリットを考えたいと思います。

## IPOとは

「IPO」とは、「Initial（最初の）Public（公開の）Offering（売り物）」の略で、未上場の企業が、新規に株式を証券取引所に上場し、投資家が自由に売買できるようにすることを意味します。新規株式公開とか、株式上場などと一般に呼ばれています。IPOをすることで、すべての人が、当該企業の株式を証券取引所（株式市場）において広く売買することが可能になり、その結果、その企業の株式の流動性が飛躍的に高まります。企業にとっては、株式市場において新株を発行し適切なタイミングで資金調達を行うことが可能になります。また、株主にとっては、株式を売却しやすくなるためキャピタルゲイン（売却利益）を得やすくなるなどさまざまなメリットがあります。

2008年のリーマンショックをきっかけに株価が低迷し、IPOの件数も減少傾向にありましたが、ここ数年で再び増加してきており、新興企業ではIPOを1つの目標としてがんばっているところも多くあります。

## IPO件数の増加

国内でIPOを行った企業数は、2010年が22件、2011年が37件、2012年が48件、2013年が58件、2014年が80件、2015年が98件となっており、年々増加しています。

2014年12月に上場したgumiが2015年3月に業績の下方修正を行った、いわゆる「gumiショック」を契機に、IPO市場に対する不信感が高まり、厳格な上場審査が求められる事態になったにもかかわらず、アベノミク

図15-1 国内新規上場企業数の推移

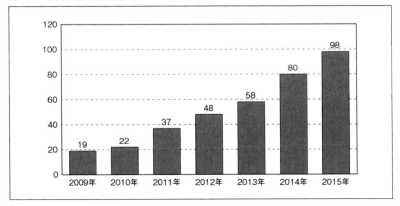

スによる景気刺激策などを背景にIPOは引き続き活況です。なお、IPOを行った企業の約半数が情報・通信業やサービス業で、スマートフォンの普及などに伴う近時のITビジネスの発展がIPOの増加を支えていると言えそうです。

## 企業にとってのメリット（1）資金調達

　企業にとってIPOを行う大きなメリットの1つは、株式市場において新株を発行し、適切なタイミングで資金調達が可能になるということです。未上場段階の資金調達は、金融機関からの融資のほか、ベンチャーキャピタル、エンジェルと呼ばれる個人投資家などから出資を受ける方法が一般的です。しかし、言うまでもなく、個人の資金力には限界がありますし、金融機関の厳しい融資判断やそれに伴う諸問題（金利水準、提供する担保の有無やその評価額の制約）などもあり、資金調達は金額的にかなりの制約を受けます。また、外部の投資家からの資金を入れる際は、その交渉過程で、デューデリジェンスと呼ばれる調査が必要となり（主に公認会計士や弁護士が実施します）、時間がかかるケースが多く、必ずしも、適切なタイミングで迅速な資金調達ができるわけではあ

第6章 経営に関する事件簿　　251

りません。

　これに対し、上場をすれば、株式市場を通じて広く出資者を募ることができるようになり、必要な資金を適切なタイミングで機動的に調達できるようになります。もちろん、このような資金調達の多様性は、財務体質の強化にもつながります。

## 企業にとってのメリット（2）社会的信用性

　また、IPOを行う場合は、コンプライアンス体制の整備を含めて厳しい上場審査を乗り切らなければなりません。この審査を乗り越えることで、企業への社会的信用性が大きく向上することになります。現在国内の企業は約170万社ありますが、このうち上場している企業は約3,500社しかなく、全体のわずか0.2％という選ばれた存在です。上場企業となることにより、社会的ステータスや企業のブランドイメージを向上させることができ、ひいては、取引先や金融機関、そして消費者からの信頼向上につながるわけです。

## 企業にとってのメリット（3）人材確保

　このように社会的信用性を向上させることは、優秀な人材獲得にもつながります。会社を上場させたことによって、未上場時には獲得できなかった優秀な人材を迎え入れることができたというケースはよく聞く話です。特に、現在のように、雇用環境が改善され、広い業種で人手不足が指摘されるようになると、人材確保は企業にとって極めて重要です。上場によって、社員が住宅ローンを組みやすくなったり、賃貸住宅に入居しやすくなったりするほか、心配をかけてばかりだった田舎の親が喜んでくれたりなど、社員やその家族にとっても有形無形のメリットがあります。企業は人が作るものですから、優秀な人材を集めることができるようになれば、企業の発展にとって非常に大きなプラスとなります。

## 企業にとってのメリット（4）コンプライアンス意識の向上

　IPOの準備過程で上場審査に向けて社内のさまざまな制度や規定などを整備するため、社内全体のコンプライアンス意識の向上が期待できます。企業において、コンプライアンスは非常に重要です。わずか数名の社員によって行われた牛肉偽装で会社解散にまで追いやられた雪印食品を例に挙げるまでもなく、コンプライアンスの欠如が企業を破綻に追いやることも決して珍しくありません。IPOの過程において、すべての職員のコンプライアンス意識が高まることは大きなメリットになります。

## 株主や従業員にとってのメリット

　株主にとってもメリットがあります。まず、創業者株主（創業者として株式会社設立時から株を持っている者）にとっては、上場で高い株価が付けば、株式売却益を得ることができます。ある意味で、創業者株主の努力が金銭という形で報われる瞬間といえるでしょう。創業者株主だけでなく、ストックオプション（あらかじめ定められた価格で株式を取得することのできる権利）などを付与されていた従業員にとっても、同様の利益還元が発生します。また、株主は株式の売却が容易になり、キャピタルゲイン（売却利益）を得やすくなるメリットもあります。未上場のままでは、株式を譲渡する場合、社内で会社法に規定された承認手続きなどを踏まないと売却できませんし、そもそも、買い手を探すことは一苦労です。上場によって、株式の流動性が一気に高まり、いつでも自由に換金できるようになります。

## IPOのデメリット

　一方で制約や負担もあります。そうしたデメリットを認識せずに、やみくもにIPOをしても後で後悔することになります。実際、上場企業が、

後から非公開化するような事例は多数あります。アパレルのワールド、飲料メーカーのポッカ、「TSUTAYA」を運営するカルチュア・コンビニエンス・クラブ、「牛角」などを展開するレックス・ホールディングス、出版社の幻冬舎など、非公開化して株式市場から退出する例は枚挙にいとまがありません。米国でも、PC販売で有名なデルが、2013年に株式非公開化を実施しています。

では、IPOのデメリットとは一体何でしょうか。

株式が上場されると、まったく面識のない第三者が外部株主として加わってくることになります。その結果、内部的な馴れ合いでは許されず、適切な経営を行っていく必要が生じます。具体的には、法令を遵守しつつ、業績の向上に向けて努力を行っていくことが必要となります。もちろん、企業が社会的存在である以上、未上場であっても同様の要請はありますが、上場すると第三者の目にさらされることになり、今まで以上の意識や緊張感が必要です。すべての株主に対して適切な説明責任を果たしつつ、厳しい質疑応答にも耐えうるような対応の準備が必要となります。未上場のころの内々に友好的な株主間のみで話し合うといった経営姿勢は許されません。

また、新たに参入してくる外部株主は、必ずしも企業にとって友好的な株主ばかりとは限りません。企業の経営権を奪取しようとする株主がいる可能性もあり、時には敵対的買収を仕掛けられてしまうリスクにもさらされます。老舗食品メーカーのブルドッグソースとスティール・パートナーズとの経営権を巡る攻防戦はまだ記憶に新しいところです。ブルドッグソースは、勝負には勝ったものの、買収防衛策に伴ってスティール・パートナーズに支払った金銭や訴訟関連費用など多額の負担を余儀なくされました。この事案は極端な例ですが、そのような状況にまでいかなくても、新たな株主から、株主重視経営を求められ、企業が、配当などの株主還元策を実行することに追われて長期戦略を遂行することが困難になるといった可能性もあります。

さらに、IPOを実施して上場企業となった場合、会社法に加えて金融商品取引法の適用対象となるなど、上場企業としてさまざまな法的なルールに従わなければならなくなります。その一例が、財務資料を含めた会社の情報開示です。毎四半期毎の決算や、業績予想、加えて経営上の重要な事実が生じた場合など、さまざまな場面で情報開示が求められます。これらの対応のために投資家向け広報を行うIR専門の部署の整備や経理部門の拡充など、人的・時間的コストの大幅な増加は避けられません。

　そもそも、上場前の段階でも多くの費用がかかります。IPOを行う場合は多くの外部機関と連携しなければなりません。上場準備の段階では、主幹事証券会社の株式上場コンサルティング費用、監査法人の予備調査費用・会計監査費用、株式事務代行機関の株式事務代行委託手数料、印刷会社の印刷費用など、数え上げれば切りがありません。さらに、上場時にも上場審査料や新規上場料などの諸経費が発生します。金額は個々の企業によって異なりますが、少なくとも数千万円が必要になると思われます。これらの負担を負いながら、上場に必要となる一定水準の利益を上げていくのは大変なことです。

　上場を果たした後も、毎年、証券取引所に支払う上場料、監査法人への報酬、株主に対するIR活動といった諸経費も発生します。IPOを行って上場する場合、金銭的な点でもかなりの負担が生じることは、十分に理解しておく必要があるわけです。

## IPOを目指す上での注意点

　近時、株式市場において、上場した時点の株価や業績が一番良く、それ以降はいずれも下降していくという、いわゆる「上場ゴール」の会社が非難されています。上場ゴールの原因はいろいろ考えられますが、結局、その企業はまだ上場にふさわしくなかったということが言えると思います。そのような事態にならないように、上場時期や上場の条件も含

図15-2　会社から見た株式市場に上場するメリットとデメリット

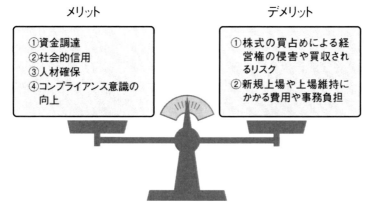

めて慎重に決断する必要があるでしょう。しかし、メリットを考えれば、上場を1つの達成目標とすること自体はなんら非難されるものではありません。

　そのうえで、IPOを目指して経営を行うのであれば、必ず注意しなければいけない点があります。その1つがコンプライアンスです。この点を無視したまま、とにかく利益を上げれば良いのだろうという気持ちで経営を行えば、いざIPOを行おうとした場合に、上場審査で引っかかってしまう虞れがあります。証券取引所の審査において、その企業がコンプライアンス違反を犯していないかどうかは、大きな考慮要素となっています。

　上場審査において重要となるポイントはいくつもありますが、以下、反社会的勢力との接点の排除の問題、コンプライアンスの中でも特に労務コンプライアンスの問題、そして資本政策の問題等に焦点を絞って説明してみたいと思います。

## 反社会的勢力との接点の排除

　「反社会的勢力」とはいわゆる暴力団や総会屋のようなものを指しま

図15-3 上場によって生じるさまざまな制約や負担

未上場会社株式上場会社
（プライベートカンパニー）　　　　（パブリックカンパニー）

上場に関する準備過程

① コーポレートガバナンス体制整備
② コンプライアンス体制の構築
③ 社内管理体制の整備
④ ディスクロージャー制度への対応
⑤ 反社会的勢力との接点の排除
⑥ 資本政策の策定

特定少数株主
（オーナー・同族・知人など）

不特定多数株主

す。2013年9月、みずほ銀行が230件以上の反社会的勢力と提携ローンを通じた2億円に上る融資取引を行っていながら、役員たちが2年以上も放置していたことが発覚しました。金融庁が業務改善命令を出し、役員が辞任や報酬減額の処分を受ける事態となりました。この事件でみずほ銀行が被った損害は非常に大きいものがあります。銀行という信用を売りものにしている企業にとって、反社会的勢力とつながりがあったという評判は致命的です。言うまでもなく、あらゆる企業において、反社会的勢力とのつながりが露見することは、その存立を揺るがしかねません。したがって、IPOにあたり反社会的勢力との関係を排除することは、上場審査における確認項目になっています。

　いざIPOをしようと思って、特別利害関係者、主な株主・取引先などの調査をしたら、反社会的勢力に関わりのある人や会社があったことが明らかになるケースもあります。外見上問題ないからとか、良さそうな人だからというだけでは決して済まない話です。関係者の属性状況を定期的に把握するほか、問題発生時の対処方法の明確化、警察、暴力団追放運動推進センターなどとの協力関係構築といった社内体制の整備も不可欠です。

反社会的勢力を排除するポイントは、いわゆる「暴排条例」に詳しく規定されていますが、その中でも、経営者が特に意識しておくべき点は次のとおりです。
（1）反社会的勢力に金品等の供与を行わない。
（2）反社会的勢力に名義貸しを行わない。
（3）契約書に反社会的勢力排除条項を規定する。

## 労務コンプライアンス

　労務コンプライアンスとは、労働時間の管理や賃金の支払いなどといった、労務関係全般について、法令を適正に遵守するということです。中でも、労働時間と賃金支払いの問題は、労務コンプライアンスの観点から特に重要です。毎年話題となっている「ブラック企業大賞」は、ブラック企業と認定する指標として、セクハラやパワハラ、いじめなどと並んで、長時間労働、残業代未払を挙げています。中でも、長時間労働は解決すべき喫緊の課題として国も対策に本腰を入れています。

　この労働時間管理の問題は、IPOにおける重大な障害となります。労働時間の管理を、客観的手段（タイムカード、ICカードなど）によって適正に把握しているか、詳細に実労働時間を集計しているかなどを検討し、不備があれば適正な体制を構築する必要があります。また、実態の伴わない、いわゆる「名ばかり管理職」の問題や、年俸制における残業代の問題など、確認すべき点は多岐にわたります。IPOを準備する段階では、専門家に依頼し、全労働者の未払い賃金の有無の確認調査を行い、もし未払い賃金が発覚した場合は、過去2年間（賃金債権の消滅時効期間）にさかのぼって適切な手当てを支払うことなどを検討しなければなりません。勤務体制の見直しも必要となります。

　労働基準監督署から改善指導や是正勧告を受けていないかといった点もチェックされますので、IPO準備を始めてからで良いというわけでは

なく、改善指導や是正勧告を受けることがないよう、日々適切な労務コンプライアンスを意識することが大切です。

## 資本政策

上場を目指すにあたって、他に留意すべき重要な点として、資本政策が挙げられます。資本政策は、株主資本に関する計画のことで、どのタイミングで誰にどのくらい株式を付与し、いくら出資してもらうかという計画のことです。

出資という形で資金を募ることで、負債を抱えずに事業資金を獲得できるため、ベンチャー企業においては、設立初期にそれほど将来のことを考えずに受けてしまった出資で、後々になって後悔するというケースが後を絶ちません。確かに出資を受ける場合、融資とは異なり返済義務を負わずに事業資金を得られるメリットがありますが、株式（すなわち会社の経営権の一部）を渡さなければならなくなります。その結果、せっかく会社を設立し頑張ったにもかかわらず、経営権が第三者のものとなってしまったり、IPOに至ったとしても創業者利益がほとんど出なかったりするケースもあります。資本政策については、一度実施すると、基本的にやり直しがきかないものです。経営権の維持や資金調達ニーズ、さらには上場後の資本政策（安定株主の創出）等を踏まえて、多角的な視点から慎重に行うことが大切です。

## 上場できたことの満足感

このように、実際にIPOを行うことになれば、コンプライアンスの徹底以外にも、社内体制の整備や、株主など外部への対応といった、本業のビジネス以外の業務が増え、金銭的な負担が発生することも事実です。

筆者も、さまざまな企業の上場作業に弁護士として関わってきましたが、上場への道筋は決して平坦ではありません。さまざまな予期せぬ問

題が発生し、その都度、対応しなければならず、本当に骨の折れる作業
です。IPOに本格的に着手しても、途中で挫折することもしばしばです。
それは、企業自体の抱える問題に起因するばかりでなく、たとえば、2008
年のリーマンショックのような外的要因もあります（2009年の国内IPO
数はわずか19件でした）。

　しかし、IPOを行うことで、さらなる会社の成長が見込めて、次のス
テージに進めることも間違いありません。コンプライアンスの徹底を心
掛け、起業家の1つの目標としてIPOを目指すことは魅力的な選択肢と
言えるのではないでしょうか。

　2015年9月、筆者が関与するある企業が東証一部に上場したことから、
取締役の方々と一緒に、東京証券取引所で鐘を鳴らしてきました。上場
に伴う作業を成し遂げた満足感からか、関係者はとても嬉しそうでした
し、役員の皆さんも終始上機嫌でした。筆者は、当初、ただのセレモニー
と思って軽い気持ちで臨んだのですが、途中から高揚感に包まれている
ことに気がつき、自分でも意外でした。おそらく、上場というのは、メ
リットやデメリットの判断という損得の計算ではない、合理性を超えた
特別な魅力があり、多くの経営者の皆さんは、それに魅せられて、目標
の1つに据えるのだと思います。

　相談者は、IPOの決断において何を重視すべきかを問うています。こ
の点は人によって回答が異なると思いますが、筆者としては、相談者が座
右の銘とされている、スティーブ・ジョブズ氏のスピーチの一文をもっ
て回答に代えたいと思います。この言葉は、IPOに限らず、人生におけ
る決断すべてにおいて参考になると思います。

　「あなた方の時間は限られています。だから、本意でない人生を生きて
時間を無駄にしないでください。ドグマにとらわれてはいけない。それ
は他人の考えに従って生きることと同じです。他人の考えに溺れるあま
り、あなた方の内なる声がかき消されないように。そして何より大事な
のは、自分の心と直感に従う勇気を持つことです。あなた方の心や直感

は、自分が本当は何をしたいのかもう知っているはず。ほかのことは二の次で構わないのです。」

# CASE16
# 監査役への就任、賠償責任で全財産を失う？

【相談】

　「営業本部長の君に相談がある。午後にでも時間をもらえるとありがたい」。

　出社早々、同期の出世頭、M取締役総務局長から電話がありました。"豪腕役員"である彼からの「事前の相談」とは人事異動か不祥事のどちらかです。しかも彼の言う「相談」とは、実は一方的な通告であることもわかっていました。

　「人事それともトラブル？」という私の質問に、「人事だ。それも君の人事だ」と単刀直入の答え。「いよいよ来たか」と思いました。

　大学を卒業して大手電機メーカーに入社した私は、営業畑一筋で35年。「こどもでも　店長なのにと　妻なげく」とサラリーマン川柳に謳われるようなポスト不足のご時世、私は営業本部長になれました。出世双六の上がりが取締役ではなかったとしても、まずまずのサラリーマン人生といえるでしょう。

　とはいっても本社では今の地位が「上がり」。年齢からいっても、そろそろ関連会社に出されるころだと思っていました。ただ、どこに行くのかが問題でした。円高、中国や韓国企業の攻勢で日本の電機メーカーは総崩れになっています。海外で一流ホテルに泊まると、今や「サムスン」「LG」のテレビばかりです。悲鳴を上げているのは本社だけではありません。関連会社も青息吐息です。片道切符でボロ会社に行かされても、親会社から資金が絶たれる兵糧攻めにあったらお陀仏でしょう。

　「できれば優良会社に行きたい」。宮仕え人生の最終章、今さら"ドブさらい"はしたくないと思いました。

　「営業の裏も表も知り尽くしている君だからこそ、会社内の不正をチェックする監査役になってもらいたいんだ」。

　M総務局長から告げられたのは、当社が大株主である、上場しているソフト

ウェア開発会社の常勤監査役でした。その会社は、他社をM&A（合併・買収）で取り込むことで、最近、飛躍的に成長し、資本金200億円超、従業員数も10,000人余りになろうとする大企業です。関連会社の中では、売上高や知名度からいってもトップクラスになります。

　嬉しさが込み上げてきました。私は、上場企業の役員という、本社ではかなわなかった夢が実現することに満足し、がぜんやる気が出てきました。その反面、不安も込み上げてきました。上場企業の役員になると、さまざまな責任を負うことになると聞いているからです。上場企業の監査役が、職務に関連して何十億円も損害賠償請求されるという新聞記事を最近目にした記憶もあります。不祥事による株主代表訴訟で監査役に賠償責任が問われたことを考えると怖くなってきます。自分がこれまで蓄えてきた財産が一気に失われるようなリスクがあるなら、とてもではないですが監査役など引き受けられません。優良会社といえども、どこに"地雷"が埋まっているかわかりませんから。

　そこで、監査役が、どのような場合に責任を負うのか、監査役の会社における意義などについて教えていただけないでしょうか（実際の事例をもとに創作したフィクションです）。

## 監査役の重大な職責

　監査役というと、取締役が株主総会に提出しようとする会計に関する議案や、書類等を調査し、その調査の結果を株主総会に報告するだけ（いわゆる「会計監査」）というイメージを持っている方も多いかと思います。しかし、監査役の職責について、社団法人日本監査役協会が規定する監査役監査基準第2条第1項は次のように規定しています。

　「監査役は、株主の負託を受けた独立の機関として取締役の職務の執行を監査することにより、企業の健全で持続的な成長を確保し、社会的信

頼に応える良質な企業統治体制を確立する責務を負っている。」

　つまり、監査役は、通常の場合、計算書類等の監査である「会計監査」を行うばかりでなく、取締役の職務の執行を監査する「業務監査」を行う必要があります。具体的には、取締役が善管注意義務・忠実義務に反せずに職務執行しているか、取締役が法令や会社の定款に違反する行為をしていないか、取締役が取締役会決議や株主総会決議に反することをしていないか、内部統制システムが適正に構築された上で適正に運営されているか、計算関係書類が適正に処理されているかどうか等を監査することとなるわけです。なお、取締役の「善管注意義務・忠実義務」とは、会社経営に携わる者として、その会社の規模や業種を前提に通常期待される程度の注意を払って職務を遂行すべきことを意味します。

　そして、監査役が上記責務を果たすために、監査役監査基準第2条第2項は、具体的に次のように規定しています。

　「監査役は、取締役会その他重要な会議への出席、取締役、使用人及び会計監査人等から受領した報告内容の検証、会社の業務及び財産の状況に関する調査等を行い、取締役又は使用人に対する助言又は勧告等の意見の表明、取締役の行為の差止めなど、必要な措置を適時に講じなければならない。」

　なお、上記監査役監査基準は、会社法上の「大会社」（最終事業年度に係る貸借対照表に資本金として計上した額が5億円以上、または、負債として計上した額の合計額が200億円以上のいずれかの要件を満たすもの）を対象とし、主として上場企業を念頭において作成されたものです。実は、監査役の職務内容は、当該企業の類型により大きく異なっています。たとえば、中小企業の多くがそうであるように、「全株式譲渡制限会社」（その発行する全部の株式の内容として、譲渡による当該株式の取得について会社の承認を要する旨の定款の定めを設けている株式会社）では、監査役の監査の範囲を会計監査に限定することもできます。その意味では、一概に、「監査役はこういう存在です」と説明するのは困難なの

で、本稿における説明では、相談者が就任しようとしている、いわゆる上場している大企業を前提にしたいと思います。

図16-1　監査役の位置付け

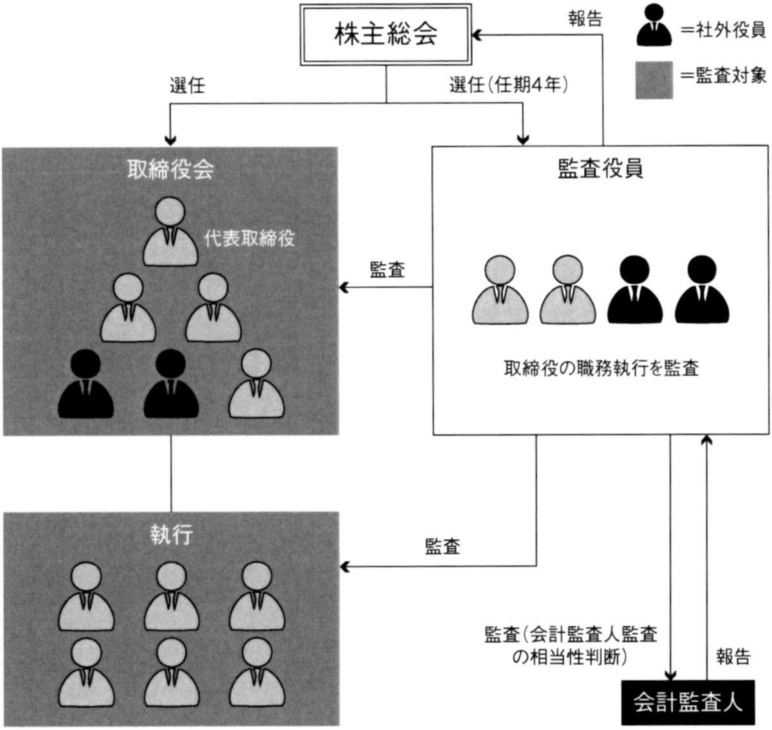

## 監査役の責任とは

　監査役は、上記のような重大な職責を負っていることから、その任務を怠ったときは、会社に対して、それによって生じた損害を賠償する責任を負うことになります（会社法第423条）。また、監査役が、職務の執行について、悪意または重過失によって第三者に対して損害を与えた場合

第6章 経営に関する事件簿　265

には、その損害を賠償する責任も負うことになります（会社法第429条）。

　以前は、「監査役として名前を貸しただけだから、会社に何が起きても責任はない」などと述べ、取締役会にあまり出席しない監査役がいたという話を聞いたことがありますが、監査役には、上記のように、重い職責が課されているのですから、そのような言い訳は通用しません。筆者も、複数の上場企業の監査役（非常勤の社外監査役）に就任していますが、月に1度の定例取締役会および監査役会への出席、都度開催される臨時取締役会への出席、四半期ごとの監査法人とのミーティング等への出席など、意外に多くの時間を拘束されますし、ましてや、相談者のように常勤監査役ともなると、経営会議等の社内の重要会議への出席も必要となりますから、なおさらです。さらに、取締役会における対応等で、場合によっては法的責任を問われる可能性もあることから、相談者としては、決して気を抜くことのできない仕事であることを自覚すべきかと思います。現役を退いた後の名誉職のような感覚で引き受けると、思わぬ事態に陥ることにもなりかねません。

　ミスタードーナツが食品衛生法上その使用が認められていない添加物を使用した肉まんを販売した事案では、そのことが判明した後に取締役がこれを公表せず、積極的な損害回避の方策の検討を怠ったことにつき、監査役が、取締役の任務懈怠に対する監査を怠ったとして、損害賠償責任が認められています（2006年6月9日、大阪高裁におけるダスキン株主代表訴訟・控訴審判決）。また、詐欺的商法を行った破産会社の取引者が、監査役の損害賠償責任を追求した事例で、監査役に悪意・重過失があるとして、第三者である取引者に対する損害賠償責任が認められた事例等もあります（東京地裁・2005年11月29日判決）。

　さらに、2012年1月、オリンパスの損失隠し問題をめぐって、外部の専門家からなる委員会が、損失隠しに関与した取締役だけではなく、監査役についても会社に損害を負わせた責任があるとの報告書を提出し広く話題になりました。この報告書では、オリンパスが損失の「飛ばし」を

始めたときに、経理部長として「飛ばし」を認識しうる立場にあり、その後監査役になった常勤監査役ばかりではなく、その他の監査役4名（社外監査役2名を含む）について、「飛ばし」は認識していなかったとしても、その後に行われた異常に高額での企業買収を承認するなどといった取締役の善管注意義務違反行為を監査役として看過ごしたとして、監査役としての任務を怠った旨を認定しています。つまり、「飛ばし」を認識していなかった監査役であっても、異常に高額での企業買収などにつき、取締役会に出席して異議を唱えたり、再調査を要求しなかったこと、言い換えれば、取締役の善管注意義務違反の行為を「黙認した」ことが問題とされたわけです。

この報告書は、結論として、「飛ばし」を認識していた監査役がオリンパスにもたらした損害を37億2,556万1,170円と認定したほか、「飛ばし」を認識していなかった4名の監査役による前記「黙認」がもたらした損害を46億5,675万9,788円（4名の連帯債務）と認定しました。そして、その報告結果を受けて、オリンパスは、この合計約83億円の損害につき、各人の支払い能力に応じた減額を行った上で、2012年1月、合計10億円の支払いを求めて、東京地方裁判所に提訴しています。

## 監査役は決して過大なリスクのある職務ではない

では、監査役という職務は、上記のように、いきなり莫大な損害賠償責任を負う可能性を有するリスクの高いものなのでしょうか？

相談者は、「優良会社といえども、どこに"地雷"が埋まっているかわかりません」と述べ、オリンパス事件における監査役について、あたかも監査役が普通に道路を歩いていていきなり地雷を踏んでしまったような印象を持っているのかもしれませんが、それは誤った認識です。

監査役は、健全な常識をもって普通に職務を務めている限りにおいて、決して目に見えない「地雷」を踏んでしまうようなことはありません。

第6章 経営に関する事件簿　267

確かに、オリンパスの報告書において責任を認定された監査役5名のうち、元経理部長として「飛ばし」を認識しうる立場にあった常勤監査役1名についての結論は多くの方が納得できるものの、「飛ばし」を認識すらしていなかった他の4名の監査役についてまで責任が認定されたことに対し、違和感を持つ人もいるかもしれません。

　「飛ばし」を認識していなかった他の監査役に関する報告書の記載の一部分を次に引用したいと思いますが（本報告書の記載は多岐にわたっており、今回引用するのは、国内ベンチャー企業3社の株式を600億円余りで買い取って子会社化した件に関しての部分です）、この内容を見ればすぐにおわかりいただけるように、この監査役らは、普通に道路を歩いていて地雷を偶然踏んでしまったわけではないのです。監査法人から再三にわたって国内3社の株式取得の価格が異常であることの指摘を受け、監査役会内部でも問題視しておきながら、結局何も行動を起こさなかったことについて責任を問われているのです。つまり、彼らは、地雷が埋められていることについて再三注意を受けながら、その地雷除去の努力をせずに、そのまま地雷原を歩いて行ったわけです。

　以下に、オリンパス株式会社監査役等責任調査委員会作成の「調査報告書」より一部を引用します。

　「上記のとおり本件国内3社の株式の取得については、関与者・認識者以外の取締役のうち、本件国内3社の株式買い増しの提案について賛成をした取締役に、本件国内3社の株式の取得につき善管注意義務違反が認められる。

　ここで、監査役の善管注意義務違反の有無について検討するに、本件取締役会には当時の監査役4名全員が出席し、取締役と同様の資料配付を受けた上、議論に参加している。上記の事実に加えて、監査役4名は、2006年11月6日の第139期中間監査概要報告の際、あずさ監査法人から、投資関係に問題がある旨の報告を受けており、特に投資額の大きい本件国内3社については、株式の取得価額が夢のような事業計画に基づいてい

268　　第6章 経営に関する事件簿

る上、投資についても詳細な検討がなされていないこと、投資評価のプロセスが問題だと思っていると具体的な指摘を受けている。さらに2007年11月26日の第140期中間監査概要報告の際にも、本件国内3社について投資額が多大であり、大きなリスク要因であるといえるとの指摘を受けており、これに対しては、監査役も本件国内3社の業績について注視していかなければならないと、問題点を十分に認識している。このように、あずさ監査法人から事前に具体的な問題点の指摘を受けていることからすれば、監査役においては、株式取得の必要性、事業計画の適性性、株式取得価額の妥当性等の検証を慎重に行うべきであったといえる。しかし、上記監査役4名が当該取締役会において異議を述べたり、再調査を要求した等の事実は認められない。また、当該取締役会時には、算定依頼中であった外部算定の書面を事後的に確認した事実も認められない。

　上記監査役4名においては、各年度に監査計画を作成し、年間の子会社への往査や関係部署との懇談等を誠実に行っていた。また、常勤監査役と社外監査役との情報の格差を生じさせないために、監査調書を作成して情報を共有化したり、取締役会に提案される議案について、監査役連絡会として事前の検討会を行う等、監査役としての業務執行については、真摯に取り組んでいた。しかしながら、本件のような取締役会による善管注意義務違反に対して適切な業務監査権限を行使し、違法行為を見逃さないことがまさに監査役に期待されるべき役割であって、監査役らにおいては、この視点が欠けていたものといわざるを得ない。監査役らは、本件取締役会終了後の同日に開催された監査役会において『これまでもいくつか案件があったが、分析がなかったのでは。』『取締役は業界が違い過ぎて良し悪しが判断できないのではないか。』『リスクを開示していないように見える。リスクを含め議論すべき。』と、問題意識を持って議論を行ってはいるものの、当該議論を踏まえて改めて取締役会の開催を求める、再調査を行う、あるいは本件取得行為の差止請求を検討するまでには至らなかった。

第6章 経営に関する事件簿　　269

よって、監査役4名には本件取締役の意思決定における善管注意義務違反を看過した点に善管注意義務違反があるというべきである。」

## 監査役は会社の違法行為すべてに責任を負うわけではない

　このように、オリンパス事件で責任を問われた監査役は、何も知らないままに業務を実施していて、たまたま責任を問われてしまったわけではありません。現に、今回の事件で、オリンパスの監査役全員が責任を負ったわけではなく、問題となった期間中に監査役を務めていた対象者10名のうち、5名については、おおよそ次に掲げるような説明がなされて、報告書において責任が否定されています。ここで明確に記載されているように、監査役において、取締役の違法行為を認識できる特段の事情がない限り、仮に取締役の違法行為を発見できなかったとしても、監査役の任務懈怠とはならないのであって、偶然、地雷を踏んでしまうことなど本来ないわけです。

　以下は、オリンパス株式会社監査役等責任調査委員会作成の「調査報告書」の抜粋です。

　「監査役は取締役の職務の執行を監査する（会社法381条1項）のであるから、取締役の職務執行につき、取締役に善管注意義務違反があると認めるときは、取締役及び従業員に対して事業の報告を求め、又は業務及び財産の状況の調査し（会社法381条2項）、取締役会に報告し（会社法382条）、これらの行為により会社に著しい損害が生じる恐れがあるときは、取締役の行為の差し止め（会社法385条1項）をするなど、適切な監査権限を行使すべき注意義務がある。ただし、監査役が全取締役の全ての行為を逐一監査することは不可能であるから、一般的に監査役に要請される監査を行う過程において、取締役の違法行為を知り得べき特段の事情がない限り、取締役の違法行為を発見できなかったとしても、監査役の任務懈怠とはならないと解される。」

## 監査役の職務におけるやりがいとは何か

　すでにおわかりのように、監査役は、きちんと監査役の職責を果たしている限りにおいて、たとえ、取締役の違法行為を発見できなかったとしても、任務懈怠などにはなりません。筆者がいくつかの上場企業で監査役を務めていることは前述しましたが、どんなに注意しても偶然地雷を踏む可能性があるような危険な職務であるなら、筆者も監査役などに決して就任していません（笑）。むしろ、筆者としては、監査役という職務の重要性を認識しており、これからも時間が許す限り、他社の監査役も含めて就任していきたいと考えています。

　では、監査役という職務の意義、やりがいとは何でしょうか？

　監査役とは、言うまでもなく、企業におけるコンプライアンスにとって不可欠の職務です。監査役が十分に機能していない企業では、オリンパスのように取締役の暴走を容易に許すことになり、場合によっては会社存亡の危機にまで至ります。筆者が、企業のコンプライアンス研修やロースクールの授業において、コンプライアンスに関する一般論としてよく述べることに次のようなものがあります。

　「コンプライアンスは、決して企業経営にとって後ろ向きのものではないし、企業の暴走を食い止める単なるブレーキでもない、企業価値向上に不可欠のインフラであり、その徹底によって企業価値の増大が図られる。」

　「あの企業の監査役会はとてもしっかりしているからコンプライアンスに不安はない」と世間から評価されるようになれば、それは監査役にとって望外の喜びであると思いますし、そのような評価を受けた企業は、冒頭で引用した監査役監査基準第2条第1項に明記されているように、「健全で持続的な成長を確保し、社会的信頼に応えること」が可能となるわけです。

　相談者も、監査役のリスクにばかりとらわれずに、ぜひ今回の監査役

就任の話を引き受けて、当該企業の企業価値向上に向けて邁進してもらいたいと思います。

図16-2 コンプライアンスは企業価値向上に不可欠のインフラ

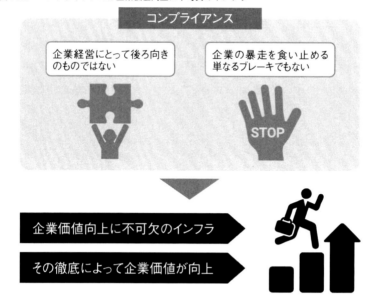

## 責任限定契約について

最後に、相談者に責任限定契約の話をしておきたいと思います。

前記のとおり、監査役は非常に重大な職務と責任を負うこととなりますが、それにつき過失があったというだけで、場合によっては、会社から多額の損害賠償を請求されることとなってしまうのでは、監査役に就任するのを躊躇する人が出てくる可能性があります。特に、監査役会設置会社では、監査役の半数は社外監査役でなければならないとされていますので（会社法第335条第3項）、社外監査役のなり手を確保することが困難となってしまう虞れもあることから、従来、会社法は、社外監査

役につき、会社との間で、事前にその損害賠償責任について、一定の範囲に限定する趣旨の契約(責任限定契約)を締結することができるという定めを定款に置くことができるとしていました。同様な観点から、社外取締役についてもそのような対応が可能でした。

　さらに、2014年の会社法改正では、取締役については業務執行を行わない社内取締役もこのような責任限定の対象とされ、また監査役については、社内外を問わず対象となりました。つまり、定款の定めに基づいて、監査役は、会社と責任限定契約を締結しておくことにより、損害賠償責任を一定の範囲に限定することができることになります。相談者も、こういった制度を活用してリスクを軽減することを検討されると良いかと思います。

第6章 経営に関する事件簿　　273

著者紹介

# 蒲 俊郎 (かば としろう)

弁護士。桐蔭法科大学院 法科大学院長・教授(「インターネットの法律実務」「企業法務」「民事法総合演習」他の科目を担当)。主な専門分野は、IT・インターネット、企業法務全般、コンプライアンス、労働問題(使用者側)。
2003年、城山タワー法律事務所を設立し、代表弁護士に。多数の企業の顧問弁護士として日々活動するほか、複数の上場企業の社外役員なども務める。また、積極的に企業における講演や研修などを行い、「社員を守る」という観点からのコンプライアンス教育の実践に努めている。他方、2003年、桐蔭横浜大学法学部客員教授、2005年、桐蔭法科大学院教授、2010年、同法科大学院長に就任。弁護士として多忙な日々を送るかたわら、次の時代を担う法曹の育成にも注力している。

その他の主な役職:
ガンホー・オンライン・エンターテイメント株式会社(東証一部)社外監査役
株式会社ケイブ(JASDAQ)社外監査役
株式会社ティーガイア(東証一部)社外監査役
学校法人桐蔭学園理事
一般財団法人東京都営交通協力会理事

◎本書スタッフ
アートディレクター/装丁: 岡田 章志
編集協力: 石塚 康世
デジタル編集: 栗原 翔

●本書の内容についてのお問い合わせ先
株式会社インプレスR&D メール窓口
np-info@impress.co.jp
件名に「『本書名』問い合わせ係」と明記してお送りください。
電話やFAX、郵便でのご質問にはお答えできません。返信までには、しばらくお時間をいただく場合があります。なお、本書の範囲を超えるご質問にはお答えしかねますので、あらかじめご了承ください。
また、本書の内容についてはNextPublishingオフィシャルWebサイトにて情報を公開しております。
http://nextpublishing.jp/

●落丁・乱丁本はお手数ですが、インプレスカスタマーセンターまでお送りください。送料弊社負担 にてお取り替えさせていただきます。但し、古書店で購入されたものについてはお取り替えできません。
■読者の窓口
インプレスカスタマーセンター
〒101-0051
東京都千代田区神田神保町一丁目105番地
TEL 03-6837-5016／FAX 03-6837-5023
info@impress.co.jp
■書店／販売店のご注文窓口
株式会社インプレス受注センター
TEL 048-449-8040／FAX 048-449-8041

# おとなの法律事件簿 職場編
## 弁護士が答える企業のトラブルシューティング

2016年12月9日　初版発行Ver.1.0（PDF版）
2017年1月11日　Ver.1.1

著　者　蒲 俊郎
編集人　錦戸 陽子
発行人　井芹 昌信
発　行　株式会社インプレスR&D
　　　　〒101-0051
　　　　東京都千代田区神田神保町一丁目105番地
　　　　http://nextpublishing.jp/
発　売　株式会社インプレス
　　　　〒101-0051　東京都千代田区神田神保町一丁目105番地

●本書は著作権法上の保護を受けています。本書の一部あるいは全部について株式会社インプレスR&Dから文書による許諾を得ずに、いかなる方法においても無断で複写、複製することは禁じられています。

©2016 Toshiro Kaba All rights reserved.
印刷・製本　京葉流通倉庫株式会社
Printed in Japan

ISBN978-4-8443-9740-3

NextPublishing®
●本書はNextPublishingメソッドによって発行されています。
NextPublishingメソッドは株式会社インプレスR&Dが開発した、電子書籍と印刷書籍を同時発行できるデジタルファースト型の新出版方式です。http://nextpublishing.jp/